工会资产工作和服务阵地建设

百问百答

中华全国总工会
资产监督管理部◎编著

GONGHUI ZICHAN
GONGZUO HE
FUWU ZHENDI JIANSHE
BAIWEN BAIDA

中国工人出版社

图书在版编目（CIP）数据

工会资产工作和服务阵地建设百问百答／中华全国总工会资产监督管理部编著. —北京：中国工人出版社，2021.4
ISBN 978-7-5008-7595-6

Ⅰ.①工… Ⅱ.①中… Ⅲ.①工会工作—财务管理—中国—问题解答
Ⅳ.①D412.67-44

中国版本图书馆CIP数据核字（2022）第052684号

工会资产工作和服务阵地建设百问百答

出 版 人 董 宽
责任编辑 赵晨羽 黄冰凌
责任校对 张 彦
责任印制 栾征宇
出版发行 中国工人出版社
地　　址 北京市东城区鼓楼外大街45号 邮编：100120
网　　址 http://www.wp-china.com
电　　话 （010）62005043（总编室）
（010）62005039（印制管理中心）
（010）62382916（工会与劳动关系分社）
发行热线 （010）82029051 62383056
经　　销 各地书店
印　　刷 北京市密东印刷有限公司
开　　本 880毫米×1230毫米 1/32
印　　张 10.75
字　　数 230千字
版　　次 2022年11月第1版 2024年4月第2次印刷
定　　价 58.00元

前言

PREFACE

工会资产是工会组织的重要物质基础，是工会履行基本职责、构建服务职工长效机制的有效载体，是工会发挥桥梁纽带作用、团结吸引凝聚职工群众的重要阵地，是工会组织的重要标识。工会资产工作既是经济工作，更是政治工作，是党的工运事业的重要组成部分，是工会组织加强管理、深化改革、创新发展、加强自身建设的重要抓手，在工会全局工作中具有重要地位，承担重要政治责任。

随着时代发展，工会资产工作的理论、制度、实践在不断创新发展。既需要对工会资产工作的基本概念、事实和理论进行梳理归纳，又需要对全国总工会关于加强和改进工会资产工作的政策制度予以正确理解把握，还需要对鲜活的工会资产工作实践进行总结提炼。为此，本书从工会资产基础知识、工会资产管理体制、工会资产管理制度、工会资产基础管理、职工文体教育事业、职工疗休养和旅游休闲事业、职工互助保障和职工服务事业、工会资产改革发展等八个方面，梳理了开展工会资产工作需要了解和掌握的一些基本问题及常见疑难问题，共计 114 个问题。针对每一个问题，从原因和意义、理论和实践、历史和现状、特点和规律等各个层面予以回答，希望达到正本清源、解疑释惑的目的。另附有《工会资产工作和服务阵地建设自测题》和重要制度附录供参考，帮助读者加深理解。以全书为整体，勾画工会资产工作的轮廓和细部，竭力向读者展现推动工会资产工作高质量发展的生动局面。

本书在编写过程中，力求突出权威性、时代性、指导性。在权威性方面，本书按照《工会法》《中国工会章程》相关规定，系统梳理了全国总工会关于加强和改进工会资产工作的一系列制度、会议、活动和事件，确保每一个回答都于法有据、有章可循，彰显工会资产工作的政治性、政策性、专业性。在时代性方面，本书在把握工会资产工作发展历史进程的基础上，重点突出党的十八大以来工会资产工作的基本情况、工作要求和规律总结，以适应新时代的新形势新任务新要求。在指导性方面，本书着眼于回答工会资产工作的重点难点问题，充分尊重基层首创精神，注重吸纳工会资产工作新鲜的实践经验，具有一定的针对性、实用性和可操作性。

殷切期盼广大工会工作者和读者朋友们能从此书中找到遵循和指引，获得思考和启迪。

编　者

2022 年 10 月

目录

CONTENTS

第七部分 职工互助保障和职工服务事业

第八部分

工会资产改革发展

GONG HUI ZI CHAN JI CHU ZHI SHI

第一部分

工会资产基础知识

1 工会资产的法律依据是什么?

习近平总书记指出:“法律是什么?最形象的说法就是准绳。”关于工会资产工作,党和国家出台了许多法律法规和规章制度,并进行不断完善,成为工会资产工作的重要准绳。深入学习并运用工会资产相关的法律法规和规章制度,可以使工会资产工作产生事半功倍的效果。

《中华人民共和国宪法》第十九条第一款、第四款规定:“国家发展社会主义的教育事业,提高全国人民的科学文化水平。国家鼓励集体经济组织、国家企业事业组织和其他社会力量依照法律规定举办各种教育事业。”第二十一条第一款规定:“国家发展医疗卫生事业,发展现代医药和我国传统医药,鼓励和支持农村集体经济组织、国家企业事业组织和街道组织举办各种医疗卫生设施,开展群众性的卫生活动,保护人民健康。”这对各级工会组织充分发挥工会企事业资产和三大服务领域的作用,维护和发展职工群众切身利益提供了最根本的法律依据。

《中华人民共和国民法典》第二百零八条规定:“不动产物权的设立、变更、转让和消灭,应当依照法律规定登记。动产物权的设立和转让,应当依照法律规定交付。”第二百七十条规定:“社会团体法人、捐助法人依法所有的不动产和动产,受法律保护。”

2021 年最新修订的《中华人民共和国工会法》(以下简称

《工会法》）第四十六条规定：“各级人民政府和用人单位应当为工会办公和开展活动，提供必要的设施和活动场所等物质条件。”第四十七条规定：“工会的财产、经费和国家拨给工会使用的不动产，任何组织和个人不得侵占、挪用和任意调拨。”第四十八条规定：“工会所属的为职工服务的企业、事业单位，其隶属关系不得随意改变。”

《中国工会章程》对工会资产的性质进行了规范的诠释，第三十九条规定：“工会资产是社会团体资产，中华全国总工会对各级工会的资产拥有终极所有权。各级工会依法依规加强对工会资产的监督、管理，保护工会资产不受损害，促进工会资产保值增值。根据经费独立原则，建立预算、决算、资产监管和经费审查监督制度。实行‘统一领导、分级管理’的财务体制、‘统一所有、分级监管、单位使用’的资产监管体制和‘统一领导、分级管理、分级负责、下审一级’的经费审查监督体制。工会资产的管理和使用办法由中华全国总工会制定。”第四十一条第一款规定：“工会经费、资产和国家及企业、事业单位等拨给工会的不动产和拨付资金形成的资产受法律保护，任何单位和个人不得侵占、挪用和任意调拨；不经批准，不得改变工会所属企业、事业单位的隶属关系和产权关系。”因此，各级工会在处理涉及工会资产产权变动事宜时，应按照规定进行报批。

《中华人民共和国劳动法》第三条第一款规定：“劳动者享有平等就业和选择职业的权利、取得劳动报酬的权利、休息休假的权利、获得劳动安全卫生保护的权利、接受职业技能培训的权利、享受社会保险和福利的权利、提请劳动争议处理的权利以及法律规定的其他劳动权利。”第六十六条规定：“国家通过各种途径，采取各种措施，发展职业培训事业，开发劳动者的职业技能，提高劳动者素质，增强劳动者的就业能力和工作能力。”第六十七条规定：“各级人民政府应当把发展职业培训纳入社会经济发展的规划，鼓励和支持有条件的企业、事业组织、社会团体和个人进行各种形式的职业培训。”第七十六条规定：“国家发展社会福利事业，兴建公共福利设施，为劳动者休息、休养和疗养提供条件。用人单位应当创造条件，改善集体福利，提高劳动者的福利待遇。”

《中华人民共和国公共文化服务保障法》第十四条规定：“本法所称公共文化设施是指用于提供公共文化服务的建筑物、场地和设备，主要包括图书馆、博物馆、文化馆（站）、美术馆、科技馆、纪念馆、体育场馆、工人文化宫、青少年宫、妇女儿童活动中心、老年人活动中心、乡镇（街道）和村（社区）基层综合性文化服务中心、农家（职工）书屋、公共阅报栏（屏）、广播电视播出传输覆盖设施、公共数字文化服务点等。”

《中共中央办公厅、国务院办公厅关于加快构建现代公共文化服务体系的意见》中“加强公共文化产品和服务供给”部分明确要求：“提升公共文化服务效能。完善公共文化设施免费开放的保障机制。深入推进公共图书馆、博物馆、文化馆、纪念馆、美术馆等免费开放工作，逐步将民族博物馆、行业博物馆纳入免费开放的范围。推动科技馆、工人文化宫、妇女儿童活动中心以及青少年校外活动场所免费提供基本公共文化服务项目。建立群众文化需求反馈机制，及时准确了解和掌握群众文化需求，制定公共文化服务提供目录，开展‘菜单式’、‘订单式’服务。加强公共文化服务品牌建设，推动形成具有鲜明特色和社会影响力的服务项目。加大对跨部门、跨行业、跨地域公共文化资源的整合力度。”

《财政部关于进一步加强党的群团组织资产管理工作的指导意见》中“完善资产管理制度”部分明确要求：“群团组织应结合实际情况，制定本单位资产管理办法，健全内部控制制度，优化资产管理岗位设置、权责分工、管理流程，建立决策、执行、监督相互分离和相互制约的机制。”“规范资产使用程序”部分要求：“要规范出租出借行为。按规定可以出租出借的，原则上实行公开竞价招租，确保出租出借过程的公开、公平、公正。”“强化资产监督管理”部分要求：“探索建立科学的资产管理绩效评价体系，合理设计资产管理考核指标和评价标准，对机构人员设置、资产管理事项、资产使用效果、信息系统建设应用等进行综合考核评价，并将考核评价结果作为资产配置的重要依据，促进资产配置效率的提高。”“加快信息系统建设”部分要求：“优化资产管理流程设计，加强内部资产管理信息系统建设，建立‘全面、准确、细化、动态’的群团组织资产基础数据库。积极探索资产管理信息系统与财务系统、预算系统、政府采购系统和非税收入管理系统的相互对接，实现资产管理数据共享。加强资产管理信息分析利用工作，为管理决策和编制部门预算等提供参考依据。”

以上法律法规和规章制度为各级工会有力开展资产监督管理工作提供了重要方向。

2 工会资产是如何形成的?

工会资产的形成主要有以下几种途径:

(1)党和政府以及机关企事业单位通过无偿划拨和拨款形成的工会资产,包括房产、地产和其他固定资产。中华人民共和国成立以来,党和政府以及机关企事业单位无偿划拨了大量土地、房产,用于建设工会组织办公和开展职工活动的场所,奠定了工会事业发展的强大物质基础。工会机关最初的办公场所以及工人文化宫、工人疗休养院、工会院校等工会服务阵地,基本上是党和政府提供给工会使用管理的,这充分体现了党和政府对工人阶级、工会工作的高度重视。北京市劳动人民文化宫原为太庙,是明、清两代皇帝祭祖的宗庙,是我国现存最完整的、规模最宏大的皇家祭祖建筑群,被誉为“天下第一庙”。新中国成立初期,经周恩来总理提议,政务院批准将其改造为“北京市劳动人民文化宫”,毛泽东主席亲书匾额,成为首都职工的学校和乐园。北京市劳动人民文化宫就是党和政府划拨给工会资产的经典案例。

(2)工会依靠自身力量投资形成的工会资产。各级工会为改善办公条件,发展壮大工会阵地,投资建设办公场所,积极发展工会企事业,形成了大量的工会资产。近年来,各级工会加大资金投入,对工人文化宫、工人疗休养院、工会院校等工会阵地进行大规模改造,并兴办职工服务中心、困难职工帮扶中心、职工互助保障组织等职工服务阵地，使工会资产不断发展壮大。

（3）工会企事业单位通过自我积累、自我发展形成的工会资产。各工会企事业单位坚持把发展放在首位，在服务工会工作、服务职工群众、服务社会的过程中，取得了良好的社会效益和经济效益，实现了工会资产的保值增值，为工会资产的发展壮大做出了积极贡献。

3 工会资产具有哪些特征?

充分理解工会资产的特征是对每一名工会资产监督管理干部的基本要求，也是开展工会资产监督管理工作的重要基础。工会资产特殊的来源和形成途径决定了工会资产具有如下特征：

（1）工会资产具有鲜明的政治属性。工会资产是党和政府贯彻全心全意依靠工人阶级方针、重视和支持工会工作的重要体现，是党联系职工群众的重要阵地，是工会维护职工合法权益、构建服务职工长效机制的重要载体，具有鲜明的政治属性。新中国成立以来，党和国家把大量优质资产交给工会管理使用，主要是从政治方面考虑的。各级工会资产干部要站在保持和增强“三性”的高度，去认识和把握工会资产的政治属性，进一步提高政治领悟力、政治判断力、政治执行力。

（2）工会资产具有特殊性。不同于国有资产、集体资产和私有资产，工会资产具有特殊性。党和政府拨付给工会或拨款形成的工会资产是党和政府对工会的支持。由工会经费投入形成的工会资产也体现了党和政府对工会的支持。这是由我国坚持中国共产党的领导和社会主义制度所决定的。工会资产与国家机关、事业单位、企业、社会团体所有的由各级政府及其有关部门拨给经费、投资或提供不动产形成的国有资产，与劳动者共同出资形成的集体资产，与私人独资形成的私有资产，均有明显的不同。

（3）工会资产具有特定性。工会资产的所有者是工会组织，工会是党领导的职工自愿结合的工人阶级群众组织，是党联系职工群众的桥梁和纽带，是国家政权的重要社会支柱，是会员和职工利益的代表。工会组织依法占有、使用和管理工会资产，其主要目的是更好地行使权利和履行义务。

（4）工会资产具有自主性。工会资产由工会组织依法监督管理，管好、用好工会资产是工会工作的重要组成部分，工会根据国家有关法律和《中国工会章程》的规定，对工会资产行使监督管理的权利。工会资产的管理和使用办法由中华全国总工会制定。各级工会应定期向工会会员代表大会和上级工会报告资产管理情况，并接受上级和同级工会经费审查委员会审查监督。

4 工会资产是怎么分类的？

工会资产涉及面广、种类丰富，因此对工会资产进行科学分类是工会资产监督管理的重要内容，也是优化工会资产配置和结构、正确发挥工会资产功能作用的前提。对工会资产的分类可以从以下几个角度展开：

（1）按照资产占有使用主体分类，工会资产可分为行政性资产、事业性资产和企业资产。工会行政性资产是指工会机关依法占有使用的资产，包括工会办公场所及其设施设备等；工会事业性资产是指工会事业单位依法占有使用的资产；工会企业资产是指工会企业依法占有使用的资产。从目前工会资产的现状来看，工会行政性资产是工会资产的主体。

（2）按照资产性质分类，工会资产可以分为非经营性资产和经营性资产。非经营性资产是指由工会机关和事业单位占有使用的、不直接投入生产经营的工会资产，资产的占有使用不以营利为目的。经营性资产是指以保值为基础、以增值为目的，直接投入生产经营过程中的工会资产。经营性资产具有增值性特点，即通过对资产的经营，实现工会资产的保值增值。经营性资产既包括工会企业占有使用的资产，也包括工会事业单位和工会机关转作经营用途的工会资产。

（3）按照资产存在的形态分类，工会资产可分为固定资产、流动资产、无形资产。固定资产是指工会占有使用的、年限在一年以上、单位价值在规定限额以上，并在使用过程中基本保持物质形态的资产。它主要包括土地、房屋、设施设备等。流动资产是指工会占有使用的、能够以货币计量的、预计在一年内（含一年）变现或者耗用的资产。它主要包括货币资金、借出款、应收款项、库存物品等。无形资产是指工会拥有或者控制的没有实物的可辨认的非货币性资产，主要包括商标权、专利权等。

特别要强调的是，作为工会资产的重要组成部分的工会资产服务阵地，也可以通过资产属性和功能进行分类。

（1）从资产属性来看，工会资产服务阵地大体分为以下三类：一是县级以上总工会直属的各类工会事业单位、企业，工会组织是出资人；二是各级工会组织支持建设的各类服务基层职工群众的服务阵地，工会组织为此提供服务设备、设施供职工使用，包括户外职工劳动者服务站点，工会对这些固定资产拥有所有权；三是基层工会主要是企业工会组织管理使用的职工服务阵地，包括职工书屋、职工服务中心、职工文体活动中心、职工夜校、劳模创新工作室、女职工休息哺乳室等。

（2）从功能分类来看，工会资产服务阵地主要分为职工文化教育体育类、职工疗休养和旅游休闲类、职工互助保障和帮扶服务类。近年来，网上职工服务平台建设异军突起、方兴未艾，已经成为工会服务职工阵地的新生力量。其中包括智慧工会服务平台、手机 App 服务平台、在线学习平台等。

5 工会资产主要分布在哪些领域?

工会资产是指各级工会依法占有、使用和管理的各种财产、债权和其他将会带来社会利益与经济利益的资源，包括各级总工会、产业工会和基层工会对工会企事业单位各种形式的投资、拨款所形成的资产和权益，政府拨付使用的不动产、专项资金补助以及社会各界对涉及工会企事业单位捐赠形成的资产和权益。

根据 2021 年度工会资产统计数据，工会行政性资产约占工会资产的 75.91%。工会事业性资产是指工会事业单位依法占有使用的资产。根据 2021 年度工会资产统计数据，工会事业性资产约占工会资产的 19.00%。工会企业资产是指工会企业依法占有使用的资产。根据 2021 年度工会资产统计数据，工会企业资产约占工会资产的 5.09%。

新中国成立后，党和政府高度重视工人阶级和工会工作，支持工会兴办了很多职工文化教育和集体福利事业。随着中央从战略上调整国有经济布局，工会企事业发展按照中央“坚持有进有退，有所为有所不为”的要求，坚持工会特色，遵循经济规律，贴近职工群众，集中力量重点扶持易于发挥工会组织优势的工会企事业。经过多年的调整优化结构布局，逐渐形成了三大服务领域。一是职工文化体育教育服务事业，资产阵地主要是以工人文化宫（俱乐部）、工人体育场（馆）、工会干部院校、职工学校、工会报社、杂志社、工人出版社等为主体；二是职工疗休养旅游服务事业，资产阵地主要是以工人疗休养院、国际海员俱乐部、职工旅行社、工会宾馆等为主体；三是职工互助保障和服务事业，资产阵地主要是以职工互助保障组织、职工服务中心、工会系统基金会等为主体。为强化工会服务职能，进一步减少行政手段干预，近年来，各级工会组织盘活存量资产，整合优化资源，成立了一些企业集团，推动工会企事业实现高质量发展。

工会资产的重要体现形式是各级工会组织占有和使用的土地和房屋，根据 2021 年度工会资产统计数据，全国县以上工会行政性资产占有土地面积 1165.04 万平方米，已办土地使用权证面积 977.99 万平方米，办证率 83.95%；房屋建筑物面积 1153.42 万平方米，已办房屋所有权证面积 796.81 万平方米，办证率 69.08%。全国县以上工会企事业单位占有土地面积 1746.26 万平方米，已办土地使用权证面积 1336.48 万平方米，办证率 76.53%；房屋建筑物面积 1037.28 万平方米，已办房屋所有权证面积 574.14 万平方米，办证率 55.35%。

6 建党之初和大革命时期，工会资产的主要作用是什么？

在建党之初和大革命时期，党领导的工会组织根据不同阶段的革命形势和任务，兴办了一些为工人阶级服务的教育、文化和生活福利事业。在这一时期，工会资产的主要作用体现在以下几个方面：

（1）创办和发展工会资产服务阵地是我党早期传播马克思主义，推动马克思主义与中国工人运动结合的重要途径。北京早期共产主义组织成立之后，李大钊派邓中夏、张国焘等人深入长辛店铁路工人集聚区，实践联合产业工人的革命策略。1921 年 1 月，长辛店劳动补习学校正式开学，学校教员主要由北京共产主义组织派驻。5 月，成立长辛店工会，团结了一批工人运动的骨干分子加入中国共产党。1921 年 7 月，中国共产党第一次全国代表大会召开，会议通过了《中国共产党第一个决议》，明确提出党在当前的“基本任务是成立产业工会”，开展工人运动。8 月，中国劳动组合书记部在上海成立，领导全国工人运动，要求各地分部在工厂和职工居住的地方开展工人文化活动，创办工人夜校和职工俱乐部，以方便发动和组织工人群众进行革命战争。工会兴办集宣传、教育和文娱活动于一体的综合化、多功能的群众文化事业，维护工人利益，改善职工文化生活，提高工人觉悟，密切了党和工人阶级的血肉联系，在新民主主义革命时期发挥了重要的历史作用，还为以后的工会资产蓬勃发展奠定了物质基础、组织基础和制度基础。

（2）以工人学校、工人俱乐部为代表的工会资产服务阵地成为党领导的中国工会团结凝聚职工群众的主阵地和主渠道。它从诞生之日起，就不是单纯的娱乐场所。各地党组织采取出版报刊、成立马克思主义研究会和利用学校讲坛等形式，宣传马克思主义，通过创办劳动补习学校、工人俱乐部，创建工会组织，组织阅书报社、演讲会、新剧团、足球队、游行队，领导工人罢工，经常举行会议、增加时事报告、劳动消息报告，使那些没有加入工会的工人也能接受到工会的宣传教育，进一步促进马克思主义与工人运动的结合。1921 年 10 月，北京党组织决定改组长辛店工会为长辛店工人俱乐部。中国劳动组合书记部推广了长辛店工人俱乐部的经验。1925 年 5 月在广州召开的第二次全国劳动大会，1926 年 5 月在广州召开的第三次全国劳动大会，都对工人俱乐部的作用作了充分的肯定。1956 年 3 月 6 日，毛泽东在听取铁道部部长滕代远汇报铁路工作时指出：“中国工人运动还是从长辛店铁路工厂开始的。”

（3）兴办和发展工会资产服务阵地为我党创办教育、宣传、服务阵地提供了经验和人才。1922 年 5 月，安源路矿工人俱乐部成立，此后又兴办了消费合作社。安源路矿消费合作社尝试采用了面向工友的股份制集资形式，成为中国共产党领导下的第一个股份制经济实体，是全国第一个和当时仅有的一个工人消费合作社，也是中国工人阶级第一个经济事业组织。毛泽东、李立三、刘少奇、瞿秋白、恽代英、项英等都在工人俱乐部担任过领导。湖南党组织派毛泽东、李立三、刘少奇等到安源开展工作，开办工人补习学校。山海关京奉铁路、太台钢厂、下陆矿、彰德京汉矿、上海沪西等都相继成立了工人俱乐部。

7 如何把握新中国成立以后工会资产工作的发展历程？

新中国成立后，党和政府高度重视工人阶级和工会工作，支持工会兴办了很多职工文化教育和集体福利事业。根据其形势和任务、特征的不同，可以分为以下几个发展阶段：

（1）兴起和快速发展阶段（1949—1966 年）。这一时期，在党和政府的大力支持下，全国总工会贯彻勤俭办事业的方针，以生产为中心，生产、生活、教育三位一体为指引，在提高职工群众政治、文化、技术水平和改善职工物质、文化生活上做了大量的工作，职工教育文化和集体福利事业兴起并快速发展，深刻地体现了工人阶级社会地位和面貌的改变。1950 年《工会法》、1951 年《中华人民共和国劳动保险条例》等在法律上对举办职工集体福利事业的房屋、设施和经费来源做了规定。1959—1966 年，中央确定职工教育由工会负责办理，工会举办的职工学校形成了初具规模的从小学、中学、中专到大专的多层次办学体系，大部分地区已经形成了厂办、工厂联办、厂校联办、地区举办的职工业余教育网；全国工人文化宫（俱乐部）坚持面向生产、面向基层、面向群众的工作方针，毛泽东、董必武、邓小平、刘伯承、陈毅等分别为北京市劳动人民文化宫及广州、重庆、南京、上海工人文化宫题名或题词；国家在政策和资金上对兴办疗养场所给予保障，在 1960 年发展到 3.3 万多个；职工疗养院以医疗预防为主，有计划地发展了一批治疗肺结核和职业病的疗养院；工会院校、工会报刊、职工学校得到了长足发展，到 20 世纪 50 年代末，全国各省、自治区、直辖市总工会共举办工会干部学校 24 所，省辖市总工会共举办工会干校和训练班 75 所，工会图书馆达到 74234 个。

（2）恢复和蓬勃发展阶段（1978—2005 年）。“文化大革命”结束后，中国工人运动进入新的发展阶段。1978 年 4 月，全国总工会八届七次执委扩大会议召开，标志着全国总工会开始全面恢复工作。各级工会陆续恢复了对工会资产工作的领导和管理，恢复和发展职工文化技术教育，举办多种形式的职工学校，发展工人文化宫、俱乐部，办好职工疗养休养事业，广泛开展群众性生活互助互济活动。1988 年 10 月，全国总工会十届六次执委会议通过的《工会改革的基本设想》明确了兴办工会经济事业思路，提出“工会利用自己筹集的各种资金，可以举办职工消费合作社、职工旅游事业、互助基金会等为职工服务的经济事业”。根据中央关于工会工作要多为企业和职工以及整个社会办好事、办实事，大力兴办为职工服务的第三产业的指示精神，全国总工会就工会企事业发展的性质和特征、管理体制、经营机制、产业结构、发展战略等一系列问题提出了指导性意见，提出以职工社会化综合服务和社会保障为重点，走“小而精”“小而特”的发展路子。全国各级工会以第三产业为主体，重点发展以职工住宅合作社、消费合作社、职工信用社、职工互助补充保险等为代表的工会企事业，体现工会特色、发挥工会优势，帮助职工排忧解难，直接解决职工就业问题，为职工提供良好的服务。在此期间，全国总工会事业发展部按照国家关于建立第三产业统计标准和统计指标体系的要求，结合工会特点建立了工会企事业的统计标准和统计指标体系。

（3）改革和规范发展阶段（2005—2012年）。2005年8月1日，中华全国总工会工会资产监督管理委员会成立，将职工劳动福利事业恢复为工会企事业。2006年3月，全国总工会办公厅印发《关于成立中华全国总工会工会资产监督管理委员会的通知》，要求各级工会建立健全工会资产监督管理机构。2008年10月，中国工会十五大明确工会资产为社会团体资产，全国总工会对各级工会的资产拥有终极所有权，实行“统一所有、分级监管、单位使用”的资产监管体制。在监管体系方面，工会资产监管机构要对工会行政资产和企事业资产进行统一归口管理，实现监管范围全覆盖。中华全国总工会事业发展部更名为中华全国总工会资产监督管理部（以下简称全总资产部），作为全国总工会工会资产监管机构，各省级工会及部分地市级工会设立了资产监管机构；在制度建设方面，全国总工会相继出台了工会资产处置、资产损失责任追究等制度和办法，各地方工会结合本地实际制定了实施细则和相关配套制度，提高了资产监管工作制度化和规范化水平；在产权管理方面，加大资产保护力度，严把资产处置关，资产统计和产权登记得到进一步加强，有效地防止了工会资产流失；在工会企事业资产发展方面，经过多年来的调整优化结构布局，工会企事业逐渐形成职工文化教育体育事业、职工疗休养事业和职工互助保障事业三大领域，各级工会积极争取党委和政府在土地、资金以及政策等方面的大力支持，围绕三大服务领域配置资源，工会企事业服务职工的能力和水平得到了提高。

（4）创新和科学发展阶段（2012 年至今）。党的十八大以来，中国特色社会主义进入了新时代。2015 年 7 月，党的历史上第一次中央党的群团工作会议召开，随后，全国总工会启动改革试点工作。各级工会资产监督管理部门认真学习贯彻习近平新时代中国特色社会主义思想，特别是习近平总书记关于工人阶级和工会工作的重要论述，始终把工会资产工作放到党和国家大局和工会工作全局中去把握，围绕中心，服务大局，全力以赴推动工会资产高质量发展。为了建立统一、科学、有效的工会资产监管体系，2016 年，全国总工会将工会行政性资产管理职能由财务部划归至资产部，同时将本级所属企事业单位、社团组织全部纳入工会资产监督管理范围，由全总资产部对工会资产统一归口管理，实现了监管范围和监管单位的全覆盖。全总资产部先后出台了《工会行政事业性资产管理办法》《工会企业资产管理办法》等 20 余项工作制度文件，强化制度建设，构建了新时期工会资产工作制度体系的基本框架，形成了工会资产监管制度体系，推动工会资产工作制度化、规范化。以突出工会资产公益性服务性为主线，聚焦工会资产三大服务领域，持续深入推进工会企事业规范管理和改革发展工作。在全国范围内开展以工人文化宫、工人疗休养院为重点的清理整改工作，要求工人文化宫、疗休养院聚焦主责主业，依法规范对外合作行为，切实解决工人文化宫和工人疗休养院公益弱化、对外整体出租承包的问题。全总资产部以实施资产经营目标责任制为抓手，切实加强对本级工会企事业资产监督管理，研究修订《全国总工会本级企事业资产监督管理办法》和《全国总工会本级企事业单位经营业绩考核办法》，合理设置考核指标与权重，实现社会效益和经济效益的有机统一，完善考核奖惩机制，强化考核刚性约束，充分发挥好考核指挥棒作用，加强本级企事业单位资产日常监管，积极稳妥地解决历史遗留问题，促进本级企事业实现高质量发展，充分发挥全国总工会本级企事业单位资产监督管理工作的示范引领作用。

8 工会改革对工会资产工作提出哪些新要求？

2015 年，习近平总书记在中央党的群团工作会议上的讲话指出，各级党委和政府要为群团组织开展工作创造有利条件，提供必要的人力财力物力保障，重点解决好群团工作缺资源、缺手段特别是基层力量严重薄弱的问题，在阵地建设、项目筹划、资源使用、力量调配等方面整合联动。《中共中央关于加强和改进党的群团工作的意见》强调，“规范群团组织资产管理使用制度，任何组织和个人不得侵占、挪用或任意调拨群团组织资产”。各级工会抓住贯彻落实中央党的群团工作会议精神的重大机遇，认真学习贯彻习近平总书记系列重要讲话精神，特别是关于工人阶级和工会工作的重要论述，积极争取党和政府在土地、资金以及政策等方面的大力支持，进一步推动工会资产“回归公益、聚焦主业、自主经营、依法监管”，新建、改建和扩建了一批服务职工的设施和场所，扩大了工会资产服务阵地资产总量和规模。

《全国总工会改革试点方案》要求，改进和规范管理工人文化宫、工人疗休养院等工会事业，加强工会资产监督管理，突出工会资产服务阵地公益性和服务性。各级工会资产监督管理部门在全国总工会的领导下，建好管好用好工会资产服务阵地，增强工会组织的吸引力凝聚力战斗力。

（1）牢牢把握正确的政治方向，始终把工会资产工作放到党和国家大局和工会工作全局中去把握。各级工会坚持工会资产服务基层、服务职工的方向，积极争取各级党委的领导、政府的支持，省级工会与政府有关部门联合发文，将工会资产阵地纳入地方经济社会发展总体规划，推动工会资产阵地进入当地公共文化、教育、卫生等服务体系，有效共享区域公共资源、社会资源，充分发挥工会资产公共服务效能。

（2）突出工会资产公益性服务性，努力建好用好管好工会阵地。各级工会贯彻落实中央切实保持和增强政治性先进性群众性的要求，树立“落实到基层、落实靠基层”的理念，加强顶层设计和政策指导，对工会资产服务阵地进行科学配置、合理使用、有效运营、规范处置、全面监督，做优做强工会资产，让职工能够来、愿意来、经常来，不断增进工会组织与职工的感情，推动工会各类资产服务阵地成为工会组织联系和服务职工的有效载体。

（3）加强工会资产基础管理，推进工会资产工作制度化、规范化。研究出台《中华全国总工会关于加强工会财务管理、资产监督管理和经费审查审计监督的意见》《工会行政事业性资产管理办法》《工会企业资产管理办法》等20余项基本工作制度，基本形成工会资产工作制度体系。

（4）强化全国总工会本级企事业单位资产监管，努力发挥表率示范作用。坚持和完善全国总工会本级企事业单位经营业绩考核制度，改革本级工会资产管理体制，将全国总工会直属企事业单位全部纳入资产监督管理范围，实行分类指导、分类管理、分类考核，各单位经营管理水平和效益明显提升。

（5）指导工会企事业深化改革、加快发展。调整布局结构，优化资源配置，推动资源向职工文化教育体育服务事业、职工疗休养服务事业、职工互助保障服务事业三大服务领域集中。按照《关于从事生产经营活动事业单位改革的指导意见》的要求，稳步推进全国总工会直属经营性事业单位转企改制工作和工会系统生产经营类事业单位改革。

9 历次全国工会企事业工作会议和工会资产工作会议的内容有哪些?

历次全国工会企事业工作会议的召开为总结当时工会企事业工作成果，部署下一阶段工作目标任务指明了方向。深入学习历次全国工会企事业工作会议内容，可以帮助各级工会资产干部特别是工会企事业干部更加充分地认识本职工作的历史性和重要性。

1992 年 8 月，为贯彻 1992 年邓小平同志视察南方谈话和党的十四大精神，全国总工会在上海召开第一次全国工会企事业工作会议，会议明确提出：发展工会企事业，是工会适应我国经济发展和改革开放新形势，推动工会工作进入经济和社会发展广阔领域，强化工会桥梁纽带作用的一项战略性任务。

1993 年，第二次全国工会企事业工作会议在山东临沂召开，会议围绕学习贯彻党的十四大精神和中共中央、国务院关于加快发展第三产业的决定，结合工会企事业发展情况，研究在社会主义市场经济体制中，如何更快更好地发展具有中国特色的工会社团产业。会议对《工会企事业发展规划基本思路》进行讨论，强调要深化工会企事业改革，参照《全民所有制工业企业转换经营机制条例》，形成全新体制，提出了建设有中国工会特色的社团产业发展的重点、目标和思路。

1994 年，第三次全国工会企事业工作会议在吉林长春召开，会议围绕党的十四大和十四届三中全会精神，总结一年多来工会企事业发展成绩，表彰先进、交流经验、研究问题，部署今后工会企事业工作。会议就工会企事业发展的性质和特征、管理体制、经营体制、产业结构、发展战略等一系列问题提出指导性意见，并进一步强调“各级工会一起上，重点在基层”的工作方针。同时全国总工会与国家计划委员会联合下发了《全国工会企事业发展规划基本思路》，发展具有中国工会特色社团产业的轮廓基本明晰。

1995 年，第四次全国工会企事业工作会议在天津召开，会议围绕认真贯彻党的十四届五中全会精神，深入研究工会企事业如何进一步深化改革，强化管理，优化产业结构，转变增长方式，提高综合经济素质，在改革、发展、稳定大局和工会工作全局中发挥更大作用。会议在我国宏观调控力度加大、改革深化、市场竞争激烈的情况下，及时调整思路对策，提出了“改革、调整、巩固、提高、发展”的工作方针，并明确提出以职工消费合作社、互助保险合作社、职工住宅合作社、职工劳动就业服务业等作为支柱产业，带动工会企事业全面发展的思路。

1997 年，第五次全国工会企事业工作会议在北京召开，会议围绕认真学习贯彻党的十五大精神，系统回顾和总结了五年来工会企事业的发展情况、取得的成绩和经验，分析形势，研究问题，交流经验，表彰先进，进一步明确之后三年的目标任务、发展思路和要求。

1998 年、1999 年分别召开了全国工会企事业工作研讨会，会议深入分析工会企事业面临的新形势、新情况、新问题，总结交流典型经验，进一步明确发展方向、工作重点和具体措施，推动工会企事业在改革、发展、稳定的大局和工会工作全局中发挥更大作用。

2011 年 9 月 19 日，全国工会资产监督管理工作会议在北京召开。会议围绕贯彻落实全国总工会关于加强工会资产监督管理的要求，总结工作，交流经验，部署今后工会企事业资产监督管理和发展改革的工作任务。会议要求各级工会抓住机遇，开拓创新，大力推动工会资产和企事业科学发展，明确发展战略，创新发展思路，坚持特色化发展，形成规模化优势，实现市场化、专业化和集约化发展。

2016 年 6 月 20 日，全国工会资产监督管理工作会议在北京召开。会议指出工会资产工作包括工会资产监督管理和工会企事业改革发展两个方面，任何一个方面都不可偏废。各级工会资产干部要以管住、管严、管好工会资产、发挥工会资产效能为目标，建立健全统一、科学、有效的工会资产监督管理体制；聚焦发展职工文化教育体育服务事业、职工疗休养服务事业、职工互助保障服务事业三大服务领域，规范工人文化宫、工人疗休养院等资产的管理，发挥好现有工会资产阵地的作用；加强领导，加强和改进工会资产工作，为更好地服务党的工运事业、服务广大职工群众做出新的更大的贡献。

2018 年 6 月 20 日，全国工会资产监督管理工作会议在北京召开，会议围绕深入学习贯彻习近平新时代中国特色社会主义思想和党的十九大精神，总结全国工会资产工作，交流各地工会资产监督管理经验，明确当前和今后一个时期工会资产工作的总体要求和主要任务。要始终坚持在党和国家工作大局中谋划工会资产工作，坚持工会资产工作公益性服务性正确方向，聚焦发展工会企事业三大服务领域，建好用好管好工会资产阵地，增强工会资产阵地服务职工功能。建设高素质专业化干部队伍，持续推动工会资产工作创新发展。

2020 年 5 月 9 日，全国工会资产监督管理工作会议以视频会议的方式召开，会议围绕学习贯彻习近平总书记关于工人阶级和工会工作的重要论述，学习贯彻党中央关于统筹推进新冠肺炎疫情防控和经济社会发展工作的重要部署，学习贯彻中国工会十七大和全国总工会十七届三次执委会议精神，总结 2018 年以来的工会资产工作，部署今后一个时期工作任务。会议要求各级工会资产监督管理部门要认真学习贯彻习近平总书记关于工人阶级和工会工作的重要论述，始终坚持工会资产工作正确政治方向；严格落实深化工会改革创新的要求，推动工会资产工作上台阶上水平；聚焦发展工会资产三大服务领域，充分发挥服务职工阵地作用；从严从实加强工会资产系统自身建设，为推动工会资产高质量发展提供坚实保障。

2022 年 6 月 10 日，全国工会资产监督管理工作会议以视频会议的方式召开，会议以习近平新时代中国特色社会主义思想为指导，深入学习贯彻习近平总书记关于工人阶级和工会工作的重要论述，认真学习贯彻全国总工会十七届五次执委会议精神，总结近一段时间以来的工会资产工作，研究部署下一阶段目标任务，努力推动工会资产工作实现高质量发展。会议强调要坚持政治统领，以更高站位加强党对工会资产工作的领导；要坚持规划先行，以更高起点谋划工会资产阵地建设；要坚持效益优先，以更高质量健全工会资产运营管理机制；要坚持素质引领，以更高水平推动工会资产工作干部队伍建设；要坚持法治保障，以更高标准完善工会资产工作制度体系，努力做到党建引领突出、阵地发展壮大、管理质量提升、队伍坚强有力、制度完善规范，为健全完善联系广泛、服务职工的工会工作体系做贡献。

10 工会资产工作的主要任务和工作要求是什么?

工会资产工作的主要任务是努力实现工会资产产权清晰、特色鲜明、管理规范、效益良好，推动工会资产不断做优做强，最终实现工会资产高质量发展。具体而言，应包括工会资产监督管理和工会企事业改革发展两个方面的内容。

工会资产监督管理主要是对工会资产的形成、占有、使用、运营、收益和处置进行监督管理，从而确保工会资产安全完整，不断提高工会资产使用效率，实现工会资产保值增值。一是对工会资产进行科学配置、合理使用、有效运营、规范处置、全面监督；二是建设好、管理好、使用好工会资产阵地，充分发挥其服务职工群众的重要作用；三是抓好本级企事业资产监督管理，包括发展规划、重大事项报告、经营业绩考核等。

工会企事业改革发展主要是在宏观上加强顶层设计和政策指导，推动工会企事业明确发展方向，深化改革，加快发展，加强管理，提升工会企事业服务职工的能力和水平。一是研究制定工会企事业改革发展战略和规划，指导工会企事业单位切实履行应尽职责；二是研究制定推进工会企事业改革发展的规章制度；三是疏通协调工会企事业改革发展政策。

做好工会资产工作，必须要努力做到以下几方面：

（1）牢牢把握工会资产的政治属性，发挥好工会资产政治作用。工会资产工作既是一项政治工作，也是一项经济工作，但首先是一项政治工作。一方面，工会资产是党和国家全心全意依靠工人阶级的重要体现，是党联系职工群众的桥梁纽带和重要阵地，是工会维护职工合法权益、构建服务职工长效机制的重要载体，因此管住、管严、管好工会资产，确保保值增值不流失既是工会资产干部的经济责任，更是政治责任，完成好这一任务是对工会资产工作的首要要求。另一方面，要始终坚持和发展工会资产公益性服务性的主线，聚焦服务职工群众的主责主业，着眼职工日常生活中的痒点痛点，提供多样化的产品和服务，以管理精细化、服务精准化、运营精品化为目标，深入挖掘工人文化宫、职工书屋、工人疗休养院、职工互助保障组织等工会资产特有品牌的重要价值，不断提升工会资产品牌在职工群众中的受欢迎水平。

（2）坚持组织到位和职责到位相统一。做好工会资产工作，首先要做到组织落实、人员落实、职责落实。各级工会要加强工会资产监管机构建设，确保工会资产责任部门和监管职责，实现工会资产出资人到位。省级总工会和中心城市总工会应成立资产监督管理部门，对工会行政资产和企事业资产进行统一归口管理，实现监管范围全覆盖；对工会资产配置、产权登记、资产使用、资产收益、资产处置等关键环节进行全过程监督；对工会企事业单位改革发展工作进行科学指导。

（3）坚持统一监管和分类监管相结合。工会资产的统一监管是基础，这包括监管范围（行政性资产与经营性资产）全覆盖、监管单位（事业、企业、社团、协会、学会、基金会）全覆盖、监管流程（资产配置、使用、收益、处置）全覆盖。工会资产的分类监管是关键，没有分类监管，统一监管就会流于形式。对行政类资产、公益一类事业单位资产、公益二类事业单位资产、生产经营类单位和企业资产，不能搞“一刀切”，而是要实行不同的监管制度和方式，做到分类施策，实现工会资产的保值增值。

（4）坚持制度建设与贯彻落实并重。做好工会资产工作，要把制度建设放在突出位置，靠制度管人、管事、管资产。坚持有制度按制度办，没有制度先制定制度再落实。各地工会要认真贯彻落实全国总工会制定的各项制度，从自身实际出发，制定相应的工会资产监督管理规章办法，为工作开展提供基本保障。同时，制度的生命力在于执行，要牢固树立制度意识，健全学习宣传制度机制，完善制度执行程序，严格制度落实责任，切实把制定的各项制度落到实处。

（5）坚持监督检查与强化问责相统一。一方面，要把监督检查工作经常化、制度化，定期开展工会资产监督检查工作，发现问题及时整改；另一方面，对造成工会资产损失的单位和个人要依照有关制度追究相应责任。要加强问责工作，动员千遍不如问责一次，在工会资产系统释放出有权必有责、失责必追究的信号，层层传导责任压力，推动形成一级抓一级、层层抓落实的局面。

GONG HUI ZI CHAN GUAN LI TI ZHI

第二部分

工会资产管理体制

11 设立工会资产监管机构的要求有哪些？

多年来，各级工会积极探索工会资产管理体制改革，加强工会资产监督机构建设，取得积极成效。设立工会资产监督管理机构的目标是在坚持工会“统一所有、分级管理”的前提下，自上而下地建立明确的全国工会资产监督管理机构体系，按照权利、义务和责任相统一的原则，实行统一归口管理和统一监管，解决工会资产管理方面存在的问题。

（1）依据工会“统一所有、分级监管、单位使用”的资产管理体制，全总资产部是全国工会资产监督管理机构，负责对全国工会资产进行监督管理；各省级工会应加强工会资产监督管理机构建设，设立工会资产监督管理机构，负责对所辖工会资产进行监督管理；县级以上工会组织（含县级）应落实分级管理工会资产责任，明确工会资产监督管理机构，对所辖工会企业资产进行监督管理。

（2）要明确各级工会资产监督管理机构的主要职责。贯彻执行党和国家以及全国总工会有关工会资产管理的法律、法规和政策，研究制定工会资产监督管理的规章制度，并对执行情况进行监督检查；指导和推进工会企事业改革和发展，推动工会企事业聚焦主责主业，实现高质量发展；按规定对工会资产的配置、使用、处置事项进行审核、审批，组织工会企事业开展资产清查、资产统计、产权界定、资产处置等工作；根据同级工会授权，履行本级工会企事业出资人代表的职责，对本级工会企事业资产进行统一监督管理，指导工会企事业完善法人治理结构，监督其落实工会资产保值增值责任。

（3）负责对本级企事业单位和下级工会资产监督管理工作进行监督检查。各级工会应加强工会资产的管理与监督，工会资产监督管理机构建立监督检查制度，坚持单位内部监督与财政监督、审计监督、社会监督相结合，事前监督、事中监督、事后监督相结合，日常监督与专项检查相结合，不认真履行监督管理职责，未按规定向上级工会报批工会企业资产管理重大事项，造成工会资产损失或者其他严重后果的，应依法依规追究有关责任人员的纪律、法律责任。

12 工会资产监督管理机构的主要职责是什么？

落实工会资产监督管理机构的职责是建立健全工会资产监督管理体制机制的重要基础。全总资产部的主要职责是负责全国工会资产监督管理工作；指导和推进全国工会企事业发展与改革；负责组织和指导职工疗休养工作；履行全总本级企事业单位出资人代表机构职责，对全国总工会本级企事业单位资产进行监督管理。具体分为以下几方面内容：一是负责全国工会资产监督管理，研究制订工会资产监督管理制度，组织开展工会资产基础管理工作。二是对地方工会资产监督管理机构工作进行指导和监督。按权限审批或审核地方工会资产管理事项。

三是指导和推进全国工会企事业发展与改革，研究制定全国工会企事业发展政策、发展战略和发展规划，研究确定深化改革、优化结构布局的基本原则。四是组织开展工会资产理论政策研究工作，沟通协调工会资产监督管理和工会企事业发展的有关政策。五是总结和推广工会资产工作经验，培训工会资产监督管理工作人员和工会企事业经营管理人员。六是负责组织和指导职工疗休养工作。七是履行全国总工会出资人代表机构职责，对全国总工会本级企事业单位资产进行监督管理。八是根据全国总工会书记处授权，直接监管全国总工会本级部分企事业单位。参与对直接监管单位班子的选拔任用工作和人事管理工作。九是负责全国总工会事业发展资金管理和使用。十是完成全国总工会党组和书记处交办的其他工作。

各级工会资产机构结合各地区、各层级工会资产工作实际，参照全总资产部主要职责，建立健全本机构工作制度，科学规范职责范围，厘清职能边界，推动工会资产工作顺利开展。

13 为什么要健全和完善工会资产监管体制？

健全和完善工会资产监管体制是适应工会改革创新的需要。随着社会经济的发展，职工日益增长的美好生活需要对工会服务职工的内容和质量提出了更高要求。面对新的形势和任务，工会资产作为履行服务职工职责的重要物质基础，必须要健全和完善管理体制，适应工会工作全局的要求，发挥工会资产服务大局的作用。在工会组织增“三性”、去“四化”、强基层、促创新的改革环境下，工会资产监督管理体制必须与工会组织同步改革。通过改革工会资产监督管理体制进一步促进工会企事业坚持正确政治方向，坚持围绕中心、服务大局、服务职工的主责主业；完善工会资产监管机构组织、改进运行机制、优化监管方式；强化基层工会的支持监管，创新工会资产监管的理论和监管形式，更贴合基层实际；推动工会企事业创新发展，充分发挥工会企事业作为服务党和国家工作大局以及工会工作全局的坚强阵地、展示工会组织形象、联系和服务职工群众的有效载体的重要作用。

健全和完善工会资产监管体制是适应工会资产监督管理工作的需要。明确全国总工会对各级工会资产拥有终极所有权，对于增强工会资产管理的产权意识，提高工会资产监管政策的执行力和约束力，保护工会资产安全完整具有重要意义。明确专司工会资产监督管理职责的部门，实现对工会资产统一归口管理，实现监管范围和监管单位的全覆盖，有利于工会资产管理政策和工会资产监管标准的统一。加强地方工会尤其是省级工会资产监督管理机构建设，明确监管权责，有利于落实工会资产文件管理的要求。探索建立工会资产分类监督管理体制，对工会资产因类施策，针对不同性质的工会资产，运用不同的配置购置标准、管理使用方式、效能评估和处置要求，有利于实现科学分类管理，使资产管理效益最大化。

健全和完善工会资产监管体制是适应工会企事业改革发展的需要。工会资产监督管理体制对工会企事业资产的规范，不仅是资产的管理，更是出资人与经营者之间的规范约束及监督。完善资产监督管理体制有利于深化工会企事业改革，调整资产配置的领域、资产使用的方向、资产经营效益的考核和分配方式、资产损失的责任追究机制等，进一步提高工会企事业活力和竞争力，助推工会企事业转型发展，更好地发挥工会企事业服务职工群众的作用。

14 工会资产监管体制改革的目标任务有哪些？

推进工会资产监督管理体制改革，必须坚持以习近平新时代中国特色社会主义思想为指导，适应新时代中国特色社会主义发展需要，认真贯彻落实工会改革要求，坚持稳中求进工作总基调，坚持正确改革方向，始终坚持工会资产工作的正确政治方向，以服务职工、服务工会工作为宗旨，以管住、管严、管好工会资产、发挥工会资产效能为衡量标准，改革机构设置，优化职能配置，落实监管职责，为工会工作提供有力的物质基础保障。

工会资产监督管理体制改革的目标是构建统一、科学、有效的监督管理体制，解决制约工会产权管理、保值增值和工会企事业发展的深层次问题，建立起全面覆盖、职责明确、制度健全、监管有力的监督管理体系。具体而言，就是要通过工会资产监督管理体制改革，实现各级工会资产监管工作有机构、有人员，监管职责明确，彻底解决所有者缺位的问题。通过改革健全和完善工会资产监督管理法规体系，实现工会资产监督管理有法可依、有法必依、执法必严。通过改革使工会资产的基础管理工作得到加强，工会资产产权明晰，工会资产流失现象得到全面遏制。建立统一监管的出资人制度，落实各级工会对本级企事业的出资人职责，实现工会资产的保值增值，维护所有者权益。有效调整工会企事业布局和结构，使三大领域特色显著，主责主业突出，工会资产配置不断优化，运营效率整体提高。

15 怎样理解工会资产“统一所有、分级监管、单位使用”的原则？

工会“统一所有、分级监管、单位使用”的工会资产监督管理原则就是要求在全国总工会拥有终极所有权的前提下，各级工会组织对本级工会组织占有使用的资产要履行出资人职责和监管职责，不能因为终极所有权在全国总工会就忽视了对本级资产的监管。

工会资产的出资人权利不同于所有者权利，各级工会资产的出资人是本级工会组织，各级工会组织是各级工会资产的实际占有者和使用者，享有重大经营事项的决策权、企事业负责人的任免权和资产经营收益权。全国总工会虽然享有工会资产终极所有权，但是只是全国总工会本级资产的出资人，不能替代各级工会组织履行各自的出资人权责。各级工会落实出资人职责是工会资产分级监管的核心所在。通过逐级授权，明确管理工会资产的范围，全国总工会和省级、市级、县级等各级工会分级行使出资人职责，负责所辖工会资产的管理、收益和处置等。建立监管机构不等同于出资人到位。“资产”是指作为生产要素的财产投入生产经营领域，它具有增值功能，实现保值增值需要出资人职责到位，各级工会对于经营性工会资产必须建立出资人监管制度。只有出资人到位，才能真正实现会企分开、监管与运营相分离。通过出资人制度实现工会经营性企事业单位的三个监管体系：以企事业重大决策、班子建设、收益分配以及政策制定、企业党建等为主要内容的管理体系；以资产保值增值指标、资产营运效果、社会贡献等为主要内容的经营考核体系；以财务数据监控、工会经费审计和第三方审计为主体的监督体系。

工会资产分级监管是指在同一的所有权和统一的制度框架下省级、市级、县级工会分别对各自管辖范围内的工会资产管理工作进行监督。全国总工会、省级、市级、县级工会资产监管部门是相对独立的主体，在业务上是指导与被指导、监督与被监督关系。上级工会资产监管部门在业务上给予下级工会资产监管部门必要的指导，下级工会资产监管部门因地制宜，根据当地实际情况履行监督者的职责。把握好分级监管的关系，有利于调动各级工会组织对工会资产监督的积极性，有利于维护工会资产实际占有和使用者的利益，是健全工会资产监督管理机制的重要内容。目前，《工会行政事业性资产管理办法》《工会企业资产管理办法》等制度文件已经明确全国总工会和省级工会在监管权限上的划分，将部分产权下放给省级工会，各省级工会根据自身情况制定管辖范围内的资产监管政策。部分省市工会也制定了相应的管理办法，最终要形成“权责明晰、利益一致、上下联动、监管有力”的工会资产监督管理体系的“金字塔”式格局。

单位使用是指各企事业单位作为工会资产的实际使用人，必须做好资产的基础管理工作，确保资产有效配置、合理使用、安全完整、保值增值，切实承担起资产管理第一责任人的职责，筑牢工会企事业资产管理的根基。

16 工会资产监管机构如何开展工会资产工作?

工会资产监督管理机构是基础框架，发挥作用开展工作的根本是把职责履行到位。各级工会资产监督管理机构开展工作既要履行对所辖地区工会资产和企事业宏观管理指导职责，还要承担起本级企事业出资人的职责。开展工会资产工作需要从以下几个方面着手：

（1）贯彻执行国家有关政策法规，研究制定工会资产监督管理的方针、原则和规章制度并组织实施。检查监督工会资产规章制度执行情况，依法认定资产损失并追究资产损失责任。

（2）组织清产核资、产权登记、资产评估、资产统计、资产处置等工会资产的基础管理和产权管理工作。

（3）对下级工会资产监督管理机构工作进行指导和监督。按权限审批或审核下级工会资产置换、资产重组、产权变动、承包经营、委托租赁、兼并破产等处置事项。

（4）审批、审核本级企事业重大事项和行政性资产。包括企事业经营方针，工会资产产权及土地使用权转让置换，产权变动、资产重组、招商引资、合资合作、承包经营、托管租赁，重大投资和改造项目、改革改制、关闭清算等重大事项和行政性资产的购置、处置等。

（5）对企事业资产的保值增值进行监督。建立工会资产保值增值指标体系，通过统计、稽核等方式对本级企事业单位工会资产的保值增值情况进行监督。建立健全资产经营目标责任制，对本级工会企事业单位经营业绩进行考核。以财务监管为核心，建立健全预决算管理、财务动态监测、定期审计监察、收益管理等制度。每年向工会经费审查委员会报告企事业资产情况。

（6）对企事业负责人的监管。对本级企事业负责人的经营业绩进行考核、评价，并根据考核结果确定薪酬，提出任免建议；完善经营者激励和约束制度。

（7）对企事业单位资产管理和运营情况进行监督检查。资产监督检查的内容可以包括：资产监督管理制度落实情况、本单位资产监督管理制度制订和落实情况、资产管理和运营情况以及经营业绩考核指标完成情况等。

（8）指导企事业发展与改革。研究拟定工会企事业中长期发展规划和发展战略，提出工会企事业发展原则、发展目标，指导和推进工会企事业优化产业结构、深化改革、加强管理和建立现代企业制度；疏通、协调发展工会企事业的政策，总结推广发展改革经验，组织人员培训。

17 县以上总工会如何做好本级企事业单位资产监管工作?

首先，要明确监管的内容。依据工会资产监管机构的职责，对本级企事业单位资产监管的内容主要包括：以产权管理为核心的资产基础监督管理，审批、审核本级企事业重大经营管理事项，对企事业资产的保值增值进行监督，对企事业负责人的经营管理行为进行监管。

其次，要明确对本级企事业单位监管的方式。一是制度监管。本级企事业资产的制度监管有三个层次。第一层次是依据法律、中央文件精神、政府规章条例和全国总工会关于工会资产的制度办法，制定全国总工会本级企事业工会资产监管制度。第二层次是指导监督本级各企事业单位建立健全内部资产经营管理制度，落实本级工会资产使用者和经营者的责任。第三层次是制度的贯彻执行，制度内容再多，如果不具备可操作性，是无效的制度；制度制定得很完备，但是不按制度执行，就是一纸空文，制度建设的关键在于执行，通过加大监督检查的力度确保制度落实。二是资产经营管理考核。对本级有独立资产的企事业单位进行资产经营管理考核，坚持政治性、先进性、群众性的工作导向，突出工会资产公益性服务性的“工”字属性，同时根据本地区各单位的实际情况，相应地设置财务经营指标、服务职工群众服务工会工作的社会效益指标、资产基础管理指标、工会资产收益指标，采取定性与定量相结合的办法制定考核目标，签订目标责任书，围绕目标进行过程动态管理，对考核结果进行评定，确保经营管理责任落到实处。三是监督检查。可以与经费审查部门互相配合，或者聘请第三方审计机构，对企事业单位的资产经营管理情况进行审计，并且结合经营业绩考核工作，对各企事业单位财务经营数据的真实性和合规性进行审计，提高经营业绩考核的有效性。对重大经营事项进行监督检查，掌握监督资产监管政策的执行情况。对各企事业单位内部管理程序进行监督检查，促进企事业单位规范化建设。四是党建引领。坚持全面从严治党，加强党的建设、落实全面从严治党主体责任，提高全面从严治党水平。将资产监督管理事项纳入各单位党委（支部）会议议事范围。发挥单位党支部的领导核心和政治核心作用，把党中央的决策部署和全国总工会的工作要求贯穿于资产管理工作的全过程，切实做到“两手抓、两促进”。

18 工会资产监管部门如何处理与业务指导部门的关系？

工会资产是工会组织开展工作的物质基础，工会企事业资产不仅是资金、房屋、土地、设备设施，也是工会组织开展活动服务职工群众的载体。对工会资产加以监管的目的是更好地发挥工会组织的优势，发挥工会组织的作用。资产监管工作和工会全局工作密不可分，工会资产是各业务部门开展工作的重要支撑，除了具有资产管理工作的一般属性，还具备工会工作的特殊属性，开展工会资产监管工作还必须具有大局意识和全局意识。

工会行政性资产承载着服务工会组织运转的职能，行政性资产的配置、使用、处置必须满足工会工作的基本需要，资产管理部门在制定行政性资产管理制度时要充分考虑公共行政部门的一般性规律和工会工作的实际情况，不能僵化刻板地将资产作为物品来管理，应当从发挥资产服务性效能的角度出发与资产实物管理部门、使用部门加强沟通和相互配合，明确宏观管理和实物管理、使用管理者之间的责任与义务，增强使用部门的资产管理意识，推进资产管理全覆盖、监管流程不缺失的落实。加强与财务管理部门的衔接，将预算管理与资产管理相结合，合理使用资金，提高资产配置效率。

工会企事业资产涉及的行业领域较广，与工会组织各部门的业务联系紧密，发展历史较长，工会企事业资产管理工作不仅是资产管理，还需要通过加强资产监管延伸工会组织服务职工的手臂，通过资产使用管理扩展工会组织相关部门的服务职能。比如，工会干部院校承担了工会干部的培训职能，在日常资产监管业务中与组织部门的干部教育工作相连接。工会的报社、出版社、杂志社、网络中心是工会工作的宣传平台，向一线职工提供赠报、配备职工书屋等服务，需要与工会组织的宣传教育工作协同一致。工人文化宫、职工学校是向职工提供文化体育、教育培训服务的阵地，也是工会组织推动提高职工队伍素质、丰富职工业余生活的工作措施。工人疗养院是为劳模和职工疗休养活动直接提供服务的，承担落实全国总工会劳模和职工疗休养工作任务。职工保险互助会和职工服务中心经办职工保险保障和困难救助等业务，已经成为工会工作的品牌。这些专业性强、涉及面广的工会企事业资产管理工作，需要资产监管部门加强与业务指导部门之间的联系，结合业务工作的特点制定相应的管理政策，采取不同的管理措施。同时要把握好资产管理的“度”，管理到位而不“越位”，更不能“缺位”，资产管理不能替代业务指导，也不能因为企事业有相应的业务指导部门就忽视了资产的监管。在面对涉及行业性的企事业资产管理工作时，资产管理部门需要主动与业务部门沟通，共同研究问题，召开联席工作会议，形成良好的互动机制，共同促进工会企事业的发展。

19 如何实现工会资产统一监管与分类监管?

确立统一的工会资产监管制度是建立健全工会资产监督管理体制的有力保障。《中国工会章程》第三十九条规定：“中华全国总工会对各级工会的资产拥有终极所有权。”终极所有权，表明了工会资产具有统一性和唯一性，其根本利益是一致的。工会资产监督管理体系建立的原则是“统一所有，分级监管，单位使用”。这必然要求工会资产监管体制要做到“四个统一”：政策法规统一、监管权力统一、监管范围统一、监管流程统一。工会资产管理的政策法规由全国总工会统一制定，各级工会制定的工会资产监管制度必须是在全国总工会规定的原则范围内，不能与全国总工会的政策相违背或者超出规定的权限，尤其是土地以及连同地面附着的房屋建筑物产权处置及1000万元以上的资产配置、处置审批权限统一归属全国总工会。监管范围和监管流程的统一，是监管工作科学有效的基本措施，有利于各级工会资产监管机构对本级开展基础管理工作和对下级进行监督检查。在监管范围上，要将本级设立的企业、事业、社团、协会等各类单位及这些单位出资成立的单位都纳入工会资产监管范围，对工会行政性资产和企事业资产统一归口监管，避免出现“九龙治水”的现象。工会行政资产数额庞大，不能因为工会资产不同于国有资产就疏于管理，工会的行政性资产也要按照中央的要求进行配置和使用，工会的行政性资产没有权利搞特殊化，必须由各级工会按照行政性资产管理的相关制度统一监管。在监管的流程上，各级工会要实现对工会资产配置、形成、使用、处置等各个环节的全覆盖，形成管理上的闭环。

各级工会资产要坚持分类管理。工会资产包括行政性资产、事业资产、经营性资产、社团资产，其中事业资产又分为公益一类事业单位的资产和公益二类事业单位的资产，涉及多个行业、多种性质，如果按照同一模式、同一方法、同一标准来管理，不利于工会资产效能的发挥，也不符合工会工作的实际。行政性资产和公益一类事业单位的资产主要服务于各级工会组织正常运转和开展工会工作，具有配置领域的非生产性，使用目的服务性，资产补偿、扩充的非直接性，占有、使用的无偿性等特点。这部分资产在占有、使用过程中的重点是保证其实物形态的完好无损，以满足顺利、有效地开展行政事业工作的需要，它不以营利为目的，而以服务为根本宗旨。这部分资产在管理时，与各级工会组织的预算关系密切，一般宜按照相应的公共行政资产的管理办法，注重安全完整和使用效能。经营性资产又分为公益服务型资产和市场竞争型资产。公益服务型资产不以营利为目的，主要是作为工会组织向职工群众直接提供产品的服务的平台，是工会全局工作的一部分，这类资产在管理时应注重发挥社会效益的情况，把坚持工会企事业正确的政治方向作为首要目标，考核导向应结合经营效益和社会效益，注重产品和服务的质量，严格预算管理。市场竞争型资产存在和发展的目标不仅是完成工会组织赋予的服务工会、服务职工的任务，还要增强营利能力，提高经营效益，实现工会资产保值增值。这类资产的管理，要以经营业绩考核为重点，加大对利润、资产增值等经济指标的考核力度，强化激励约束机制，将经营者的薪酬和考核结果相挂钩，落实工会资产保值增值的责任。因此，各级工会需要根据所管辖资产的类别制定不同的发展战略和管理办法，实行分类管理、分类考核、分类改革。

20 如何加强工会资产工作者队伍建设?

“为政之要，莫先于用人”，做好工会资产工作，必须有一支高素质的工会资产工作者队伍。工会资产工作者既包括各级工会资产监督管理部门的干部，也包括工会企事业单位的经营管理人员。广大工会资产工作者要自觉增强党性修养，努力学习业务知识，积极投身工作实践，始终保持优良作风，奋力创造一流业绩，做到信念坚定、为民服务、敢于担当。

（1）加强政治建设，坚持正确政治方向。工会资产工作具有突出的政治属性。习近平总书记强调，政治性是群团工作的灵魂，是第一位的。具体到工会资产工作上，就是要努力提高政治站位，善于站在政治的高度想问题、看问题、做工作。要充分认识“两个确立”决定性意义，牢固树立政治意识、大局意识、核心意识、看齐意识，坚定道路自信、理论自信、制度自信、文化自信，坚决做到“两个维护”。牢记“国之大者”，始终把工会资产工作放在党和国家工作大局中把握。坚持工会企事业正确发展方向，牢牢把握工会企事业的性质、宗旨和本色，自觉做到忠诚党的事业、竭诚服务职工。要善于从整体和长远的战略高度去思考和处理问题，善于算政治账、职工账，确保工会资产为党的工运事业服务，为广大职工群众服务，为加强工会政治性、先进性、群众性建设做出应有贡献。

（2）加强能力建设，提高工作本领。随着各级工会组织对工会资产工作的重视和职工群众对工会资产工作的期望逐渐提高，工会资产工作的担子更重，面临的问题也更多。这就要求做好工会资产工作，必须要有高本领、真本事。要在提高学习能力上下功夫，勤于学习，既要向书本学，又要向实践学，坚持学以致用、用以促学、学用相长。要在提高科学监管能力上下功夫，努力学习掌握工会资产工作专业知识，认真分析掌握工会资产工作规律，做到干一行爱一行、钻一行精一行、管一行像一行。要在努力提高解决问题的能力上下功夫，善于在纷繁复杂的事务中抓住并有效化解主要矛盾，妥善处理各类问题，去存量、控增量，确保工会资产工作稳步推进。

（3）勇于担当责任，竭诚服务职工。工会资产来自职工，服务职工。工会资产工作者应当时刻不忘党的重托，始终不忘对职工应尽的责任和义务，义无反顾扛起职责，敢于为党和职工的利益唱“黑脸”。要坚持问题导向，大兴调查研究之风，全面了解工会资产阵地是不是在为职工群众和工会事业服务，工会资产是不是实现了保值增值，工会资产监督管理的规定是不是得到了有效落实，从而掌握真实情况，找到破解难题的办法和路径，不断提高结合实际创造性地开展工作的水平。要继承和发扬工会密切联系职工群众的优良传统，发扬“钉钉子精神”，撸起袖子加油干，坚决克服形式主义、官僚主义，在抓实、再抓实上狠下功夫。要始终坚持艰苦奋斗的作风，谦虚谨慎，勤奋敬业，努力把本职工作做好，做出经得起历史检验的实绩。

21 工会资产监管体制改革以来取得了哪些成效？

推进工会资产监管体制改革是做好工会资产工作的有力保障。要做好工会资产监督管理工作，必须不断健全完善工会资产监督管理体制，做实工会资产监管机构的监管职能。

工会资产监管体制改革致力于推动建立健全工会资产监督管理体系，在明确工会资产监管机构职责、统一监督管理，实现出资人到位、分级分类监督管理，正确处理资产监管部门和业务指导部门之间的关系、形成工作合力等方面取得了成效。具体而言有以下几个方面：

（1）明确工会资产监管机构职责，统一监督管理。这是建立健全工会资产监督管理体制的组织基础，真正解决了工会资产“谁来管”和“管什么”的问题。全总资产部作为全国工会企事业资产监督管理专门机构，负责全国工会企事业资产监督管理工作，并履行全国总工会本级企事业单位出资人职责。同时，全国总工会努力推进地方工会资产监管机构建设，各省级工会和绝大部分地市级工会逐步组建成立工会资产监管部门或设立专门的资产监管机构，初步建立了上下对应、职责明确、运转协调的工会资产监管体系，为工会加强资产统筹规划、资源整合和资本运营提供了体制保证。

（2）实现出资人到位，分级分类监督管理。工会资产监管体制改革通过逐级授权，明确管理工会资产的范围，全国总工会和省级、市级、县级等各级工会分级行使出资人职责，负责所辖工会资产的管理、收益和处置等，健全完善了工会经营性企事业单位的三个监管体系：以企事业重大决策、班子建设、收益分配以及政策制定、企业党建等为主要内容的管理体系；以资产保值增值、资产营运效果、社会贡献等为主要内容的经营考核体系；以财务数据监控、工会经费审计和第三方审计为主体的监督体系。

（3）正确处理资产监管部门和业务指导部门之间的关系，形成工作合力。工会资产工作是综合性工作，涉及工会工作的许多方面，通过工会资产监管体制改革不断深化各级工会“一盘棋”思想，围绕大局统筹、立足高处谋划、着眼整体推进。逐步建立由工会资产部门负责牵头协调、组织实施和督促检查，有关部门负责加强指导支持的工作机制，做到既各司其职、各负其责，又协同作战、合力攻坚，致力于形成推动工会资产实现高质量发展的工作合力。

22 工会资产监督管理体制改革有哪些工作内容?

工会资产监督管理体制改革是要建立一套有利于服务大局、服务工会、服务职工的资产监管机构，用有效的监管方式来落实监管职责。其主要内容有以下几个方面：

（1）确定工会资产监督管理机构的性质，明确机构设置，明确人员编制，实现工会资产监督管理工作有机构、有人员的基础目的。

（2）确定工会资产监督管理部门的职能配置和工作职责，明确各级工会资产监管部门管什么，落实工会资产统一监管的职责要求，明确工作权利、责任和义务，解决职责不清、覆盖不全的问题。

（3）明确各级工会组织对工会资产监管部门的授权，处理好出资人与出资人代表之间的关系，处理好业务领导与资产监管之间的关系，解决资产管理与业务管理不分、重业务管理轻资产监管的问题。

（4）明确全国总工会和地方工会资产监管机构权责划分；

明确省级工会与市级工会、市级工会与县级工会资产监管部门之间的管理权限及相互关系，解决全国工会资产监督管理体制中管理环节不畅的问题。

（5）加强工会企事业监督管理。借鉴先进资产管理模式，针对不同企事业单位的性质、作用、所处行业、规模和发展阶段，分类建立经营业绩考核工作机制，设置既符合工作实际，又体现高质量发展目标的考核任务，加强监督和指导，增强工会企事业单位市场竞争力。

23 如何运用政府联席会议制度推进做好工会资产工作?

近年来，各级工会领导和工会资产部门积极通过工会与政府举行联席会议，争取相关部门支持，沟通解决工会资产工作面临的困难和问题，交流研讨工会资产工作的发展方向，为进一步提高工会资产工作质效做出了重要贡献，也形成了许多具有借鉴意义的典型经验。比如，江苏省总工会与省政府召开联席会议，就工人文化宫纳入公共文化服务体系、落实财政资金保障以及工人文化宫设施建设五年规划等事项形成决议，推动省政府办公厅转发了《关于推动全省工人文化宫高质量发展的指导意见》，为各级工会筹划开展工作、加强协调落实提供了重要依据。江西省总工会围绕 2023 年全省工人文化宫建设全覆盖目标，积极参加与江西省政府 2020 年第十五次联席会议，推动出台《省政府办公厅关于进一步加强全省工人文化宫建设与管理的意见》，为推动新建共建工人文化宫加快工作进度、进一步开辟和拓展职工活动场所营造了良好的政策环境。四川省总工会领导同志在省人大十一届三次会议和省政府与省级群团部门联席会议上，提出了《关于将省本级、各市（州）、县（市、区）应建未建工人文化宫（俱乐部）纳入我省“十四五”规划的建议》，从国家、省级顶层设计层面出谋划策，发出工会声音，有力地推进了工会资产阵地的建设和发展。

为实现在与政府的联席会议中有力推进工会资产工作发展，需要坚持多措并举，在不同方面下足功夫。一是要摸清实际工作情况，做到心中有数。工会资产工作涉及面广，面临情况复杂，既包括工会资产监督管理，又包括工会企事业改革发展，既包括制度建设工作，又面临工会资产阵地项目推进等问题，需要工会资产部门把工作做在平时，加强调查研究，深入工作一线，听取多方意见，摸清工作底数，才能在联席会议上做到有的放矢。二是要积极参与联席会议相关工作，有效解决面临的问题。工会资产部门要提高主观能动性，及时参与联席会议的准备和筹划工作，认真和与会部门沟通协调，充分交换意见，争取形成共识，在会议进行过程中要全面细致地介绍实际情况，阐述工会资产工作的特殊性和意见建议，特别是要强调工会资产工作在服务地方党和政府工作大局中的重要作用，为联席会议取得理想效果打下基础。三是要坚持结果导向，抓好会议精神的贯彻落实。工会资产部门要利用好联席会议达成的有利成果，在及时履行本部门责任的基础上，协调推进多方加快工作进度，紧盯问题解决进程，确保未解决的困难尽早解决，未完成的工作及时完成，推动工会资产更快更好地服务职工群众。

24 下一级工会如何做好向上一级工会报告资产监督管理和运营情况的工作？

根据《中华全国总工会关于加强工会财务管理、资产监督管理和经费审查审计监督的意见》，“建立上级工会对下级工会资产监督管理工作进行指导和监督检查机制，下一级工会每年应定期向上一级工会报告资产监督管理和运营情况，上一级工会每年应对下一级工会资产监督管理工作进行指导和考核评价，并定期进行监督检查”。各级工会资产监督管理部门应及时向上级工会报送上一年度工会资产工作总结和本年度工作安排，应至少包括以下内容：

（1）上一年度工会资产工作总结。例如，工会资产监管机构设置与人员配备情况、监管机构职责落实情况；工会本级企事业单位数量、资产总量、年度收支、节余情况及现状；监管机构对本级工会企事业单位资产监督管理情况，是否进行考核，考核的具体措施和办法；省总本级企事业改革、改制情况；工人文化宫、工人疗休养院清理整改方案落实情况和下一步拟采取的推进措施，贯彻落实《中华人民共和国公共文化服务保障法》（以下简称《公共文化服务保障法》），推动把工人文化宫纳入地方公共文化服务体系的情况；研究制定工人文化宫阵地建设标准的情况；加强工人文化宫、工人疗休养院领导班子和人才队伍建设情况；工人疗休养院参加培训疗养机构改革或事业单位改革进展情况；组织开展职工互助保障活动情况；职工受益情况；工会资产基础管理工作情况；组织开展工会资产统计调查、资产清查情况；推动工会资产产权登记工作的具体措施及进展情况；工会资产配置、资产使用、资产处置等是否依法依规按程序办理；全国总工会已批复事项的督查落实情况；工会资产工作制度建设情况；上一年度工会制定出台的工会资产工作制度及落实情况等。

（2）本年度工作安排。包括拟召开的会议、培训班等情况，拟制定的规章制度情况，重大投资阵地建设情况，本年度拟开展的重点工作情况。

（3）对做好工会资产工作的意见建议。为了更好地贯彻落实好向上一级工会报告资产监督管理和运营情况的工作，各级工会资产监督管理部门应当对上一年度工会资产工作认真梳理，总结工作中的创新做法、成功经验，做到重点突出、内容精练、数据翔实。同时针对工作中存在的不足和问题，结合本地区本产业实际，提出本年度工作思路、工作目标、重点工作和工作措施。

25 如何加强工会资产监督管理干部的教育培训工作？

工会资产监督管理干部教育培训以科学化、制度化、规范化为发展方向，其工作目的是培养造就一支高素质的工会资产干部队伍。重点要求是做好以下几方面工作：

（1）加强理论培训。首要任务是学习习近平新时代中国特色社会主义思想特别是习近平总书记关于工人阶级和工会工作的重要论述。结合工会资产工作实际，统筹研究编写教材、开发课程、培训师资等工作，把党的创新理论作为各级各类培训班的必修课。坚持党建与业务相融合，提高工会资产干部办实事、解难题的政治责任感。

（2）加强业务培训。及时传达贯彻全国总工会对工会资产监督管理工作的决策部署，并专门安排时间进行学习讨论，帮助学员充分学习领会。要立足新发展阶段、贯彻新发展理念、构建新发展格局，以建立健全工会企事业资产考核体系为抓手，谋划打造高质量发展的工会资产服务体系。以加强制度建设为重点，不断帮助学员加强制度执行力，把制度优势转化为治理效能，管住、管严、管好工会资产。邀请专业人士就当前工会资产工作进行授课，有针对性地解答各级工会资产监督管理部门在平时工作中遇到的困难问题，切实帮助其提高专业能力水平。

（3）加大对工会企事业干部的教育培训力度。结合工会企事业改革发展实际，加强对工会企事业单位负责人和机关工作人员的培训，推动工会企事业单位加强班子队伍建设，促进工会企事业实现高质量发展。

（4）重视网络教育培训。要适应常态化疫情防控实际，进一步加大网络培训力度，强化吸引力，扩大覆盖面。积极探索网络培训的有效方式，建设在线学习精品课程库，开发适应网络培训、移动学习的工会课程、工会微课、公开课。发挥全国工会干部教育培训网等多种网络平台的作用，举办工会资产工作专题网络培训班。

GONG HUI ZI CHAN GUAN LI ZHI DU

第三部分

工会资产管理制度

26 如何认识工会资产制度建设的重大意义？

制度具有根本性、全局性、稳定性和长期性。做好新时代工会资产工作，制度建设尤为重要。必须加强工会资产工作制度建设，建立健全工会资产工作制度体系，依法依规依章程监督、管理和使用工会资产。

（1）加强工会资产制度建设，是深入学习贯彻中央党的群团工作会议精神、深化工会改革的必然要求。中央明确要求，规范群团组织资产管理使用制度，任何组织和个人不得侵占、挪用或任意调拨群团组织资产；群团组织应该建立健全社会资金募集、管理、使用全过程公开制度，建立第三方监督评价机制，提高社会公信力。各级工会资产监督管理部门管住、管严、管好工会资产，发挥好资产效能，提高服务职工的能力和水平，是深入贯彻好中央党的群团工作会议精神和《中共中央关于加强和改进党的群团工作的意见》的重要内容。全国总工会将加强和改进工会资产工作纳入全国总工会改革试点方案，推动工会系统改革创新，明确要求完善工会资产监督管理体制机制，加强工会资产工作制度建设，突出公益性服务性，强化工会资产服务职工功能。《财政部关于进一步加强党的群团组织资产管理工作的指导意见》要求，加大对群团工作的支持保障力度，规范和加强全体群团组织资产管理，维护群团组织资产安全完整；根据群团组织性质和特点，依法依章程开展资产管理工作。以上举措为各级工会资产监督管理部门加强制度建设提供了遵循。

（2）加强工会资产制度建设，是落实依法治国、依法治会方略的必然要求。党的二十大报告指出，全面依法治国是国家治理的一场深刻革命，必须更好发挥法治固根本、稳预期、利长远的保障作用，在法治轨道上全面建设社会主义现代化国家。2022 年 1 月 1 日起，新修改的《工会法》工会法正式施行，把工会工作融入全面依法治国总体部署，进一步明确了工会的政治责任、法律地位和工作职责，强化了依法行使权利、依法开展工作的法律保障，全面提升了工会工作法治化水平。对于工会资产工作来讲，就是要增强法治思维，运用法治方式，把工会资产工作纳入制度化、规范化、科学化轨道。

（3）加强工会资产制度建设，是加强工会资产监督管理工作的必然要求。全国总工会十分重视工会资产工作制度建设，提出建立统一、科学、有效的工会资产监管体制的目标，初步建立了以出资人制度为核心的工会资产工作制度体系，明确了工会资产工作方向、原则、职责、体制、任务、思想和途径，明确了工会企事业改革发展管理的目标和任务。但工会资产管理粗放、管理不规范的问题仍不同程度地存在，随着工会事业的发展和形势任务的变化，一些工会资产工作制度亟待“立改废释”；有的地方工会执行和监督制度不到位，工会资产处置未按规定报批，存在未批先建和不按批准方案实施等问题。破解上述问题，都需要我们进一步重视和加强工会资产工作制度建设，以实现有章可循、有据可依，推动工会资产工作持续健康发展。

27 工会资产工作制度建设的目标任务是什么？

工会资产工作制度建设的根本要求是依靠制度建设管好用好工会资产，坚持正确政治方向。深入贯彻习近平总书记关于工人阶级和工会工作的重要论述，深入贯彻落实党的二十大精神，就是牢牢把握保持和增强政治性、先进性、群众性的要求，突出工会资产公益性服务性，充分发挥工会资产服务职工群众作用；以先进的管理、优质的服务和良好的形象，打造有吸引力、战斗力、凝聚力的服务高地，着力推动工会资产实现高质量发展；聚焦主责主业，不断健全工会资产服务职工的工作体系。

工会资产工作制度建设的目标是不断深化工会资产工作制度创新，推动工会资产高质量发展。2019 年 10 月，全国总工会书记处审议通过《中华全国总工会关于推动工会资产实现高质量发展的指导意见》，要求在突出公益中实现工会资产保值增值，在做优做强中实现工会资产改革发展。一是要明确发展目标。工会资产高质量发展包括工会资产监督管理工作高质量发展和工会企事业高质量发展两个方面。要通过健全制度建设，盘活工会资产，深化改革、加强管理、提高效益，实现总量增加、质量提升、政策完备、健康发展目标。二是通过制度建设，让考核为刚性、向管理要效益、靠制度保落实，利用科学的工会资产评价体系，促进优质服务、优良业绩、优秀队伍，主业突出、运行高效、管理科学，做优做强工会资产，推进工会资产实现高质量发展。

同时，加强制度建设，强化资产监管，以“制度之治”管住、管严、管好工会资产，是工会资产工作制度落实到位的有力保障。通过建立多维度工会资产工作制度，构建行之有效的制度体系，实现全国工会行政、事业、企业资产监督管理制度的全覆盖。紧随新形势新任务，完善制度体系改革创新，积极探索工会资产制度的实现形式，形成务实管用、健全完善的工会资产工作制度体系。

28 全国总工会制定的工会资产工作制度有哪些具体要求？

建立健全工会资产工作制度，是加强工会资产制度建设的前提和基础。新时代，工会资产工作体制机制、形势任务发生了深刻变化，需要对原有工会资产工作制度认真梳理。经实践检验行之有效、大家认可的，要予以重申，继续坚持，抓好落实，严肃纪律，形成刚性约束；不适应新形势新任务要求的，该修改完善的就修改完善，该废止的就废止，该制定新的就制定新的。要总结新的实践经验，建立新的制度，做到务实管用。在工会资产工作制度建设上，形成制度制定、制度执行、制度反馈、制度督查、制度完善的闭环，提高制度建设质量，切实织密制度的笼子。

《中华全国总工会关于加强工会财务管理、资产监督管理和经费审查审计监督的意见》《工会行政事业性资产管理办法》对各级工会加强工会资产监督管理机构建设，确保工会资产安全完整，加强工会资产监管提出了相关要求。一是要明确工会资产监管职责。按照“统一所有、分级监管、单位使用”的原则，明确工会资产监管责任部门和监管职责，对工会资产配置、产权登记、资产使用、资产收益、资产处置等关键环节进行全过程监管。二是要改进工会资产监管机制。合理划分工会资产审批管理权限，建立分级审批机制。全国总工会负责对省级工会本级行政资产和企事业资产的产权变动、重大资产使用事项进行审批（备案）。省级总工会受全国总工会委托，负责对所属工会组织的工会资产产权变动和重大事项进行审批，根据全国总工会有关规定制定所辖工会行政事业性资产管理事项的审批权限并报全国总工会备案。建立上级工会对下级工会资产监督管理工作指导和监督检查机制，下一级工会定期向上一级工会报告资产监督管理和运营情况。

《工会企业资产管理办法》《中华全国总工会关于推动工会资产实现高质量发展的指导意见》进一步强调落实工会资产“统一所有、分级监管、单位使用”监管体制要求，坚持一级管一级，压实各级工会监管主体责任，强化工会资产监管组织体系、工作体系、制度体系和责任体系，管住、管严、管好工会资产。一是明确全总资产部负责对全国工会企业资产进行监督管理，县级以上工会组织（含县级）应落实分级管理工会资产责任，明确工会资产监督管理机构，对所辖工会企业资产进行监督管理。二是完善工会资产监管体制，健全工会资产管理制度，提高工会资产监管效能。着力解决工会资产公益性服务性政策不落实、有效供给不足、监管体制不健全、基础管理工作薄弱等突出问题，建立健全企业内部监督管理、风险控制、投资、资产出租出借等制度，实现工会资产科学配置、规范使用、有效运营、全面监督。三是加强顶层设计和政策指导。研究制定推动高质量发展的指标体系、政策体系、标准体系、统计体系、考核体系，做到让考核为刚性、向管理要效益、靠制度保落实，实现工会企事业高质量发展。

《关于工会系统经营类事业单位改革的指导意见》要求健全企业法人治理结构，推动形成权责对等、运转协调、有效制衡的决策执行监督机制，落实工会资产保值增值责任，完善经营业绩考核。探索建立自主灵活、适应市场竞争的经营管理机制，试行管理人员能上能下、员工能进能出的用人制度，建立与劳动力市场基本使用、与企业经济效益和劳动生产率挂钩的工资决定和正常增长机制，合理确定并严格规范企业管理人员的履职待遇和业务支出，着力提升企业发展活力和抵御风险的能力。

《中华全国总工会办公厅关于深入推进工人文化宫、工人疗休养院清理整改工作的意见》《全国总工会本级企事业单位资产监督管理办法》提出各主管工会、全国总工会本级企事业单位要加强工会资产管理制度建设，依法依规对资产进行经营和管理，实现资产配置、使用、租赁、处置等各环节的全面规范管理，堵塞漏洞黑洞。建立健全考核机制，把党建工作、“三重一大”决策情况、公益性服务、制度建设、安全管理纳入考核指标，并把考核结果与领导班子职务任免、绩效工资等挂钩。

综上，通过建立制度，主要明确以下几个方面的问题：一是明确工会资产“统一所有、分级监管、单位使用”的监管原则，全国总工会对各级工会的资产拥有终极所有权。二是明确工会资产工作的职责，即对工会资产负有监督管理职责；对本级工会企事业行使出资人职责，行使工会资产使用、经营处置事项审核审批权。三是明确工会企事业改革发展的指导思想、目标任务、结构布局、基本思路和保障措施，并对加强和改进工人文化宫、工人疗休养院资产管理工作提出指导性意见。四是明确对本级工会企事业行使出资人职责的具体工作任务，制订业绩考核办法和领导班子的薪酬管理办法。

29 如何理解工会资产终极产权制度?

根据《工会法》和《中国工会章程》的规定，各级工会的资产归工会统一所有，全国总工会对全国各级工会资产拥有终极所有权。全国总工会终极所有权是指全国总工会是全国各级工会资产的终极所有者，其权利主要体现在三个方面：一是全国总工会制定工会资产工作的方针政策和规章制度，指导和规范全国各级工会资产监督管理和工会企事业改革发展工作。二是地方和基层工会以及产业工会执行全国总工会制定的工会资产工作方针政策和规章制度，其资产工作接受全国总工会的领导和监督。三是全国总工会保留对全国各级工会资产的最终处置权。必要时有权对全国工会资产统一配置和处置。

工会资产终极所有权的实现形式，主要表现在三个方面：在组织机构建设方面，全国总工会成立资产监督管理部，负责全国工会资产监督管理和工会企事业改革发展工作。各地工会按照全国总工会的要求，建立健全工会资产监督管理机构，为做好工会资产监督管理工作提供了可靠组织保证。在履行工作职责方面，全国总工会书记处授权资产监督管理部对全国各级工会占有使用的行政性资产、事业性资产和企业资产实行统一监督管理。对各级工会举办的工人文化宫、工人俱乐部、体育场馆、职工学校、工会干部学校、工人报刊、疗休养院、海员俱乐部、旅行社、宾馆、互助合作事业和各类经济实体等工会企事业的资产管理、经营管理和发展改革进行宏观管理和指导。在制度建设方面，制定和完善工会资产工作制度体系，明确了工会资产“统一所有、分级监管、单位使用”的监管原则，将全国总工会对各级工会的资产拥有终极所有权作了制度性安排；明确了工会资产工作的职责，即对工会资产负有监督管理职责，对本级工会企事业行使出资人职责，行使工会资产使用、经营处置事项审核审批权；明确了工会企事业改革发展的指导思想、目标任务、结构布局、基本思路和保障措施。

《中国工会章程》明确了全国总工会对各级工会的资产拥有终极所有权，更多的是从维护工会组织的团结统一、保护工会资产不流失的角度考虑的，这并不意味着各级工会对所属工会资产不享有产权。实际上，工会资产的产权是由各所属工会管理的，工会资产的使用权、管理权和收益权是由所属工会执行的。因此，各级工会应当加强对工会资产的监督管理，依法保护工会资产不受损害，促进工会资产保值增值。要重视本级工会资产监督管理机构建设，充分发挥其作用。要加强对所属工会企事业单位的资产监督管理工作，大力推动工会企事业改革发展，使工会资产不断发展壮大。

30 如何理解工会出资人制度？在工会资产工作中工会出资人制度如何落实？

工会作为社团法人，依法享有独立的法人财产权。工会作为工会资产的所有者，依法取得工会出资人地位，对所属资产享有出资人权益。工会出资人制度是工会为实现对所属工会资产有效监督管理、实现出资人权益而构建的制度，具体包括以下几方面：首先是工会出资人代表制度，这一制度从根本上解决工会资产所有权与经营权分离，防止出资人缺位、错位，防止出资人对企业经营的过多干预。其次是工会资产产权监管制度，从实践中解决管资产和管人管事相结合，并与权利、义务和责任相一致的问题。再次是工会企事业法人财产权制度。完善工会企事业法人治理结构，保障和落实工会企事业单位的生产经营自主权和其他法定权利。最后是激励与约束制度。根据不同工会企事业单位的性质和经营特点，确定科学合理的考核指标、考核办法与监督激励办法。

对于工会出资人制度的落实，我们要强化工会资产财务监督。财务监督是工会资产监管工作的基础。各级工会作为出资人，要运用会计监管和审计监督等手段，对所属工会资产的经营管理状况进行综合评价，包括清产核资、预决算管理、财务动态监控、财务风险控制、经济责任审计等。要以财务监督为核心，逐步建立健全预决算管理、财务动态监测、月报财务报表、定期审计监察等工作制度，实现事前控制、事中约束、事后整改相结合的全过程监管。我们要做好工会资产经营业绩考核工作。对工会企事业单位经营业绩进行考核是工会出资人维护所有者权益、落实工会资产保值增值责任的一项重要措施。各级工会应坚持客观、公正、公平的原则，对工会企事业单位经营业绩进行考核，激发和调动其工作积极性，达到管住、管严、管好工会资产的目的。我们要做好重大事项报告管理工作，这是落实工会出资人权益的重要内容，这一工作使工会作为出资人能够及时了解工会资产的日常经营管理情况，从而对重大决策进行科学分析和判断。我们要严格落实工会资产损失责任追究制度。建立健全维护出资人权益的有效机制，进一步强化工会资产经营管理者的责任意识、风险防范意识和制度意识，做到依法决策、依法管理和依法经营，有效防止和避免工会资产的重大损失。

31 如何理解工会资产的公益性服务性制度？

公益性服务性的基本内涵主要包括政治属性和工会属性、非营利性、主业限定性、普惠性四个方面。掌握公益性服务性的基本内涵，我们才能准确掌握工会资产的性质，保证工会资产工作不偏离正确的方向。

政治属性、工会属性是工会企事业的基本属性，决定了工会企事业必须始终坚持正确的政治方向。工会资产工作的政治性、先进性、群众性，体现在工会资产的经营管理中，就是坚持工会资产的公益性服务性。工会企事业的工会属性，本质上源于工会主办、工会所有、工会支撑、工会管理。工会企事业是党和政府委托工会组织主办的，兴办工会企事业是工会组织的基本任务之一。工会企事业的运营发展要依靠工会组织的支持。《中国工会章程》明确规定，工会兴办的企业、事业，坚持公益性服务性，坚持为改革开放和发展社会生产力服务，为职工群众服务，为推进工运事业服务。

非营利性是公益性的根本特征。工会组织举办工会企事业并不以追求利润为根本目的，获得的经营收益主要用于弥补服务成本，为职工提供优惠服务项目，以及阵地建设的运营维护和发展。值得注意的是，非营利性并不等于没有营利，而是不能以营利为目的。应该看到，工会企事业单位如果没有良好的经济效益，就无法实现可持续发展，再好的社会效益也无从谈起。因此，必须在坚持公益性服务性的前提下，大胆探索社会化、市场化运营方式，努力实现社会效益与经济效益的双赢。

公益性服务性还要求工会企事业的主业具有限定性。工会企事业不得开展与主业无关的经营活动，不得将设施和场所对外出租、承包或挪作他用。2005 年以来，全国总工会着力推进工会资产监管体制改革，进一步完善工会资产监管体系，进一步增强工会资产公益性服务性。近两年，陆续出台《中华全国总工会关于推进工会企事业改革与发展的指导意见》《关于加强和规范工人文化宫管理的意见（试行）》《中华全国总工会关于加强和规范工人疗休养院管理的意见（试行）》《中华全国总工会关于推进工人疗休养院改革发展的指导意见》等文件，要求工人文化宫、工人疗休养院突出公益、聚焦主业、自主经营、依法监管。

普惠性也是公益性服务性的特征之一。工会企事业主要面向广大职工群众提供普惠性服务，要坚持以职工为中心，贴近基层、贴近职工，牢牢把握职工群众对美好生活的向往，兴办和发展文化体育产业、健康产业等现代服务业，满足职工群众的多层次需求。

32 怎样制定工会资产制度？

建立健全工会资产工作制度，既要整体规划、科学安排，又要突出重点、抓住关键。因此，必须从各地实际出发，制定工会资产重点领域制度，加强工会资产运营关键环节监督管理，在管住、管严、管好工会资产上下功夫，避免管理使用上出现黑洞漏洞。

当前，主要围绕三个重点领域加强工会资产工作制度建设，通过建机制、强功能、增实效，巩固深化工会改革成果。一是健全工会资产基础管理制度。要实现工会资产监管单位、监管范围和监管流程全覆盖，各级工会应参照《工会行政事业性资产管理办法》和《工会企业资产管理办法》的要求，制定相应的本级管理制度和实施细则，明确分类监管要求、权限和程序，并推进工会资产统一标识管理。围绕工会资产配置、使用、收益和处置等关键环节，健全完善产权登记、资产统计、资产使用、资产评估、资产处置等各项工作制度。建立下级工会向上级工会资产监督管理部门报告工作的制度和机制，加强上级工会资产监督管理部门对下级工会的工作指导和监督。二是健全工会企事业改革发展管理制度。围绕工会企事业三大服务领域，分别制定工人文化宫、工人疗休养院、职工互助保障组织、工会院校、职工学校等行业管理制度。按照“回归公益、聚焦主业、自主经营、加强监管”的总体要求，推动工会资产阵地清理整改工作制度化规范化经常化，充分发挥工会资产效能。建立职工满意度考核和第三方评价制度和机制。三是健全工会资产监管制度。要把工会资产监管摆在突出位置，实行分类指导、分类监管、分类考核。坚持和完善工会企事业单位经营业绩考核制度，健全考核指标体系、责任体系和评价体系。制定经营业绩考核办法、重大事项管理办法、薪酬管理办法，指导工会企事业单位制定发展规划，划清监管边界、明确监管权限、规范工作流程，依法落实工会出资人职责和工会企事业单位法人自主权。

在工会资产工作制度建设中，还应从实际出发，努力提升制度制定质量，把握好以下四个方面。一是加强顶层设计，科学规划论证。根据工会资产工作的需要，着眼根本、立足长远，突出制度建设的系统性、整体性、协同性，科学合理确定工会资产工作制度建设的目标任务。各级工会要组织专门力量研究论证，明确责任人，列出时间表，分清轻重缓急，分期分批制定各项制度。二是认真学习理论政策和法律法规，准确把握党和国家的方针政策以及全国总工会关于工会资产工作的决策部署。认真学习领会习近平总书记关于工人阶级和工会工作的重要论述，围绕落实《中国工运事业和工会工作“十四五”发展规划》提出的目标任务，借鉴国有资产管理的好经验好做法，紧密联系本地区实际，制定相应制度。三是及时总结经验，在实践中提炼规律并固化为制度。要深入基层和工会企事业单位调研，善于发现、总结和推广典型经验，发挥其示范引领作用，并对各地工会实践经验进行归纳提炼，准确把握工会资产工作规律。进一步明确工会资产工作职责定位，聚焦发展工会企事业三大服务领域，确立工会企事业主责主业，规范服务产品，量化工作标准。努力建好用好管好工会资产阵地，积极转变拓展工会资产服务职工的功能，把中央要求和全国总工会党组、书记处关于工会资产工作的一系列指示批示，用制度成果巩固下来，建立长效机制。要科学界定工会资产工作边界，建立工作权力清单和责任清单，完善工作制度，做到该管的要坚决管住、绝不缺位，不该管的要依法放权、绝不越位。要把制度的“笼子”设置得更科学一些，既不能搞“纸笼关虎”，也不能搞“牛栏关猫”，两者都会使制度成为一道摆设。四是深化对工会资产工作重点难点问题的研究，加强典型案例分析。坚持问题导向，狠抓薄弱环节，着力深化改革，建立完善制度，并举一反三，避免制度上的真空和漏洞。同时，针对制度实施和监督中存在的问题，进一步改进制度设计，强化刚性约束，建立问责机制，让制度成为带电的“高压线”，真正起到制约震慑作用，防止问题发生。

33 怎样贯彻执行工会资产制度？

制度的生命力在于执行，要下功夫强化制度执行力，做到落实制度有保障、有督查、有实效，切实把制度优势转化为治理效能。按照“统一所有、分级监管、单位使用”的资产监管体制。

工会资产制度的贯彻执行首先取决于执行制度的人。加强资产管理干部队伍建设，强化资产管理工作的组织领导，做好资产管理机构设置和人员配备工作，落实主体责任和监督责任，为资产管理工作提供有力的组织保障。《中华全国总工会关于加强工会财务管理、资产监督管理和经费审查审计监督的意见》明确要求，各级工会要加强资产监督管理机构建设，明确工会资产监管责任部门的监管职责，实现工会资产出资人到位。

工会资产制度的贯彻执行归根结底还是要抓好制度的落实。一是各级工会领导干部特别是资产监督管理部门的负责人要本着对工会事业、工会资产高度负责的精神，带头落实制度，依法履职行权，管好、用好、经营好工会资产。对规定的报告、审批和备案制度，特别是工会资产处置事项必须严格履行审批程序，按照批准方案实施。根据《全国总工会本级企事业单位资产监督管理办法》《工会企事业单位资产处置暂行办法》规定，已经批复的工会资产出租、出借、处置事项等，在实施完毕后要将落实情况以书面形式逐级向批准机构报告；跨年度实施的资产处置方案，需在每个年度末逐级向批准机构报告实施进展情况。二是要抓好监督检查。把制度建设作为工会资产监督管理专项检查的重要内容，树立制度“底线”“红线”和“高压线”意识。对违反工作制度，造成工会资产流失的，要严格追究责任，并举一反三，完善制度，堵塞漏洞。建立巡查督导、年度考核、审计等监督机制，健全内部监督和风险防控机制。三是要坚持立行立改。各级工会要及时总结反馈检查情况，指导督促企事业单位制定整改措施，坚持“回头看”，跟进整改落实情况，防止问题反复。

34 如何监督工会资产工作制度的落实？

按照工会资产“统一所有、分级监管、单位使用”的原则，各级工会资产监管机构作为同级工会出资人代表，要坚持管人、管事、管资产相结合的原则，对本级工会企事业单位实施监管，履行出资人职责。各级工会资产监督管理机构要自觉贯彻执行所承担的主体责任，遵循工会资产工作制度原则、制度目标、制度精神。主动接受主管工会的领导和监督，规范工会资产监督权、管理权的运行。根据实际情况的发展变化，追踪反馈制度实施成果，对制度的有效性、针对性和可操作性做出评价，逐步健全完善工会资产工作制度。

监督是保证制度正当运行的重要机制。有效的监督必须保证监督主体的独立性和权威，监督主体的活动不受监督客体的直接制约，监督客体应处于监督主体之下。各级工会要通过监督检查，及时发现和解决问题，促进各项制度执行到位，维护工会资产工作制度权威。

各级工会资产监督主管部门作为监督责任主体，要坚持从自我做起，落实监督责任，加强督查力度。注重经常督查、综合督查、专项督查相结合，创新督查办法，强化科技手段监督，确保执行过程公平、公开、公正，形成一级抓一级、层层抓落实的工作格局，使制度监督责任无可推卸。一是定期组织全面检查或抽查、企事业单位自查、第三方审计检查等方式，主要监督检查各单位落实全国总工会加强工会资产工作决策部署情况，落实全国总工会、各级资产监督管理制度的情况，本单位资产监督管理制度制定和落实情况，资产管理和运营情况，以及经营业绩考核指标完成的情况等。将检查情况及时反馈给各单位，指导督促各单位进行整改。二是灵活运用督导调研、座谈、访谈等方式，定期跟进了解各单位资产管理工作动态，对重点、难点问题上下联动、协调解决，坚持发现一起、解决一起，防范不作为、慢作为，小事不愿管、大事管不动，疑难问题越积越多的情况发生。

各级工会还应承担起落实工会出资人制度的责任，建立健全工会企事业经营业绩考核工作体系，充分发挥考核的“指挥棒”和“风向标”作用。各级工会要明确考核指标体系，完善考核流程，强化考核结果运用，做实、做牢资产经营业绩考核。以考促建，坚持权责利相统一，建立奖惩结合的差异化激励约束机制。

厘清管理边界，落实责任担当，加强以问责制为主的制度执行责任追究。各级工会组织作为问责主体，各级工会资产监督管理机构要对主管工会负责任，对执行工会资产工作制度负责，有效落实依法依规监管、发挥工会资产效能工作责任，对发现的问题必须认真加以解决，决不容许文过饰非，包庇掩盖之类的现象出现。让制度管权、管事、管人的作用真正得到发挥，切实做到制度面前人人平等、制度面前没有特权、制度约束没有例外。

作为工会资产损失责任追究的执行主体，各级工会资产监督管理机构还应加强督查队伍建设，提高监督执行的能力和水平。明确监管职责，强化制度执行效果，通过教育、管理、监督等措施，切实提高监管队伍的政治素质和履职能力，抓好各项制度的落实，通过追究违规责任，维护制度权威，促使各级工会完善资产监督机制，加强资产管理。

35 如何做好工会资产工作向同级经审会报告工作?

中国工会十四大召开以后，在党的领导和政府的支持下，全国各级工会重视和加强工会资产监督管理工作，管好用好工会资产，在服务大局、服务工会工作、服务职工方面发挥了积极作用。2007 年 4 月，全总资产部提请全国总工会第十四届经审会第八次会议审议《关于 2006 年度工会资产监督管理工作和事业发展资金管理使用情况的报告》，全总资产部开始向全总经审会报告工作，多年以来持续坚持和完善工作述职报告制，在全国总工会形成了向全总经审会报告工会资产工作制度。全总资产部还进一步推动省级工会资产监督管理部门向全总资产部和同级经审会述职报告工作制度，并探索向下延伸，指导市级工会资产监管部门向省级工会资产监督管理部门和同级经审会报告工作。目前，省级工会资产监督管理部门向同级经审会报告工作的制度基本建立，一些地方的市县工会资产监督管理机构也围绕向同级经审会报告工作进行了积极探索，报告内容和质量逐年规范提升，取得了很好成效。

做好工会资产工作向同级经审会报告工作要坚持以习近平新时代中国特色社会主义思想为指导，深入学习贯彻习近平总书记关于工人阶级和工会工作的重要论述，坚持工会资产公益性服务性方向，聚焦发展工会企事业三大服务领域，以推动工会资产高质量发展、更好服务职工群众为主线，从实际出发，依法依规依章程加强和改进工会资产工作，摸清工会资产家底，厘清工会资产管理体制机制，建立健全工会资产管理情况报告和监督制度，向同级经审会交出工会资产“明白账”“放心账”，建立起符合工会资产工作特点的全口径、全覆盖的报告体系。具体来说，一是要规范报告基本内容，各级工会资产监督管理机构应当对上年度本级和所辖范围工会资产使用情况进行全面分析，对本年度工会资产工作提出建议，紧扣全国总工会关于工会资产监督管理的决策部署，反映工会资产的规模、结构、分布、表现形式，配置、使用、处置、收益等情况；说明工会资产管理情况，包括制度建设、投向布局、改革进展、绩效监管、保值增值、服务职工等情况；查找工会资产管理中存在的突出问题，进行原因分析；提出具体可行地推进改革、改进工作的安排和建议。二是要夯实报告基础，县以上工会组织资产监督管理机构要重视数据统计分析的重要性，做好工会资产数据统计分析评价工作，建立完备的工会资产数据库，完成各类资产数据的查询和统计分析，全面反映工会资产的经营状况、经济实力、资产质量、社会效益情况，有效推动清产核资、产权界定、资产评估、产权登记等其他各项管理工作，促进工会资产管理工作程序化、规范化、科学化。三是要坚持问题导向，广泛听取同级经审会关于工会资产管理情况报告的审议意见，认真进行梳理，提出问题清单，制定整改时间表，严格对标对表，督促落实整改和问责要求。做到有部署、有落实、有检查，努力构筑“守土有责”，谁主管、谁负责的领导责任机制，分级管理、层层把关的监督制约机制，权责明确、奖罚分明的运行机制。

GONG HUI ZI CHAN JI CHU GUAN LI

第四部分

工会资产基础管理

36 为什么要统一和规范工会资产服务阵地标识?

工会资产服务阵地是工会组织直接为广大职工提供服务的重要载体，包括工会办公场所和所属事业、企业、社团等单位。工会资产服务阵地标识是工会资产服务职工的象征和标志。多年来，各级工会及企事业单位按照《中国工会章程》《关于中国工会会徽制作等有关问题的通知》要求，规范中国工会会徽的制作和使用，在不同范围内进行了工会阵地标识、标牌的统一制作和管理工作，取得了较好的效果。同时也存在标识不统一、不规范问题，特别是对工会会徽的使用重视不够。根据全面深化工会改革要求，为了建好管好用好工会资产服务阵地，提升工会服务品牌和形象，增强工会组织的吸引力、凝聚力，迫切需要统一和规范工会资产服务阵地标识。

统一和规范工会资产服务阵地标识，有助于形成特色鲜明的工会资产服务品牌。通过统一的标志、名称、图案、颜色等外在视觉要素，形成好记、好认、好传播的标识，向职工群众准确地、清晰地展现各级、各类工会资产服务阵地公益性服务性特色形象，是亮明工会资产服务阵地的重要方式，是在多层次社会公共服务体系中塑造特色鲜明的工会名片的有效措施，能够有效提高工会资产服务阵地的社会认知度和影响力。

统一和规范工会资产服务阵地标识，有助于推动工会资产服务阵地全面提升服务质量和水平。统一规范的标识能进一步促进工会资产服务阵地突出公益性服务性，找准功能定位、强化责任担当、激发自身活力，促进各级工会组织强化资产意识、强化阵地建设、强化服务监督，着力规范服务行为、创建服务品牌、提升服务质量和水平，引导工会资产服务阵地向标准化、优质化和品牌化方向发展。

统一和规范工会资产服务阵地标识，有助于增强广大职工群众对工会组织的认同感和归属感。统一规范的标识让职工群众能够看得见、找得着、用得上工会资产服务阵地，有助于进一步推动广大职工群众和全社会认识、了解、关注工会资产服务阵地，进而关心、支持和监督工会资产服务阵地，使工会资产服务阵地能真正贴近职工、团结职工、引导职工、凝聚职工，有效提升工会组织的凝聚力和影响力。

37 如何做好工会资产服务阵地标识工作？

2018 年 11 月，全国总工会办公厅印发了《中华全国总工会办公厅关于全面排查工会资产和工会名称标识使用中有关违规问题的通知》，启动标识使用排查工作。2019 年 4 月，全国总工会办公厅印发了《中华全国总工会办公厅印发〈关于中国工会会徽制作使用的若干规定〉的通知》，明确要求规范中国工会会徽的制作、使用。

做好工会资产服务阵地标识工作，要加强组织领导，统筹规划，分级落实。统一和规范标识工作由全国总工会统筹规划、制订方案，各级总工会依法依规组织实施，力争形成一级抓一级、各级抓好本级的工作格局。各级总工会要把统一和规范标识工作纳入工会资产监管工作内容，把统一和规范标识工作与资产清查以及工人文化宫、疗休养院清理整改工作紧密结合。工会资产服务阵地停业、歇业或存在其他有损工会形象的情形，经资产监督管理部门核实后，可建议撤销其现有标识并进行清理整改，符合条件后开展统一和规范标识工作。各级总工会资产监督管理部门负责监督指导工会资产服务阵地标识的实施和推广，具体落实本级所属工会资产服务阵地统一和规范标识的工作，监制本级所属工会资产服务阵地标识，并指导下一级总工会组织开展统一和规范标识工作。

做好工会资产服务阵地标识工作，要加强制度保障和经费保障。省级及省级以下总工会，根据全国总工会的统一部署，结合地方牌匾标识设置的管理制度，依法依规制定本级工会统一和规范资产服务阵地标识的实施方案，有组织、有计划、有重点、有步骤地推进统一和规范标识工作。全国总工会本级所属各工会资产服务阵地负责本单位工作经费，省级及省级以下工会分别负责本级所需的工作经费，设立统一和规范标识工作专项经费，列入本级工会预算。达到招标采购标准的，必须按规定程序进行招标采购，因地制宜、控制成本。

做好工会资产服务阵地标识工作，要注意规范和保护品牌。各级总工会所属资产服务阵地的名称标识，要与该单位建设立项及承担的服务功能名实相副，依法依规悬挂工人文化宫、工会院校、工人疗休养院、职工帮扶中心（职工服务中心）、国际海员俱乐部等服务阵地标识，保护和宣传服务阵地品牌，实现工会资产服务阵地品牌标识统一、形象整齐有序、服务标准规范。各级工会资产服务阵地要切实承担起统一和规范标识工作的主体责任，负责贯彻实施统一和规范标识工作，并进一步发挥主观能动性，全面提升本单位公共服务质量和水平，实现服务方法规范化、服务流程程序化、服务管理精细化，努力向全社会展示本单位良好的品牌形象。

38 为什么要重视做好工会资产不动产产权登记工作？

工会不动产产权登记是指各级工会及其所属企事业单位所有以及依法占有和使用的房屋及土地，对占有的资产进行产权登记并办理权属证明，规范资产处置，加强工会资产保护的管理行为。《工会法》规定："工会的财产、经费和国家拨给工会使用的不动产，任何组织和个人不得侵占、挪用和任意调拨。"工会资产产权的性质决定了工会资产不动产产权属于工会所有。

在社会主义市场经济条件下，做好工会资产不动产产权登记，有以下几点意义：一是能维护工会资产所有者的权益。工会资产不动产是工运事业的物质基础，是工会维权工作的物质保证。通过工会资产不动产产权登记，摸清工会资产的家底，解决工会资产管理中存在的资产不实的问题，防止工会资产流失，为维护工会资产所有者权益提供保障。二是能深化产权制度的改革。工会资产不动产产权登记明确了产权关系，明确了出资人产权和工会企事业法人财产权，有利于落实工会资产所有者、监督者和经营者各自的权责利，调动各利益主体的积极性，消除产权不明晰等障碍，从制度上解决工会资产不动产不清晰的问题。三是能加强工会资产的管理。工会资产不动产产权登记作为资产管理的重要基础工作，是进行产权管理、资产统计、产权纠纷等资产管理工作的前提。产权归属关系不明，资产界限不明，其他工会资产管理工作也就失去了依托。四是能通过对工会资产不动产产权登记，为建立产权明晰、会企分开、职责明确、管理科学的法人治理结构创造条件。

各级工会要增强依法保护工会资产的责任感和使命感，严格按照《工会法》，准确界定工会资产产权，规范资产处置行为，加强工会资产保护，依法进行产权登记并办理权属证明，做好工会不动产的产权登记工作。

39 办理工会不动产证时应注意哪些事项?

工会资产产权登记，主要是指各级工会对应属本级工会所有的资产，向政府资产管理部门和上级工会资产监督管理机构进行产权登记，依法确认工会对工会资产的所有权以及工会行政、企事业单位占有、使用工会资产的法律行为。

工会资产不动产产权登记的主体是政府土地、房屋管理部门，各级工会资产监督管理部门依法履行、确认工会资产不动产的所有权，工会资产不动产产权登记的性质是“法律行为”，即产权登记具有法律效力。

工会资产不动产产权登记的范围包括产业工会、基层工会及其所属企事业单位所有以及依法占有与使用的房屋和土地。工会资产产权登记工作的主要任务是依法办理不动产产权证书。工会资产不动产产权登记的对象是指占有工会资产不动产的行政机关和各类企事业单位。其中，工会行政性资产产权登记的种类主要包括设立产权登记、变动产权登记、撤销产权登记；工会企事业资产产权登记的种类主要包括新设企业产权登记、占有产权登记、变动产权登记、注销产权登记和产权登记年度检查。

在办理工会不动产证时应该注意以下事项：一是加强与政府主管部门的沟通。在办理房屋产权证和土地使用证过程中，各级工会要积极与当地土地管理和房产管理部门沟通联系，说明情况，取得理解、支持和帮助，为办证工作创造有利条件。二是保障办证费用。各级工会要想办法解决办理房屋产权证和土地使用证所需费用，采取请办证部门优惠一些、本级工会经费补助一些等措施，多方解决所需费用，保障办证工作的完成。对于因费用问题难以办理房屋产权证和土地使用证的县级工会，上级工会要给予必要的支持，帮助其完成办证工作。三是积极稳妥地解决历史遗留问题。对于历史形成的产权情况不清或产权发生变动的，要组织人员进行认真核查，确保产权登记的信息与实际情况相符，尽快明晰工会资产产权。对于历史资料缺失、办证手续不完备的，要千方百计查找和补齐历史资料，尽快办证；确实无法查补办证资料的，要向有关主管部门说明情况，本着尊重历史、实事求是的原则，妥善协商解决。

对于房屋建筑物竣工后，因故没有办理决算手续而无法办证的，要尽快补办竣工决算手续。对于虽有完备的办证资料，但不动产被其他单位长期占用的，要采取有力措施，将不动产归还工会并立即办证。四是建立健全工会不动产情况的档案资料，实现产权的动态管理。各级工会要将清查情况和办证情况形成详细的档案资料，规范管理。应于每年年底将本地区工会房屋、土地资产情况报送上级工会。

40 开展工会资产监督检查的方法和要求是什么?

各级工会应加强工会资产的管理与监督，建立监督检查制度。资产管理情况的监督检查应坚持单位内部监督与财政监督、审计监督、社会监督相结合，坚持事前监督、事中监督、事后监督相结合，日常监督与专项检查相结合。

工会企事业单位应接受主管工会资产监督管理机构监督管理，定期向主管工会资产监督管理机构报告财务状况、生产经营状况和工会资产保值增值状况等，不得损害工会资产所有者权益。

被检查监督单位应按照要求及时、全面、客观地提供相关情况，对所提供情况的完整性和真实性负责；不得瞒报、漏报，不得提供虚假情况，不得以任何方式阻挠、干扰检查。

开展资产监督检查的主要内容如下：一是贯彻落实全国总工会关于加强工会资产工作决策部署情况，二是工会资产监督管理制度落实情况，三是内部资产监督管理制度制定和落实情况，四是资产管理和运营情况，五是经营业绩考核情况。

资产监督检查的方式分为全面检查或抽查、自查、第三方审计检查。第三方审计检查方式用于检查资金使用管理事项、基建项目审批备案管理、资产处置、经营业绩考核等事项。检查情况报告要及时上报主管工会，并反馈给被检查单位，指导督促其进行整改。被检查单位应认真制定整改措施，将整改落实情况上报上级监管部门。

各级工会要通过监督检查，及时发现和解决问题，促进各项制度执行到位，维护工会资产工作制度权威。一是要落实制度监督责任，加强督查力度。要明确责任部门，注重经常督查、综合督查、专项督查相结合，创新督查办法，强化科技手段监督，确保执行过程公平、公开、公正，形成一级抓一级、层层抓落实的工作格局，使制度监督责任无可推卸。二是要建立健全制度执行考评体系。加强对制度执行情况的日常检查和专项督查，将执行情况纳入工会资产工作年度考核检查范围，让制度管权、管事、管人的作用真正得到发挥，切实做到制度面前人人平等、制度面前没有特权、制度约束没有例外。三是要加强以问责制为主的制度执行责任追究，各级工会组织作为问责主体，要坚持监督检查与强化问责的统一。各级工会资产监督管理机构要对主管工会负责任，对执行工会资产工作制度负责，有效落实依法依规监管、发挥工会资产效能工作责任，对发现的问题必须认真加以解决，做到有权必有责、有责必担当、失责必追究，层层传导责任压力，推动形成一级抓一级、层层抓落实的局面。

41 在生产经营事业单位改革中如何保护工会资产不流失?

《中国工会章程》明确了全国总工会对各级工会的资产拥有终极所有权，是从维护工会组织的团结统一、保护工会资产不流失的角度考虑的，这并不意味着各级工会对所属工会资产不享有产权。各级工会应当加强对工会资产的监督管理，健全完善工会资产监督管理体制，增强工会资产管理的产权意识，提高工会资产监管政策的执行力和约束力，依法保护工会资产不受损害，促进工会资产保值增值。

在工会系统经营类事业单位改革进程中，要高度重视事业单位改革过程中工会资产的监管，既要推动工会企事业改革发展，又要保护好、维护好工会资产，使工会资产不断发展壮大，确保转制单位工会资产保值增值。

（1）要加强组织领导。各级工会对所属转制单位改革工作要切实担负起主体责任，明确牵头部门，统筹协调组织、资产、财务、经审等部门，及时了解掌握各单位工作进展情况，积极研究解决改革中遇到的问题，确保工会资产安全完整和改革的顺利推进。

（2）要周密安排部署。主管部门要成立改革领导小组，精心制定改革方案，列明资产、人员编制等情况，明确改革方式、资产清查处置、人事劳动关系处理、社会保障衔接、组织实施步骤等，统筹安排对经营类事业单位主要负责人的经济责任审计，组织制定资产清查方案，做好资产清查准备、改革成本测算等工作。

（3）要做好改革衔接。要注重与行业体制改革政策衔接，着力解决基础性、共性和衔接性问题。中央已经作出部署的行业体制改革，继续按现行领导体制和工作部署推进。分类中未划入经营类的事业单位，其开展的竞争性生产经营活动，要按照《中华全国总工会关于做好工会事业单位分类改革工作的指导意见》精神，通过剥离或与其他经营类事业单位整合等方式稳步推进改革。

（4）要严明工作纪律。严禁随意处置工会资产，确保工会资产不流失。工会资产变更、处置等事项要按照规定程序报批，严格财务管理，严禁突击花钱，严禁转移、侵吞、挤占工会资产，严控人员编制。对违反有关法律法规和政策规定的，要严肃追究相关单位和责任人责任。

（5）要强化监督检查。各级工会要及时跟踪了解改革进展情况，加强干部监督和纪检监察，如发现重大问题或隐患，应及时向当地有关部门和上级工会汇报，并研究拟定解决措施，督促问题单位予以改正。

42 如何做好工会资产统计工作?

工会资产统计，是指全国总工会通过调查表格、问卷、行政记录、大数据以及其他方式，对全国工会资产的存量、分布、结构及其变动、工会资产经营业绩和使用效益等基本情况进行收集、汇总、检索和分析等。

（1）做好工会资产统计工作，要提高思想认识，提升对工会资产统计工作的认识水平。工会资产统计在工会资产工作中发挥着重要作用。按照规定统一填报报表，可以全面反映工会资产经营状况、经济实力、资产质量、社会贡献等情况，为进行工会经济结构调整、实现资产的优化配置、编制长期发展规划和进行宏观决策提供重要依据。作为规范工会资产监督管理的必要手段，各级工会通过建立统计报告制度，对工会投资的企事业经营状况进行全面分析，客观地总结工作经验，及时发现工作中存在的问题，提出解决问题的可行措施，制定进一步提高工会资产运营效率的方案。这对加强工会企事业内部管理和监督，促进工会企事业改革，转换企业经营机制，推动建立现代企业制度具有十分重要的作用。同时，工会资产统计有利于工会资产的安全和完整。通过建立科学、规范的工会资产统计报告制度，可以将各级工会资产的变动、转移、处置等行为置于规范、严密的监控之下，从而保证工会资产的安全与完整。

（2）做好工会资产统计工作，要健全组织机构，分级落实明确职责。工会资产统计工作，由各级工会资产监督管理机构来负责组织领导和实施。在县级以下基层工会层面，县级工会资产监督管理机构负责组织实施本区域的工会资产统计工作，确定统计范围内的单位名单，布置统计工作任务，汇总统计数据，逐级向上一级工会资产监督管理机构报送汇总统计情况。在省级以下、县级以上工会层面，各省（自治区、直辖市、产业工会）级工会资产监督管理机构负责组织实施本地区的工会资产统计工作，推动本地区、本系统各级工会做好资产统计，填写各项资产统计报表，向全总资产部报送工会资产统计数据和汇总分析报告。在全国总工会层面，全总资产部负责组织实施全国各级工会资产统计工作，分解落实统计工作任务，汇总各省级工会资产统计数据，填写全国工会资产统计报表，向全总经审会报送统计情况。全总资产部设有专门机构和人员负责全国工会资产的统计评价工作，全国县级及县级以上工会机关也应设立或明确专管机构和资产统计专（兼）职人员，为提高统计数据真实性、准确性、完整性和及时性提供扎实的体制机制保障。

（3）做好工会资产统计工作，要加强队伍建设，严肃工作纪律。工会资产统计工作具有专业性，全国总工会专门印发《全国工会资产统计调查制度》，对统计报表设定进行了详细规定和解释。为防范统计造假风险，全总资产部印发《关于工会资产统计人员防范和惩治统计造假弄虚作假责任制规定》，建立健全谁主管、谁负责，一级抓一级、层层抓落实的责任体系。统计人员除应具有一定工会资产管理水平和工会财务专业知识，还应熟悉并掌握以上工会资产统计制度和规定。在全总资产部的统一部署下，各省级工会要切实履行工会资产统计领导、指导和督导责任，对县级以上工会资产统计工作负责人及统计人员，强化统计普法宣传教育，严肃追究统计造假、弄虚作假的责任，保障统计数据质量。

43 如何做好工会资产处置工作？

全国总工会办公厅分别于2017年、2019年印发《工会行政事业性资产管理办法》和《工会企业资产管理办法》，对工会行政事业性资产和企业资产的处置条件、处置权限和处置程序做出了明确规定。全总资产部于2018年印发《关于〈工会行政事业性资产管理办法〉执行中有关问题的通知》，对行政事业性资产处置权限进行了补充规定。根据以上文件规定，工会资产处置事项的管理，需要做好以下工作：

（1）要建立健全制度。督促指导各省总级工会按照明确分级、分类监管的要求、权限和程序，依据《工会行政事业性资产管理办法》《工会企业资产管理办法》规定，研究制定实施细则，明确所辖工会行政事业性资产管理事项的审批权限并报全国总工会备案，按权限负责对省本级和省级以下工会不需全国总工会审批的工会企业资产管理事项进行审批。推动各级工会规范工会资产工作程序和权限，实现制度化监督管理，形成各级对本级负责、一级对一级负责的制度化工作机制，实现工会资产监管单位、监管范围和监管流程全覆盖，确保制度按预期顺畅执行，为各级工会资产工作部署决策、制度构建、体制创新提供依据。

（2）要具备处置条件。列入地方政府改造规划、需要择址新建的土地和房屋建筑物，要先建设后拆除，地方政府应有明确补偿安置意见，补偿的资金总量不得低于原址土地和房屋建筑物评估现值，且新址土地应以地方政府划拨取得，占地面积不得少于原有面积，新建房屋建筑物具有较高的建设标准；工会组织因合并、分立需要在工会组织内部转让、拍卖、置换、赠与、转变土地用途的，其主办工会、省级工会应有明确的审核意见；拟处置的房屋建筑物和土地应由具有相应土地、房屋评估资质的机构进行评估，以按规定权限由全国总工会、省总工会备案或核准的资产评估报告所确认的评估价值作为参考依据；置换给各级工会的房屋建筑物和土地必须权属合法、无争议、权属证明齐全；需要择址新建的土地和房屋建筑物，特别是工人文化宫、工人疗休养院、工人体育场馆等职工服务阵地，选址时应当考虑是否适合工会组织开展活动、具有发展前景和业务资源等因素，地理环境一般应位于城市商务或政务中心，人口集中、交通便利；建设资金必须得到保证，原有土地、房屋建筑物有偿转让所得、政府补助及工会自筹资金必须达到总建设资金的 90% 以上；处置可能会改变土地或房屋建筑物用途的，必须按相关法律、法规、规定进行；涉及工会干部职工安置的，安置方案必须符合国家政策规定，切实保障职工权益。

（3）要有完整的资产处置报批材料。报批材料包括拟处置资产的基本情况（具体位置、土地性质及面积、评估价格、房屋建筑物结构及面积、产权归属等），资产处置的原因及方式，拟处置后房屋建筑物及土地情况（具体位置、土地性质及面积和评估价格、房屋建筑物结构及面积和评估价格、建设规模、建设资金来源、产权归属等），省级工会审核意见，当地政府批准文件和有关会议纪要，评估机构出具的土地和房产的评估报告、土地使用证和房屋产权证的复印件、评估机构出具的合作方资信情况评估报告、合作方法人证书或营业执照复印件、双方草签的合同（必须注明经全国总工会批准后方能生效）、宗地图、标明资产所处位置的地图等。

（4）要全过程监管资产处置。已经由全国总工会批复原则同意省级总工会党组意见的工会所属房屋建筑物产权和土地使用权的资产处置事项，在实施过程中，上级工会和审批单位有责任对处置过程进行监督检查，原则上在全部处置过程完成前，根据实际处置情况至少实地检查一次；在处置事项完成时，应以书面形式逐级向批准机构报告，简要说明处置过程及处置完成后土地面积、建筑面积、建筑规模、资金来源情况、资金使用情况、登记入账情况、产权归属和产权证办理情况等；各级工会资产监督管理部门要建立健全工会资产处置管理档案并按规定期限保存。

44　工会行政事业性资产管理事项的审批权限如何划分？

2017年1月23日，全国总工会办公厅印发《工会行政事业性资产管理办法》，对各级工会资产监督管理机构的主要职责、审批权限及流程作了明确规定，并根据资产配置、使用、处置等不同环节特点对应提供的材料作了详细说明。该办法第九条规定，工会行政事业性资产管理事项的审批权限如下：一是全国总工会负责对各级工会占有和使用的土地以及连同地面附着的房屋建筑物一并与工会系统以外单位进行使用权或产权转让、置换的全部事项进行审批；二是全国总工会负责对省级工会涉及1000万元及以上金额的资产配置、资产使用、资产处置事项进行审批（涉及资产以评估金额为准）；三是省级工会负责对省本级和省级以下工会不需全国总工会审批的资产管理事项进行审批；四是省级工会根据全国总工会有关规定，制定所辖工会行政事业性资产管理事项的审批权限并报全国总工会备案。

2018年12月10日，全总资产部印发《关于〈工会行政事业性资产管理办法〉执行中有关问题的通知》，进一步明确各级工会审批权限和范围。该通知规定：一是对向工会系统外出售出让工会土地、房屋建筑物事项，以及地方工会具有重大历史意义和社会影响力、拟易地重建的现有工人文化宫、工人疗休养院资产处置事项，须及时上报全总资产部，经全国总工会书记处会议研究同意后方可实施。二是各级工会占有和使用的土地以及连同地面附着的房屋建筑物一并与工会系统以外单位进行使用权或产权置换的事项，省级工会（不含省级工会所属企事业单位）涉及1000万元及以上金额的资产配置、资产使用、资产处置事项，由全总资产部负责审批。三是省级工会负责对省级工会本级和省级以下工会，除上述第一款和第二款规定以外的资产管理事项进行审批。省级工会根据《工会行政事业性资产管理办法》，结合实际研究拟定所辖工会行政事业性资产管理的具体实施细则（以下简称“实施细则”）。登记为工会行政事业性资产，未实际承担工会行政机关及工会干部学校、工人文化宫（俱乐部）、职工学校、体育场馆、工人报刊、工人疗休养院、国际海员俱乐部、工会帮扶中心（职工服务中心）等工会资产服务阵地功能的，其资产管理事项由省级工会主席办公会议、党组会议审核审批。

加强工会行政事业性资产监督管理尤其是处置事项管理，防止资产流失是当前工会资产管理工作的重中之重。各级资产监管机构要按照办法规定的权限，做好可行性研究、方案制定、报送审查、核查批准等工作，严格审批程序，严把资产处置关。对于重大事项，上级资产监管部门要到现场实地查看，切实做到守土有责，坚决制止和纠正随意变卖、丢失工会资产的行为。要依据法律法规及全国总工会相关规定，结合本地实际，制定相关的实施办法和规章细则，确保在统一监管原则下，资产管理工作有法可依、有章可循。在建立和完善各项制度的同时，各级监管机构要自觉维护工会资产监管制度的严肃性、权威性，努力提高制度的执行力，真正做到按制度办事。

45 工会企业资产管理事项的审批权限如何划分?

为加强工会企业资产监督管理，做优做强工会企业，实现工会企业资产保值增值和高质量发展，2019 年 12 月 10 日，全国总工会办公厅印发《工会企业资产管理办法》。该办法对各级工会资产监督管理机构的主要职责、审批权限及流程作了明确规定，并根据企业资产成立、经营、注销等不同生命周期对主管工会的权限作了详细说明。

全国总工会负责审批涉及土地和房屋建筑物的事项，主要包括：省级工会所属本级企业占有和使用的土地以及连同地面附着的房屋建筑物一并与工会系统以外单位进行产权转让的事项；省级工会本级行政事业性资产变更为企业资产事项中涉及土地和房屋建筑物的事项。省级工会根据办法，按权限负责对省本级和省级以下工会不需全国总工会审批的工会企业资产管理事项进行审批。主管工会决定其本级所属行政事业性资产变更为企业资产事项。其中，涉及土地和房屋建筑物的事项，应报上一级工会审批，并将实施结果报全总资产部备案。主管工会决定其所属企业占有和使用的土地以及连同地面附着的房屋建筑物一并与工会系统以外单位进行产权置换事项，并报上一级工会备案。主管工会决定其所属企业的工会股权转让事项。其中，转让全部工会股权，工会独资企业转让部分工会股权，工会控股企业转让部分工会股权致使工会不再拥有控股地位的，应报全总资产部备案。

主管工会在企业不同生命周期享有不同权限。在工会企业开办和终止阶段，主管工会决定其所属企业中的工会独资企业的分立、合并、破产、解散、增减资本等重大事项；审核批准其所属工会企业重组、股份制改造方案和所属工会独资公司章程。主管工会可按照行业相近、业务相关、优势互补的原则，对所属同类同质工会企业进行整合重组，实行统一经营管理。对公益性服务性职能发挥不明显、主责主业不突出的工会企业，或资不抵债、停业停产、不具备正常生产经营条件和其他需要改制退出的企业，主管工会可依法依规实行有序退出。在工会企业经营阶段，主管工会指导所属企业坚持党的领导和公司治理有机统一，建立健全现代企业制度，形成各司其职、各负其责、协调运转、有效制衡的企业法人治理结构；指导所属企业健全完善资产监管制度，建立健全企业内部监督管理、风险控制、投资、资产出租出借等制度。工会企业投资设立符合主业定位并对出资企业具有重要影响的子企业等重大事项，须报主管工会批准。主管工会可对产权关系清晰、管理较为规范的所属工会独资企业进行工会资产授权经营。主管工会应健全完善工会企业负责人经营业绩考核制度，将经营业绩考核结果与工会企业负责人薪酬分配挂钩，并作为工会企业负责人职务任免的重要依据。

46 为什么要严格控制工会资产置换事项中土地面积净减少的情况？

截至 2021 年底，全国县以上工会占有土地面积 2911.30 万平方米，其中县以上行政性资产占有土地面积 1165.04 万平方米，工会企事业单位占有土地面积 1746.26 万平方米。

在全国总工会及地方工会关于资产监管职责的权限方面，强调要严格控制工会资产置换事项中土地面积净减少，主要出于以下原因。一是从政治定位看，工会组织占有、使用和管理土地资产，体现了党中央对工人阶级和工会工作的高度重视和关心支持。习近平总书记在中央党的群团工作会议上的讲话指出，各级党委和政府要为群团组织开展工作创造有利条件，提供必要的人力、财力、物力保障，重点解决好群团工作缺资源、缺手段特别是基层力量严重薄弱的问题，在阵地建设、项目筹划、资源使用、力量调配等方面整合联动。如果不对工会资产置换事项中土地面积净减少进行严格控制，工会资产服务阵地规模将被逐渐蚕食、侵占和流失，工会组织将无法正常开展工作，服务职工的手段和内容将大大缩减，服务职工的能力和水平将大打折扣，工会组织的社会形象、社会地位也会受到很大影响。二是从功能定位看，工会组织占有、使用和管理土地资产，确保工会组织有阵地、有能力忠实履行党和国家赋予的服务基层、服务职工的重要政治使命，具有公益性质。在革命、建设和改革的各个历史时期，党和政府划拨了大量的土地、资产和资金，用于各级工会的职工服务阵地建设，地方工会占有、使用和管理的土地资产，一般都位于所在城市政治经济核心区域，奠定了工会组织服务职工的物质基础，充分发挥了桥梁和纽带作用。工会组织占有、使用和管理土地资产，与工会资产服务阵地承担的政治任务相比，不是多了，而是少了。三是从法规制度看，全国总工会制定的资产管理办法明确规定了关于工会资产置换事项中土地面积净减少的事项，“对向工会系统外出售出让工会土地、房屋建筑物事项，以及地方工会具有重大历史意义和社会影响力、拟易地重建的现有工人文化宫、工人疗休养院资产处置事项”，“省级工会所属本级企业占有和使用的土地以及连同地面附着的房屋建筑物一并与工会系统以外单位进行产权转让的事项”，须及时上报全总资产部，经全国总工会书记处会议研究同意后方可实施。

47 怎么理解工会资产阵地建设中要严格控制商业性资本介入？

全国总工会结合工会资产工作实际，下发通知，要求在工会资产阵地建设中，建立健全监督机制，严格控制商业性资本介入，保障工会资产的安全。这主要出于以下几点原因：

（1）从总体上看，工会资产阵地的功能定位是公益性服务性，与商业性资本逐利性不符。工会资产阵地具有党和国家赋予的政治属性和职工属性，聚焦服务基层、服务职工群众的主责主业，切实担负着为劳模和职工提供疗休养服务的政治责任，在工会组织和工会工作中具有不可替代的重要作用。工会资产阵地承担着社会责任，不以追求经济效益为目标，这与商业性资本追求利益最大化目标不符，商业性资本介入工会资产阵地建设，在工会资产使用中会偏离公益性服务性方向，影响到工会资产阵地公益性服务性作用发挥。

（2）从构成上看，工会资产阵地绝大多数是公益性事业单位，少数为公益性企业。在工会资产阵地对外合作中，一些社会商业性资本的合作目标与公益性服务性目标不一致，利用工会资产进行商业活动、借机谋取私利，特别是恶意营销炒作等情况，造成了不良社会影响，损害了工会组织形象和广大职工权益。

（3）从监督管理看，工会资产阵地是工会所属的社团资产，不同于一般意义上的国有资产。商业性资本介入工会资产阵地建设后，会面临产权划分、经营决策权归属、企业控制权过度争夺等现实问题。如果监管不到位，工会资产阵地管理人员可能存在机会主义动机，为获得更多政策支持甚至为满足个人利益，出现相对严重的内部人控制及委托代理问题，可能存在工会资产流失的风险。

48 如何做好单位固定资产管理工作？

固定资产包含房屋和构筑物、通用设备、专用设备、文物和陈列品、图书和档案、家具等。固定资产管理工作主要包含资产配置管理、资产使用管理、资产处置管理、资产基础管理以及资产损失管理等内容。

资产配置管理是做好固定资产管理工作的第一步，重点在于建立资产管理与预算管理、财务管理相结合的机制，盘活存量，优化增量，科学有效配置资产。各级工会和工会事业单位应当根据工作需要，合理配置行政事业资产。工会企事业单位资产配置应符合工会企事业发展方向，与资产服务职工功能、单位职能相匹配。各级工会要加强基本建设投资管理，严格执行国家基本建设管理程序和审批规定，规范建设管理行为，控制项目建设风险，提高管理水平和投资效益。要加强政府采购预算编制管理，进一步完善政府采购预算执行制度。

固定资产使用管理包括单位自用和对外投资、出租、出借等方面的管理。工会行政资产的出租、出借要严格遵照国家和全国总工会有关规定执行。工会企事业单位的对外投资、出租、出借等行为要严格管理，加强风险防控。各级工会主办的工人文化宫、工会院校、工人疗休养院、职工学校等单位不得整体出租。确需部分对外投资、出租、出借的，应当按照规定程序和管理权限履行报批程序，出租事项原则上试行公开竞价招租，确保过程公正透明。出租、出借的收入和对外投资的收益应当纳入单位预算，统一核算、统一管理。建立工会资产有偿占用制度，工会企业及实行企业化管理的事业单位应向本级工会上缴收益，工会事业单位应缴纳经营性资产占用费。

固定资产处置管理是指对固定资产调拨、划转、出让、转让、置换、货币性资产损失核销等处置方式的管理。各级工会要按照全国总工会制度要求加强资产处置事项管理，对资产评估、处置协议、产权归属等关键环节严格把关，并按照规定程序和管理权限履行报批程序，防止资产流失。因城市规划需要拆除工会房屋的，应当采取还建或异地置换的方式进行，先建设后拆除，且建设资金必须有保证，新址占地面积及土地评估价格不得低于原有占地面积及土地评估价格。

在管理固定资产的过程中常常需要处理大量的基础数据，可靠的基础数据将极大地提升其他步骤的管理效率，反之则会使管理工作难度成倍增加。因此，有效运用信息化管理，定期开展资产清查，是摸清家底的有效手段。各级工会要定期对本级工会资产开展全面清查，做好工会资产的占有、变更、注销登记工作，加大公会资产产权登记力度，进一步明晰产权。建立全国工会资产管理信息系统，对全国工会资产的存量、分布、运行情况和使用效益进行动态管理。强化工会资产统计分析，为工会资产管理宏观决策提供参考。

资产丢失、损坏应坚持“谁主管、谁负责”的原则，各级工会领导班子及企事业单位要切实履行管好用好工会资产的主体责任，严格执行“三重一大”决策制度，重大事项必须经领导班子以会议形式集体决策，形成会议纪要，并按程序报批。工会企事业改组改制以及经营管理方面的重大问题、涉及职工切身利益的重大事项，应当通过职工（代表）大会听取职工群众的意见和建议。对未履行科学论证和集体决策程序的基本建设、合资合作、资产处置等项目不得审批。依法建立重大决策终身责任追究制度、风险防控机制和责任倒查机制，对违反资产管理规定、造成工会资产损失的要严肃查处、追究责任并予以公开通报。

49 为什么要大力推进工会资产管理信息化建设?

随着信息技术的发展，信息化管理已经成为一种先进的管理方式。探索和实践工会资产管理信息化建设，采用现代信息技术和现代管理手段对各级工会的资产进行集中、统一、规范、科学的管理，可以实现工会资产全周期、全过程、全方位的网上动态监控。

（1）推进工会资产管理信息化建设是加强和改进工会资产

管理的客观要求。从国有资产管理信息化建设的发展历程来看，1999 年，为适应信息全球化迅猛发展的趋势和我国政府管理现代化、信息化发展的要求，按照党中央、国务院的指示，财政部开始规划建立政府财政管理信息系统。2002 年初，国务院正式命名财政部政府财政管理信息系统为“金财工程”。2005 年，国务院办公厅发文明确指出，要“通过加快信息化建设，加强国有资产经营管理，有效防范和减少国有资产损失，最大限度地实现国有资产保值增值”。随后，国务院国家机关事务管理局建立起一套相对完整的“中央行政事业单位资产管理信息系统”，全国各行政机关及企事业单位通过该系统定期上报各单位资产数据，形成了数据上报的信息化动态监管。2015 年，《国务院关于印发促进大数据发展行动纲要的通知》从国家大数据发展战略全局的高度，提出要支持宏观调控科学化，推动政府治理精细化，推动宏观调控决策支持、风险预警和执行监督大数据应用。财政部在《关于进一步规范和加强行政事业单位国有资产管理的指导意见》中，明确“要依托行政事业单位资产管理信息系统，建立全面、准确、细化、动态”的国有资产基础数据库。

（2）推进工会资产管理信息化建设是加强和改进工会资产工作的必由之路。2017 年，为深入推进全国工会网上工作，形成网上网下深度融合、互相联动的服务职工新格局，更加高效便捷地服务职工群众，全国总工会下发《中华全国总工会关于印发〈全国工会网上工作纲要（2017—2020 年）〉的通知》，提出要进一步增强互联网思维，走好网上群众路线，不断提升运用网络服务职工的能力水平，实现互联网时代中国工会的转型升级。现有的工会资产统计平台于2008年开始设计建设，2009年正式使用，其功能仅限于工会企事业资产统计资料报送，已远远不能满足工会资产工作实际需要。贯彻落实全国总工会党组、书记处关于大力推进网上工会建设的要求，建设工会资产管理网络信息系统，将先进的计算机网络信息技术应用到工会资产管理的工作实践中，推动工会资产工作流程再造、创新发展，实现工会资产工作与互联网深度融合，工会资产服务职工普惠化、业务管理扁平化，对于加强和改进工会资产工作具有重要的现实意义。

（3）推进工会资产管理信息化建设是加强和改进工会资产工作的重要手段。建立工会资产数据库，通过信息技术规范工会资产管理，可以简化工作流程，提高工作效率，有助于工会资产监督管理机构全面掌握所属的资产总量和分布状况，及时调整、优化工会资产配置，实现全过程动态管理，科学有效管理工会资产。在大数据环境下，还可以充分开发并利用海量的资源，通过信息资源的有效利用和资源共享，实现资产相关数据的集中存储、查询、统计和分析，为各级工会的资产管理宏观决策提供可靠的参考依据。

50 工会资产管理信息化建设的目标任务是什么？

工会资产管理信息化建设是一项系统工程。根据工会资产全面统一监管的工作实际，全国工会资产监督管理系统的功能要求主要有以下几个方面：

（1）技术性要求。一是要能够跨平台运行。工会资产管理系统要采用当前成熟的、主流的技术，实现真正意义上的跨平台运行，支持分布式应用，可以在多种硬件平台和操作系统上运行，以便各级工会根据业务需要和投资能力选择最佳平台，并顺利实现不同应用水平阶段的平滑过渡。二是要具备高可靠性、稳定性、可控性和安全性。开发时要选用可靠的硬件设备、操作系统及数据库系统，采用目前使用最为广泛的数据库开发工具，保证系统具有更高的可靠性、稳定性、可控性和安全性，能够对各种意外情况做出正确处理，保证放在数据库中数据的安全，保证数据交换的安全性，对系统内部数据记录的存取、删改权限进行有效管理，防范越权操作、黑客入侵。三是要实现简单化。工会资产管理系统软件应具有较好的可扩展性、易修改性、可复用性，避免维度固化，可适应实际工作中的需求变化进行调整。软件应简便易学、界面友好，让使用者能尽快接受这个新系统，减少培训难度和费用，降低日常维护难度。

（2）功能性要求。一是要高度模块化。工会资产管理系统应涵盖工会资产工作的各监管范围、监管单位、监管环节，保证各子系统中的各项功能，实现对系统的自由剪裁和重新配置。进入系统各数据库的数据信息能根据事先设定，遵循管理工作的内在规律和内在联系，传递到相关功能模块中，达到数据高度共享和系统高度集成。二是要能够进行大数据分析。在资产统计功能基础上，工会资产管理系统能够对各级工会资产的大量数据信息进行大数据分析，对分析结果自动做出大概的判断，并分析由此产生的影响，大数据分析的原始数据和分析结果能够简捷下载，为各级工会资产监督管理机构提供决策帮助。三是要能够实现实时动态管理。工会资产管理要从传统以电子文档和纸质报表配合进行管理的电子卡片式资产管理模式，发展为对工会资产工作全程跟踪的数字化、网络化、动态化实时管理模式，建立覆盖全国的工会资产动态数据库，全面、准确、动态地反映资产各项数据信息，可根据系统授权按任意工会层级、单位信息、时间点等要素，方便、快捷地查询和分析资产占有、使用及增减变动情况。

（3）智能性要求。一是要重组工会资产工作流程。以各级工会组织、各单位的资产信息管理为中心，对资产运行各个环节进行实时监控、跟踪和分析，及时发现工会资产工作业务流程存在的问题，协调各级工会资产监管机构围绕工会资产工作的任务目标，全面系统地掌握资产的相关信息，整合资源，强化对资产的监控，消除信息不对称，优化业务和信息流程，建立与全国工会资产监督管理系统相适应的工作流程，创新资产监管手段，改进资产管理模式，确保对工会资产工作各个环节进行全过程管理。二是要推进工会资产工作智能化。在系统中依次设定各级工会资产监管机构的职责与权限，依托技术手段规范资产管理行为和业务工作规程，建立一个真正的网上工会资产管理系统，建成全国各级工会资产监管机构统分结合的信息化办公系统和协同管理服务中心，由各级管理人员在网络上实施各项管理活动，传递共享管理信息，实现资产购置、调拨、处置、清查、统计、分析等信息处理和日常业务管理，在网上完成资产管理的申报、审核、审批，最大限度地帮助各级工会资产监管机构合理利用和发挥资产价值，减少工作量，提高工作效率，缩短数据处理周期。三是要发挥工会资产服务职工重要作用。创建工会网上工作平台，搞好服务职工网络建设，是工会改革创新的一项重要内容，按照工会“互联网+”行动计划，形成网上网下深度融合、互联互通的工会工作格局。“统一所有、分级监管、单位使用”的工会资产监督管理体系，也有利于在全国范围内建设垂直管理的工会资产监督管理系统。工会资产监督管理系统建成后，可以全面准确实时掌握全国工会资产信息，全面规范和加强工会资产工作，把工人文化宫、俱乐部、职工学校、疗休养院、帮扶中心等职工服务阵地有效组织起来，建设成为特色鲜明、功能完善、管理科学、服务优良的服务阵地，成为承接工会开展为职工服务活动的主体，逐步扩大其承接政府购买公共服务的份额，为广大职工群众提供公益性、普惠化的优质公共产品和服务。

51 为什么工会资产管理重大事项须经主管工会党组会议研究决定?

工会资产工作是政治工作，不是单纯的经济工作。工会资产重大事项请示报告是一项重要政治纪律、组织纪律、工作纪律。工会资产管理重大事项报主管党组研究是坚持和加强党的全面领导，坚持党要管党、全面从严治党，贯彻民主集中制，确保党始终总揽全局、协调各方的一项重要措施。

工会资产是工会事业的重要组成部分。工会根据国家有关法律和《中国工会章程》的规定，对工会资产行使监督管理的权利。工会资产不同于国有资产和私有资产，具有一定的特殊性。工会资产的管理和使用办法由全国总工会制定，各级工会定期向主管工会党组报告资产管理情况。主管工会党组承担重大事项请示报告工作主体责任，党组织主要负责同志为第一责任人，对请示报告工作负总责。

加强工会资产重大事项报告管理是落实工会出资人权益的重要工作，有利于出资人及时了解工会资产的日常经营管理状况，对重大决策进行科学的分析和判断。主管工会党组要指导所属单位坚持党的领导，充分发挥工会党组织的领导作用，指导所属单位健全完善资产监管制度，依照国家有关规定，建立健全企业内部监督管理、风险控制、投资、资产出租出借等制度，严格执行重大事项党组会议研究制度。

工会企业资产的重大事项管理工作要坚持“谁主管、谁负责”原则，主管工会及所属企业要切实履行管好用好工会资产的主体责任，严格执行“三重一大”决策制度，重大事项必须由党组（党委）集体决策，并按程序报批。

工会资产管理重大事项请示报告工作应当遵循以下原则：一是坚持政治导向。把请示报告作为重要政治纪律和政治规矩，把讲政治要求贯彻到请示报告工作全过程和各方面。二是坚持权责明晰。既牢记授权有限，该请示的必须请示，该报告的必须报告；又牢记守土有责，该负责的必须负责，该担当的必须担当。三是坚持客观真实。全面如实请示报告工作、反映情况、分析问题、提出建议，既报喜又报忧、既报功又报过、既报结果又报过程。四是坚持规范有序。落实依规治党要求，严格按照党章党规规定的主体责任、工作范围、工作程序和工作方式开展重大事项请示报告工作。

52 如何理解工会企事业单位向主管工会上交资产收益?

工会资产收益是在一定时期内利用工会资产从事生产经营活动中所产生的价值增量。工会资产收益作为生产经营的最终成果，本质上是工会资产所有者以约定方式实现其资产利益的一项财产性权利。根据工会企事业不同的组织形式和经营方式，工会资产收益有利润、投资收益、承包、租赁经营所取得的收入等多种形式。

作为工会资产出资人代表的工会资产监管机构，依照授权监管工会资产、实现资产保值增值，享有资产收益权、参与重大决策和选择管理者等出资人权利，同时要履行出资人的义务，维护工会企事业的经营自主权。

加强工会资产收益管理具有重要意义。一是可以体现工会组织作为工会资产所有者的地位。按照产权理论，所有者拥有物权的目的之一是获得经济利益，工会资产所有权以实现经济利益和价值增值为目的，工会资产收益权是所有权在经济上的实现形式。二是有利于实现工会资产的价值管理。现代资产收益制度是以资产的价值形态管理为主，为资本的流动提供了基础，有利于盘活资产、调整资产的结构和实物存量。三是有利于实现工会资产保值增值。建立规范的资产收益制度，可保护投资者的收益权，并作为考核企业经营业绩的指标，有利于企业实现投资人的资产保值增值。四是有利于在一定程度上补充工会经费收入。通过对工会企事业的宏观调控，提高工会企事业的市场竞争力，从整体上盘活工会资产，工会资产收益将持续增加，工会组织可以集中更多的资源更好地服务职工群众。

工会资产收益管理，要由主管工会确定收益指标并及时收缴。一是要明确工会资产收益的征收主体和征收范围。各级工会应明确征收部门为资产监督管理机构，征收范围包括行政事业性资产出租、出借、处置等收入和工会企事业的利润、股利、红利和租金、资产占有费等，做到应收尽收，应缴尽缴。二是要明确工会资产收益征收标准。主管工会要对所属工会资产进行实时动态监管和分类管理，综合分析资产的经营状况，确立工会企事业的经营目标和资产保值增值任务，制定不同类别工会资产的收益收缴标准和比例。三是要创新工会资产收益管理。在工会资产收益征收的具体操作方法和模式上，主管工会要注重创新征管方式，调整和规范收入分配格局，理顺收入分配关系，提高工会资产收益征收效率。四是要形成工会资产收益管理机制。遵循工会资产收益的内在运行规律，统一核算、统一分配、统一监管，建立工会资产的收益征收机制、预算约束机制、收入使用机制、绩效评价机制和监督机制联动的工会资产收益管理机制，促进工会资产的预算、收益、分配和监督等管理活动相互制约、协调、规范运行。

53 工会企事业资产经营业绩考核应明确哪几个方面的指标？

中国工会十七大报告指出，坚持增强政治性、先进性、群众性的工会改革方向，是推进工会工作创新发展的重要组成部分。始终以保持和增强工会组织和工会工作的政治性、先进性、群众性为根本要求，牢牢把握工会资产公益性服务性这一根本方向，坚持工会资产以广大职工为服务对象，坚持工会资产服务职工的主责主业，努力为广大职工办好事、做实事、解难事，不断促进工会服务职工体系健全完善，是新形势下工会企事业资产经营业绩考核任务目标。工会企事业资产经营业绩考核目标主要是根据各单位发展的实际情况，贯彻落实“增三性”要求，突出工会资产公益性服务性，按类别划分实施分类考核，紧贴各单位行业特点、发展要点，科学设定考核指标，以考核促发展。

按照企业、生产经营类事业、公益二类事业、社会组织的不同单位性质，结合行业运营特点分为四个考核大类，每一个类别选取相近的社会效益、经济效益、基础管理考核指标，既体现差异又产生类比，让考核更加有针对性。市场化程度高的企业考核指标偏重财务指标，与市场上同行业的主要考核指标接轨；文化企事业等特殊领域按照中央《关于推动国有文化企业把社会效益放在首位、实现社会效益和经济效益相统一的指导意见》精神，优先社会效益指标结合经济效益的财务指标；公益二类事业和社会组织单位指标突出设置服务职工群众、服务工会工作的社会效益指标，同时改善适合各单位的财务指标，体现单位自身发展特色。具体可从社会效益考核、经济效益考核、资产基础管理考核三个方面展开。

社会效益是指企事业单位突出公益性服务性的“工”字属性，发挥工会资产特色和优势，发挥职工思想政治引领的阵地作用，为广大职工群众提供服务的情况，重点考核服务工会工作全局、服务职工群众等方面的社会贡献度。考核指标包括：坚持正确的政治方向、舆论导向、文化价值取向，维护劳动领域政治安全，劳模精神、劳动精神、工匠精神的宣传推广情况，开展服务职工等公益活动，承接工会系统任务完成情况，接待劳模和一线职工占比，公益项目规模，职工普惠受益程度等。

经济效益是指企事业单位在生产经营管理过程中所获得的效益，重点考核经营目标的实现情况。考核指标包括：收入总额、收支结余、利润、资产保值增值率、经费自给率、成本费用率、经营性现金流、会费增长率、投资收益率、赔付比率、上缴工会资产经营收益等。

资产基础管理是指企事业单位对本单位资产配置、资产使用管理、资产运行效率、资产安全等方面的工作情况，突出资产管理的过程性、完整性和安全性。考核指标包括：单位内部资产管理制度建设情况、资产使用监管落实情况、资产处置标准及审批情况、资产完整率、资产损毁率、产权登记率、固定资产利用率、全面风险管理情况、资金使用管理情况、票据使用管理制度、信息披露、解决历史遗留问题（指基建项目产权办理）等。

54 主管工会如何组织开展本级企事业单位考核工作?

工会企事业的经营业绩考核工作要坚持政治性、先进性、群众性，突出工会资产公益性服务性的“工”字属性，区分各单位性质开展分类考核，统筹社会效益、经济效益、资产基础管理等各方面科学设置考核指标，规范考核程序，注重考核结果运用，以考核工作激发各单位积极性，推动工会资产高质量发展。

经营业绩考核管理是一个循环的、动态的系统，所包括的几个环节紧密联系、环环相扣，在组织开展考核过程中，应重视每个环节的工作，并将各个环节有效地整合在一起。

一是明确考核的组织机构和工作人员。各级工会党组（或党委）成立本级企事业考核工作小组或者明确授权办公室、组织部、财务部、资产部等某个相关部门负责落实组织开展本级企事业考核工作，明确工作人员全流程专职负责该项工作。二是明确纳入考核的单位范围和考核方式。各级工会党组（或党委）研究确定本级所属的企事业单位哪些具备考核工作的条件，并纳入考核范围。有的工会组织本级所属企事业较多，有的事业单位人财物不独立，没有经营活动，不具备考核条件，可以不对其进行经营业绩考核。对于不同类型的单位，可以研究确定实施不同方式的考核，确保考核客观实际。三是制定考核指标体系和目标责任书。考核指标设计是考核工作的核心基础，在指标设置上要充分考虑本级企事业单位的实际，指标要具体、明确、有针对性，可以进行量化或者可以用行为衡量。指标值是在付出努力之后能够被实现的，指标对实现企事业目标或发展战略有所帮助，同时考核指标之间要具有一定的关联性，目标一致，考核指标不是一成不变的，应定期修改更新。在此基础上，制定考核目标责任书。四是开展考核过程管理。定期对被考核单位的经营管理状况进行了解，查看财务报表和相关工作材料，对目标完成进度进行追踪，将发现的问题和情况反馈给被考核单位，帮助被考核单位解决影响完成指标的问题。五是评估确定考核结果。考核期末，被考核的企事业单位依据经审计的财务决算数据，形成经营业绩总结分析报告报送考核部门。考核小组内部的审计部门或者聘请的第三方审计机构对被考核单位在考核期内的经营情况进行审计。考核小组依据经审计并经审核的企业财务决算报告和经审查的统计数据，结合总结分析报告，对企事业考核目标的完成情况进行考核，依据目标责任书，测算考核成绩。根据确定的考核评价方法，综合上述的考核评估情况，综合得出考核成绩，并上报同级工会党组或主席办公会审批。六是对考核结果进行运用。考核结果的应用主要包括企事业单位负责人和企事业单位两个层面。在企事业单位负责人层面的应用，在物质激励层面，根据考核结果确定绩效工资发放金额；在精神激励层面，根据考核结果给予通报表扬、职务晋升、企事业单位班子调整、评奖评优等荣誉。在企事业单位层面的应用，依据考核结果对企事业经营管理活动中所有相关因素进行诊断、分析并改正，以提升企事业的经营管理水平。

ZHI GONG WEN TI JIAO YU SHI YE

第五部分

职工文体教育事业

55 全国工人文化宫的现状和发展趋势如何？

工人文化宫是党和国家支持工会组织举办的，弘扬社会主义先进文化的重要阵地，是工会组织加强和改进职工思想政治工作、维护职工精神文化权益的重要载体，是职工群众学习知识、培养才干、进行文化活动的重要场所，是国家公共文化服务体系的有机组成部分。截至 2021 年底，全国正常开展活动的县以上工人文化宫有 1250 家。

全国总工会高度重视工人文化宫的建设和管理。中国工会十七大报告强调，要做优做强工会资产，进一步增强公益性服务性，更好发挥工人疗休养院、工人文化宫、职工互助保障组织等服务职工的作用。全国总工会将工人文化宫、工人疗休养院的清理整改工作纳入全国总工会改革试点和巡视整改工作任务。全国总工会领导同志多次听取工会资产工作专题汇报，赴各地工人文化宫实地调研指导，并对建好、管好、用好、发展好工会服务阵地作出批示，积极支持各地工人文化宫加强阵地建设。

近年来，各级工会按照全国总工会关于工会资产“突出公益、聚焦主业、自主经营、依法监管”的要求，以推进工人文化宫实现高质量发展为主线，以清理整改工作为抓手，着力加强阵地建设、健全完善制度、规范运营管理、提高服务水平，工人文化宫的建设、管理和改革发展工作取得明显成效。一是公益性服务性更加突出。各级工会不断深化对工会资产根本属性的认识，普遍把工人文化宫作为展示工会形象的窗口、开展工会工作的重要抓手、服务职工的保障手段、体现工会性质的物质基础，工人文化宫主责主业进一步突出，服务职工的能力不断提高。二是法律和政策保障取得明显进展。2016 年 12 月，全国人大常委会审议通过《公共文化服务保障法》，把工人文化宫定位为公共文化设施，从根本上明确了工人文化宫的法律地位和政府的保障责任。住建部、文旅部牵头的《公共文化设施项目规范》，把工人文化宫纳入研编范畴，为阵地建设提供标准和依据。三是清理整改取得显著成效。各级工会积极落实巡视整改任务要求，深入贯彻全国总工会关于清理整改工作的决策部署，工人文化宫回归公益工作取得明显成效，得到全国总工会党组、书记处的充分肯定。四是阵地建设步伐明显加快。各级工会普遍积极争取党政支持，加强工人文化宫阵地建设，服务环境和面貌得到很大改善。五是规范管理水平逐步提高。2016 年以来，全国总工会出台《关于加强和规范工人文化宫管理的意见》等 8 个文件，确保工人文化宫资产管理工作有法可依、有规可循。六是高质量发展的工作机制逐步健全。全国总工会加强政策指导，举办专题培训，召开推进工人文化宫高质量发展座谈会，参加全国城市工会资产监督管理工作经验交流会议、长三角城际工人文化宫联席会等专题会议，及时总结推广广东经验、山东经验、浙江经验、广西经验等，指导各地工会建立健全实现高质量发展的工作机制。各地工会始终坚持公益性服务性方向，积极稳妥探索工人文化宫社会化市场化运作方式，努力实现把社会效益放在首位、社会效益和经济效益相统一的工作要求。

2021年7月发布的《中国工运事业和工会工作“十四五”发展规划》强调，要整合工人文化宫、职工艺术院团资源，推动在街道社区、产业园区、商圈楼宇等职工聚集区建设职工文化场馆，构建立体化、多元化职工文化服务网络；加强工人文化宫规范化建设管理，“十四五”期间，全国建设100家标准化工人文化宫，推动经济较发达、职工人数多的县（县级市）实现工人文化宫建设全覆盖；整合工会资源，把县级工人文化宫打造成工会组织综合服务阵地。要深入贯彻落实工会“十四五”规划要求，以推动工人文化宫高质量发展为主线，加强阵地建设，推动标准化建设，努力构建立体多层、互联互通、资源共享、丰富多元的工人文化宫服务体系，打造新时代职工群众的“学校和乐园”。

56 如何把握工人文化宫的发展历程？

新中国成立以来，从资产建设、管理和运营角度，工人文化宫的发展历程大致可分为以下几个时期：

（1）兴起和快速建设时期（1949—1966年）。新中国成立后，为了体现工人阶级的领导阶级地位，丰富职工业余文化生活，在党和政府的关怀支持下，全国各地兴起了建设工人文化宫的热潮。1950年1月，全国总工会第二次常委会扩大会议通过《一九五〇年加强工人政治文化技术教育的指示》，要求

2000 名以上职工的工厂、企业建立俱乐部、图书馆及业余剧团，5 万名以上职工的城市应建立一个比较像样的全市性工人俱乐部、工人图书馆、工人剧院；1950 年 6 月颁布的《工会法》规定：各级政府应拨给中华全国总工会、产业工会与地方工会以必要的房屋与设备，作为工会办公、会议、教育、娱乐及举办集体福利事业等之用。

（2）恢复和蓬勃发展时期（1978—2012 年）。党的十一届三中全会以来，我国总体上处于以计划经济体制为主、向市场经济体制转型，以及文化供给相对不足的历史时期，在各级党政的政策资金支持和各级工会的积极努力下，工人文化宫不仅在数量上有了大幅增长，而且在质量上有了显著提高，成为城市职工的文化活动中心。国家计划委员会、国家建设委员会、财政部、国家物资总局、全国总工会联合下发多个文件，明确工人文化宫、体育馆等工会事业单位所需的房屋与设备，由各级政府或部门逐步解决；地方政府应将工会文化福利设施纳入当地城市、港口建设的统一规划之中；各级工会及所属事业单位的房屋修缮费，由各级财政解决等。全国总工会明确了“加强领导，全面规划，因地制宜，量力而行，分期分批，稳步前进”的职工文化体育场所建设方针。这些方针政策有力地推动了职工文化阵地建设。工人文化宫在坚持“学校和乐园”办宫宗旨的同时，对自身发展模式、运营机制进行了改革探索。一方面，经费来源渠道发生了较大变化。部分工人文化宫的事业单位补助逐步取消，逐渐转为自收自支为主的事业单位，开始探索建立面向市场的运营机制。另一方面，在城市建设、改造过程中，出现了一部分侵占工人文化宫阵地和资产的情况。同时，随着经济社会的发展，职工出现多元化、多层次的精神文化需求，而工人文化宫的体制机制相对滞后，不能完全满足职工需求。鉴于此，全国总工会于2005年出台了《关于推进地方工人文化宫俱乐部改革与发展的意见》，加强对全国工人文化宫发展改革的指导。同时，着力推进工会资产监管体制改革，建立了“统一所有、分级监管、单位使用”的资产监管体制，工会资产监管的组织体系基本建立，工会资产产权管理工作进一步加强，有效地防止了工人文化宫等工会资产流失。2003年《公共文化体育设施条例》把工人文化宫纳入公共文化体育设施范畴。

（3）创新和高质量发展时期（2012年至今）。党的十八大以来，习近平总书记对工人阶级和工会工作作出了一系列重要论述，中央党的群团工作会议对加强职工文化建设提出明确要求。全国总工会高度重视工人文化宫的管理和发展，强调要加强和规范工人文化宫的管理，突出公益性服务性。中国工会十七大报告指出，工会资产要进一步增强公益性、服务性，更好地发挥工人文化宫服务职工的作用。《中国工会章程》在总则中修订增加了“工会兴办的企业、事业，坚持公益性、服务性”的规定。全国总工会制定印发了《关于加强和规范管理工人文化宫的意见》，部署开展工人文化宫清理整改工作，工人文化宫公益性服务性更加突出，主责主业更加聚焦。

2019年10月，全国总工会出台了《关于推动工会资产实现高质量发展的指导意见》，强调要建立健全高质量发展的工作体系，充分发挥工会资产服务职工的作用。2020年9月，全国总工会在青岛召开贯彻落实文保法推进工人文化宫高质量发展座谈会，对实现工人文化宫高质量发展作出全面部署。2021年7月，全国总工会印发《中国工运事业和工会工作“十四五”发展规划》，对建好管好用好工人文化宫提出了明确要求。2021年10月，全国总工会在北海召开推进工人文化宫高质量发展座谈会，推动构建工人文化宫高质量发展工作体系。新时代工人文化宫进入高质量发展的新的历史时期。

57 党和国家法律、政策对工人文化宫的定性定位有怎样的规定?

党的十八大以来，习近平总书记就建设社会主义文化强国、加强公共文化服务体系建设、深化公共文化领域改革作出一系列重要指示批示；对工人阶级和工会工作作出一系列重要论述，强调要打造健康文明、昂扬向上、全员参与的职工文化，加强对职工的思想政治引领，为做好新发展阶段工人文化宫建设和管理工作指明了方向、提供了遵循。

党和国家法律法规、政策对工人文化宫的定性定位是明确的。主要体现在以下几个方面：第一，工人文化宫是社会主义文艺阵地，具有强烈的意识形态属性；第二，工人文化宫是公共文化体育设施，是国家公共文化服务体系的重要组成部分，要坚持公益属性，履行公共服务职能；第三，工人文化宫由工会组织管理使用，要真正管好用好，发挥服务职工群众的重要作用；第四，工人文化宫的主责主业、产权关系和隶属关系受法律保护，各级政府负有建设、资金、人才保障责任。主要规定包括：

2003 年 6 月由国务院发布的《公共文化体育设施条例》对促进公共文化体育设施的建设，加强对公共文化体育设施的管理和保护，充分发挥公共文化体育设施的功能，繁荣文化体育事业提出了明确要求。该条例规定："本条例所称公共文化体育设施，是指由各级人民政府举办或者社会力量举办的，向公众开放用于开展文化体育活动的公益性的图书馆、博物馆、纪念馆、美术馆、文化馆（站）、体育场（馆）、青少年宫、工人文化宫等建筑物、场地和设备。""各级人民政府举办的公共文化体育设施的建设、维修、管理资金，应当列入本级人民政府基本建设投资计划和财政预算。"

2014 年，中共中央办公厅、国务院办公厅印发了《关于加快构建现代公共文化服务体系的意见》，对构建现代公共文化服务体系，促进基本公共文化服务标准化、均等化，推动社会主义文化大发展大繁荣提出了明确要求。该意见指出，"推动科技馆、工人文化宫、妇女儿童活动中心以及青少年校外活动场所免费提供基本公共文化服务项目""合理划分各级政府基本公共文化服务支出责任，建立健全公共文化服务财政保障机制，按照基本公共文化服务标准，落实提供基本公共文化服务项目所必需的资金，保障公共文化服务体系建设和运行"等。

2015 年，中共中央印发《中共中央关于加强和改进党的群团工作的意见》指出，"各地要统筹管好用好现有群众活动阵地和设施，整合用好社会资源，纳入现代公共文化服务体系，坚持公益属性，真正发挥作用”。2015 年 10 月，中共中央印发《中共中央关于繁荣发展社会主义文艺的意见》，对推动社会主义文艺繁荣发展提出明确要求。该意见规定：“加强文艺阵地建设。进一步加强领导、加强规划、加大投入，充分发挥报纸、期刊、电台、电视台、网络媒体、图书音像电子出版物的积极作用，建好用好剧场、电影院、文化馆（站）、群艺馆、美术馆、工人文化宫、文化广场、基层综合性文化服务中心等各类文艺阵地。”

2016 年 12 月，全国人大审议通过《公共文化服务保障法》，这是我国公共文化领域一部重要的综合性、全局性、基础性法律，对构建现代公共文化服务体系具有重要意义。该法将工人文化宫、职工书屋纳入公共文化设施范畴，并对公共文化设施建设与管理、公共文化服务提供、保障措施、法律责任作出了明确规定，对工人文化宫、职工书屋依法加强管理，切实履行公共文化服务职能提供了法律依据。

58 目前工人文化宫主要为职工提供什么服务？服务方式有哪些？

2016 年出台的《中华全国总工会关于加强和规范工人文化宫管理的意见（试行）》提出，“工人文化宫要坚持正确的政治方向，聚焦文化服务主业，坚持围绕工会中心工作、立足基层和职工需求、适应社会多元化发展趋势开展各类文化服务，形成文化事业与文化产业共同发展、社会效益与经济效益协调统一的可持续发展格局”。

（1）围绕工会中心工作开展文化服务。加强职工思想政治工作，积极传播和弘扬社会主义先进文化，引导职工培育和践行社会主义核心价值观，大力弘扬劳模精神、劳动精神、工匠精神，教育引导广大职工听党话、跟党走。有针对性地开展职工教育培训活动，不断提高职工队伍的整体素质。积极承接工会组织开展的职工素质建设工程、农民工职业技能提升计划、金蓝领工程、职工书屋、职工文艺创作培训基地、工会会员卡服务场所等重点文化教育服务项目，着力为职工提供优质的服务。

（2）立足基层和职工需求开展文化服务。工人文化宫既要聚焦教育培训、文化创意、文艺创作、体育健身等传统领域，又要积极拓展网络视听、移动多媒体、动漫游戏等新兴领域，形成健全的文化服务网络。要根据基层和职工需求，推出文化服务菜单，采取“订单”服务方式，实现供需有效对接，增强服务的匹配度和职工的满意度。要合理确定工人文化宫服务项目的运行时间、服务价格，推动与互联网的融合，增强服务基层、服务职工的便捷性。

（3）适应社会多元化发展趋势开展文化服务。工人文化宫要培育发展有明显优势的文化产业项目，重点培育高质量的文化精品，打造文化服务品牌，满足社会多元化、个性化的文化消费需求，提高工人文化宫的市场竞争力。有条件的工人文化宫可以创办以文化产业服务为主的企业，企业经营收入要纳入工人文化宫预算管理，主要用于支持公益性文化事业发展。

当今世界，新一轮科技革命深入发展，以5G、大数据、云计算、人工智能为代表的新一代信息技术广泛应用，深刻改变着职工群众的思维、生产、生活方式。新时代工人文化宫也应与时俱进，在数字化、网络化、智能化方面下功夫。要充分运用大数据优化信息反馈模式，及时掌握职工群众文化需求的变化，实现职工文化服务的智能匹配和精准推送，依托智慧工会建设，积极推动工人文化宫的转型升级，打造“线上工人文化宫”“数字工人文化宫”，形成线下线上相结合的互动体验空间，拓展智慧应用场景，为职工群众提供沉浸式文化体验。

59 根据法律规定，政府在工人文化宫的建设管理中应该承担怎样的职责？

2016 年颁布的《中华人民共和国公共文化服务保障法》明确了各级人民政府是承担公共文化服务工作的责任主体，规定了政府在公共文化设施建设和公共文化服务组织、管理、提供、保障中的职责。

该法总则规定，“本法所称公共文化服务，是指由政府主导、社会力量参与，以满足公民基本文化需求为主要目的而提供的公共文化设施、文化产品、文化活动以及其他相关服务”“县级以上人民政府应当将公共文化服务纳入本级国民经济和社会发展规划，按照公益性、基本性、均等性、便利性的要求，加强公共文化设施建设，完善公共文化服务体系，提高公共文化服务效能”。工人文化宫作为公共文化设施的重要组成部分，依法应被纳入政府保障范畴，在设施建设、服务提供、效能提高上享受相应待遇和优惠政策。

在建设方面，政府责任可归纳为“一个纳入、三个不得、三个不降低”。“一个纳入”是公共文化设施必须纳入本级城乡规划；“三个不得”是不得擅自侵占和拆除公共文化设施，不得擅自更改公共文化设施用途，不得将公共文化设施用于与公共文化服务无关的商业经营活动；“三个不降低”是因为城乡规划确实要拆除公共服务设施的，必须保证公共服务设施占地面积不得降低、建设面积不得降低、设施配备标准不得降低。在资金保障方面，规定政府必须把公共文化服务资金纳入本级预算，充分保证公共文化服务开展。公共文化设施开展免费或优惠公益活动应该享受国家财政的补助。同时规定，政府要采取购买服务的形式，支持公共文化设施提供服务。在人才保障方面，规定政府必须保证公共文化设施所需要的专业的人才，由政府合理设置工作岗位，配备相应人员。

60 如何理解把工人文化宫纳入公共文化服务体系？

党和国家把工人文化宫纳入公共文化服务体系，意义十分重大。一是明确工人文化宫的法律地位。工人文化宫在适应经济社会发展、有效发挥服务职工作用的同时，还存在一些困难和问题，根源在于工人文化宫没有被真正纳入公共文化服务体系。主要表现在：阵地建设与运营维护上存在困难；事业单位分类改革政策中的财政保障政策不落实；开展公益性活动时的财政支持较少；没有同等享受其他公益文化事业单位享受的优惠税费政策等。《公共文化服务保障法》等法律法规解决了制约工人文化宫发展的瓶颈问题，为工人文化宫的可持续发展奠定了坚实的法律基础。二是明确政府在公共文化领域的主导责任。公共文化服务属于公共产品。明确各级人民政府是承担公共文化服务工作的责任主体，为打破行政隶属界限，构建现代公共文化服务体系提供了法律保障。三是为推进工人文化宫治理能力现代化提供标准和依据。国家公共文化服务体系对公共文化设施和公共文化服务等基本概念作出界定，并构建了基本公共文化服务标准制度、公共文化服务设施免费或优惠开放制度、公共文化服务公示制度、公众参与的公共文化服务设施使用效能考核评价制度、公共文化服务资金使用监督和公告等基本制度，为提高工人文化宫等公共文化设施的服务效能、丰富公共文化及文化产品供给、实现治理体系和治理能力现代化提供了制度遵循。

推动工人文化宫真正纳入地方公共文化服务体系，关键是积极推动落实工人文化宫的公益性法律地位和待遇。一是推动纳入当地规划。在地方党委领导下，用好工会与政府联席会议、公共文化服务体系协调小组等机制和平台，推动当地政府将工人文化宫建设纳入当地国民经济与社会发展规划、国土空间规划，列入公共文化服务目录清单和保障标准，参与区域文化共建共享。二是落实事业单位分类改革各项政策。推动当地政府将工人文化宫划入公益二类事业单位，有条件的划入公益一类事业单位，并推动落实相应的财政保障政策，争取工人文化宫的人员经费、活动经费、基本运行经费和大型维修改造经费与政府系统文化馆同等待遇，并享受同类公益性文化事业单位的税收优惠和水电气等公用服务价格优惠政策。三是建立政府财政资金支持为主的多渠道资金保障机制。争取当地政府以政府购买服务、项目补贴、定向资助、贷款贴息等方式，对工人文化宫提供公共文化服务给予支持。同时，主管工会可以使用工会经费支持工人文化宫发展，上级工会也可根据情况给予适当补助。

61 建设工人文化宫的原则和要求是什么？

根据全国总工会制定的《中国工运事业和工会工作“十四五”发展规划》《关于加强和规范工人文化宫管理的意见》《关于推动工会资产实现高质量发展的指导意见》的规定，以及全国总工会关于加强工人文化宫建设和管理、推进工人文化宫高质量发展的一系列会议精神，工人文化宫在建设方面应加强顶层设计，科学统筹管理，坚持鼓励恢复重建、倡导维修改建、规范控制新建的工作方针。

（1）科学规划布局。各级工会要优化盘活存量，科学配置增量，统筹规划工人文化宫总体功能布局，研究制定工人文化宫建设标准，明确省级、市级、县级等各层级工人文化宫的覆盖范围、占地面积、建筑面积、功能定位和服务半径，推动形成布局合理、发展平衡、运行有效的阵地网络体系。在阵地建设中，应坚持科学规划、实事求是、量力而行的原则，按照经济、实用、稳妥、适度的原则推进工人文化宫阵地建设，建设规模要与当地经济社会发展水平相适应、与工会财力相适应、与职工需求相适应。

（2）强化示范引领。“十四五”期间，全国将建设100家标准化工人文化宫，要推动经济较发达、职工人数多的县（县级市）实现工人文化宫建设全覆盖。重点扶持职工相对集中的省会城市和中心城市工人文化宫建设，使其成为导向正确、特色鲜明，设施先进、功能齐全，服务规范、经营有效，竞争实力强，社会效益和经济效益突出，深受职工群众欢迎的新型职工文化活动中心。

（3）加强阵地保护。各级工会要加强对工人文化宫阵地管理事项的审批管理，依法坚决制止以各种形式非法侵占、处置工人文化宫阵地的行为。全国总工会负责工会所属工人文化宫的不动产处置、新建项目的审批（备案）工作。工人文化宫被列入拆迁改造范围的，要坚持先建后拆、拆旧建新、拆小建大。要加大工人文化宫品牌保护力度，未经上一级工会批准不得随意撤销工人文化宫机构；工会阵地承担工人文化宫功能、开展职工文体活动的，应加挂工人文化宫的牌子；以建设工人文化宫名义立项的，不得更改工人文化宫的名称和用途。

（4）增强阵地服务功能。整合工会资源，把县级工人文化宫打造成工会组织综合服务阵地。培育壮大基层工会服务阵地，拓展服务项目，整合社会资源，推动开放共享，实现区域内职工活动与服务基本覆盖。围绕改善工人文化宫服务职工的环境和条件，积极做好工人文化宫维修改造和设施设备更新工作。

重点加大对建成年限较长、社会效益较好、服务覆盖面较广的工人文化宫的维修改造力度，使其具备开展活动的基本条件。上级工会要加大对县级工会所属的工人文化宫维修改造工作的扶持力度，充分发挥其服务基层、服务职工的重要作用。

（5）规范控制新建项目。工人文化宫主要采取盘活存量、调整置换、集中利用等方式进行建设，不搞大拆大建，凡现有设施能够满足职工文化需求的，原则上不再新建。严禁以建设工人文化宫为名，变相兴建楼堂馆所。对于职工人数较多且文化活动阵地缺乏的地区，确有必要新建工人文化宫的，必须立项文件齐备、建设资金到位。工人文化宫可以独立兴建，也可以与当地政府公共文化服务项目整体规划一并兴建，但要依照《工会法》规定，保持工人文化宫的独立产权和运营管理权。职工人数相对较少的地区，可按照实用、方便的原则，创办职工文化活动站点。

62 为什么工人文化宫不能整体出租承包？

工人文化宫不能整体出租承包，是由工人文化宫的根本属性决定的。新中国成立以来，党和国家把大量资产划拨给工会，用于兴办工人文化宫等职工文体设施，目的是为广大职工群众提供优质的职工文化、体育、教育服务。工人文化宫不仅是一个建筑或是一项资产，本质上还是工会组织加强和改进职工思想政治工作、维护职工精神文化权益的重要载体，是职工群众学习知识、培养才干、进行文化活动的重要场所。工人文化宫具有强烈的政治属性、工会属性和职工属性。在这个意义上，工人文化宫不能整体出租承包。

工人文化宫的服务宗旨要求工人文化宫不能整体出租承包。《中国工会章程》规定，工会兴办的企业、事业，坚持公益性、服务性，坚持为改革开放和发展社会生产力服务，为职工群众服务，为推进工运事业服务。工人文化宫是职工的学校和乐园，公益性服务性是工人文化宫的发展方向和根本要求。工人文化宫对外整体出租承包，发展方向、主责主业、功能布局存在极大的法律和经济风险，将导致无法有效履行服务职能，偏离正常的发展方向，严重影响工会组织的形象。

工人文化宫整体出租承包违反国家法律的规定。《公共文化服务保障法》规定，任何单位和个人不得擅自拆除公共文化设施，不得擅自改变公共文化设施的功能、用途或者妨碍其正常运行，不得侵占、挪用公共文化设施，不得将公共文化设施用于与公共文化服务无关的商业经营活动。工人文化宫整体出租承包，其场所全部用于商业经营活动，违反了法律规定，需承担相应的法律责任。

2016 年 9 月，全国总工会党组、书记处部署开展工人文化宫、工人疗休养院清理整改工作，以解决部分工人文化宫、工人疗休养院公益性弱化的问题。工人文化宫、工人疗养院清理整改工作，是以突出公益性服务性为标尺，由各级工会对工人文化宫、工人疗休养院不符合要求的建设、管理、使用行为进行集中清理和纠正，并健全完善长效的建管用机制，引导和支持工人文化宫、工人疗休养院把发展方式转变到为基层、为职工提供有效的文化和疗养服务上来的系统工程。清理整改工作的一项重要内容，就是按照减少存量、严控增量的原则清理工人文化宫对外出租承包行为。工人文化宫一律不得新签出租、承包合同，凡已到期的出租、承包合同不得再续签，能够协商解除出租、承包合同的项目立即解除。已经整体对外出租、承包的，必须限期收回。因工人文化宫大面积出租、承包而基本丧失阵地功能的，在清理完成前，对外不得悬挂“工人文化宫”的牌子。在地方党委的领导下，各级工会采取有力措施收回工人文化宫对外出租承包场地，推动工人文化宫回归公益职能、发挥阵地作用，清理整改工作取得显著成效，得到广大职工群众的广泛赞誉。

63 如何规范工人文化宫的对外合作行为?

按照 2016 年全国总工会出台的《关于加强和规范工人文化宫管理的意见》规定，工人文化宫要始终坚持公益性服务性方向，合理利用市场机制、社会力量进行规范合作。主管工会要依法依规规范工人文化宫的合作行为，在合作中应坚持集体决策、服务主业、控制风险，坚决不得开展有损工人文化宫品牌形象的合作。支持工人文化宫通过宫宫联合、宫校结合、宫企联合等多种形式整合资源；鼓励和支持社会力量通过投资或捐助设施设备、兴办实体、资助项目、赞助活动、提供产品和服务等方式，参与工人文化宫的建设和发展。有条件的地方可探索通过委托或招投标等方式，吸引有实力的社会组织和企业参与工人文化宫的试点运营。

工人文化宫开展规范合作，要坚持党的领导，健全完善规范合作决策工作机制，实行依法决策、科学决策和民主决策，并满足以下四个条件：（1）合作项目经主管工会或上级工会同意，且有明确的规范对外合作的管理制度。（2）合作项目与工人文化宫主业紧密相关。（3）合作机构自身不得使用工人文化宫的文书、印章、票据和账户。（4）合作项目纳入工人文化宫统一管理，并为职工提供一定比例的优惠服务。

工人文化宫可以依法依规进行商业配套。根据全国人大法工委对《公共文化服务保障法》的解释，公益性文化事业单位确需少量准商业配套的，应有明确的限制条件，包括：在内容与规模上进行限制，不能影响主业；必须遵循“紧密配套、便利群众、相对低价、不以盈利为目的”的原则进行运营等。应当限制经营内容，主要开展与文化主业相关的经营项目；可以配套一定的小便利店、咖啡简餐，但服务对象必须面向前来参加活动的群体，不得面向社会运营，且价格应低于市场价格；可以开发一定的文化创意产品；等等。

64 工人体育场馆的发展状况和作用如何？

工人体育场馆是党和国家支持工会组织建设的，用于开展体育竞赛、训练和健身娱乐等职工体育活动的公益性体育场馆，主要包括体育场、体育馆和游泳馆。截至2021年底，全国正常开展活动的县以上工会直属体育场馆有14个。工人体育场馆具有专业性、技术性较强的特点，吸收了大量的专业技术人才。

全国最具代表性的工人体育场馆是北京工人体育场。北京工人体育场是北京市总工会直属事业单位。1958年，北京工人体育场项目作为首都工人阶级向建国十周年的献礼工程开始兴建。北京工人体育场建成后，承办过北京亚运会、北京奥运会等大型体育赛事和演艺活动，累计承办了数千场各种文化活动，成为北京重要的体育娱乐活动中心，在国际上享有较高的知名度。北京工人体育场的发展是全国工人体育场馆发展的缩影。

近年来，工人体育场馆坚持工会企事业“三服务”宗旨，加强阵地建设，完善服务条件，建立健全服务规范，成为职工体育事业发展的重要载体和阵地。一是以提高职工健康素质为核心，通过广泛开展多种形式的职工体育活动，全面提升职工队伍的整体素质，大幅提高职工健康水平。二是坚持预防为主的方针，积极开展国家体育锻炼标准达标测验和职工体质测试活动，全方位、全周期保障职工健康，培养广大职工良好的精神状态和健康体魄。三是作为群众体育的重要组成部分，向公众开放用于满足运动训练、体育竞赛以及群众体育娱乐需求。一些设施较完善的工人体育场馆为国家竞技体育的发展提供了硬件条件。

当前，各级工会抓住国家实施《“健康中国2030”规划纲要》的契机，积极推动工人体育场馆纳入全民健身公共服务体系，在普及科学健身知识和健身方法、提倡健康文明的生活方式、推动全民健身生活化中发挥作用，为健康中国建设贡献力量。

65 工会干部院校的发展现状和作用如何？

工会干部院校是各级工会组织兴办的用于教育培训工会干部、提高工会干部素质的学院或学校。截至 2021 年底，全国共有 27 所省级工会干部院校。

全国总工会历来重视工会干部的教育培训工作，把工会干部院校作为工会干部教育培训的重要阵地。为贯彻落实中共中央印发的《干部教育培训工作条例》要求，全国总工会多次召开全国工会干部教育培训工作会议，并研究出台《全国工会干部教育培训规划》，对工会干部教育培训工作作出了部署。为加强工会干部教育培训阵地建设，按照“标准务实、评检结合、以评促建、重在提高”的原则，全国总工会组织部制定《全国工会干部教育培训院校评估细则》，设置主管部门职责、培训设施建设、院校制度建设、课程内容设置、师资队伍建设、培训质量效益、创新方式方法、校风教风学风这 8 项一级指标和 45 项二级指标，对工会干部院校进行调研评估并确定等次。目前，已经逐步形成以中国劳动关系学院为龙头、省级工会干部院校为主体，地市级以下各类干部教育培训机构为补充的工会干部教育培训体系。

近年来，工会干部院校把政治性的要求贯穿体现在教学管理等各个环节，构建了主题鲜明的教学内容体系，形成了一批实在管用的课程教材，探索了独具特色的教学方式方法，较好地履行了工会干部教育培训基地和工运理论政策研究基地的功能。一是牢牢把握正确政治方向，坚持把学习贯彻习近平新时代中国特色社会主义思想摆在干部教育培训最突出的位置，作为工会干部院校的主课，作为工会干部学习的中心内容，进一步提高工会干部的政治理论水平和党性修养。二是围绕主责主业，立足工会实际，区分不同类型、层级、岗位的干部，组织开展履行岗位职责必备的业务知识学习培训，强化能力培训和实践锻炼，提高专业素养和专业能力，更好地培养工会工作专门人才。三是着眼于培养复合型干部，开展经济、政治、文化、社会、生态文明、党建、哲学、历史、科技、国防、外交等各方面基础性知识学习培训，以及互联网、大数据、云计算、人工智能等新知识新技能学习培训，帮助工会干部优化知识结构，拓宽眼界思路，提高科学人文素养。四是加强劳模教育培养，分期分批分层组织劳模培训，持续办好劳模本科班，积极为弘扬劳模精神、劳动精神、工匠精神贡献力量。

66 工会职工院校的发展现状和作用如何？

职工院校是各级工会组织兴办的用于教育培训职工群众、

提高职工队伍整体素质的学院或学校。截至目前，全国县以上职工院校共有210所，主要包括职工大学、职工中学、职工中专、职业技术学校等。职工院校作为现代职业教育体系的有机组成部分，在提高职工队伍整体素质方面发挥着重要作用。

全国总工会高度重视职工教育，成立了全国职工素质建设工程领导小组，出台了《中华全国总工会关于全面实施职工素质建设工程的意见》，从2010年起连续制定三个《全国职工素质建设工程五年规划》，对包括职工学校在内的职工教育培训阵地的建设提出了要求和保障措施，强调要充分发挥工会报刊、网站、职工学校和工人文化宫（俱乐部）、职工教育培训基地、职工书屋等的宣传教育阵地作用。积极运用App、短视频、微信等移动新媒体，推进“互联网+职工素质建设工程”模式，搭建职工在线学习平台，发展在线教育，为职工终身学习提供便利条件。2021年7月，全国总工会发布的《中国工运事业和工会工作“十四五”发展规划》指出，要加强职工院校和职业培训机构建设。

近年来，工会职工院校积极贯彻落实《关于推行终身职业技能培训制度的意见》《关于提高技术工人待遇的意见》《关于加快发展现代职业教育的决定》，突出教育培训主责主业，充分发挥了职工素质教育基地和职业技能培训基地的作用。一方面，工会职工院校按照职工素质建设工程的要求，努力建设全国职工教育培训示范点和金蓝领职工技能培训示范点，积极发展职工培训和学历继续教育，着力打造职业教育品牌，为职工群众终身学习提供保障。注重加强对下岗职工及其他就业困难群体的再就业和创业培训，加强对农民工的技能培训，积极争取各级政府通过购买培训课程等方式加快发展，推动打造知识型、技术型、创新型的职工队伍。另一方面，围绕深化产业工人队伍建设改革的重点任务，加大校企合作培养技术工人力度，积极与本科高校、企业合作，改革人才培养模式，提高应用型和技术技能型人才培养培训能力，促进产教融合，努力在形成产业工人技能培训体系中发挥作用。同时，工会职工院校还积极参与劳动课程设计、劳动技能评价等劳动教育体系建设，举办以劳动教育为主题的培训，引导广大职工践行劳动教育理念，在新时代劳动教育中发挥了特殊作用。

67 工人报刊、图书出版事业的发展现状和作用如何？

工人报刊、图书出版事业是工会组织为了维护职工精神文化权益，通过主办图书、报纸、期刊、杂志等文化产品，面向工会组织、工会干部和广大职工群众开展的一项公益性事业。

工人报刊、图书出版事业本质上是党和国家新闻出版事业的重要组成部分，是党的意识形态工作的前沿阵地，是职工群众增长才干、学习知识、陶冶情操的主要阵地。早在 1924 年，党中央就创办了综合性工人刊物——《中国工人》。新中国成立初期，在党和政府的大力支持下，工会在提高职工群众政治、文化、技术水平和改善职工物质、文化生活上做了大量的工作，职工文化教育和集体福利事业蓬勃发展。1949 年 7 月 15 日，全国总工会机关报《工人日报》在原北平《大众日报》基础上创刊，毛泽东同志为报纸题写了刊头。中国工人出版社于1949年7月15日成立，初期附属在《工人日报》社内，1951年正式建立编制、独立经营。到1954年，大行政区工会和省市工会公开发行的工人报刊有9家，还有相当数量的省市工会内部发行的工人报刊和工运刊物。全国工会图书馆到1957年迅速发展到20142个，其中90%在基层。经过几十年的发展，在各级党委和政府的大力支持下，各级工会组织主办了多份报纸、期刊、杂志，并出版了大量优秀图书，为工会干部和广大职工群众提供了丰富的精神食粮。随着数字化和智能化的发展，各级工会还依托主管主办的报纸、期刊和图书，积极打造网站、微信、微博、移动客户端等媒体形态，为职工群众提供更加便捷可及的服务。

《工人日报》作为全国总工会的机关报，以报道“三工”、服务“三工”为己任，已成为当代中国政治、经济、文化、社会生活中具有重大影响力的一张中央大报，深受工会干部和职工群众喜爱，多次获得中国新闻奖和其他荣誉。2021年，《工人日报》发行量71.58万份，在中央媒体中，发行量名列前茅，连续多年保持稳定。工人日报社还主办《工会信息》《中国工运》杂志。

中国工人出版社作为全国总工会主管的国家级综合性出版社，坚持为职工服务的办社理念，致力于出版权威、系统的行业图书、职工教育图书，坚持专业出版、教育出版、大众出版并重，曾获得中国出版政府奖图书奖提名奖、鲁迅文学奖等多种奖项和荣誉。建设职工书屋，为基层职工创造方便实用的读书场所。创办“技能强国—全国产业工人学习社区”“学习强会—全国工会知识服务平台”等新技术平台。中国工人出版社还主办《中国工人》《中国工会年鉴》等刊物。

近年来，工会报社、出版社、杂志社、网站等牢牢把握正确的政治方向和舆论导向，坚持把社会效益放在首位，及时传播党和政府声音以及工会的声音，宣传社会主义核心价值观，弘扬劳模精神、劳动精神、工匠精神，更好地表达职工群众的合理诉求，进一步强化工会宣传舆论阵地作用。同时，突出“工”字特点，体现工会特色，努力打造工会报刊图书出版品牌，扩大在基层工会组织和职工群众中的覆盖面，不断满足和引领广大工会干部与职工群众丰富的精神文化需求，积极参与打造健康文明、昂扬向上、全员参与的职工文化，使广大职工在阅读中有所收获并受到教育。

《中国工运事业和工会工作“十四五”发展规划》强调，要巩固发展工会网上舆论阵地。做强工会主流媒体，推进工会媒体深度融合，打造以工人日报、中工网、《中国工运》、《中国工人》为龙头的工会媒体集群，做大做强工会传媒旗舰，建设各级工会融媒体中心，构建网上网下一体，以新技术为支撑、“工”字特色内容建设为根本、新型运行管理模式为保障的报、网、端、微、刊全媒体传播体系。

68 职工书屋的发展现状和作用如何?

建设职工书屋是各级工会组织为广大基层职工创造方便实用的读书场所和学习条件的重要工作，是全国总工会为保障广大职工特别是一线职工、农民工的基本文化权益，丰富基层职工精神文化生活，在全国工会开展的一项重要文化工程。“职工书屋”由全国总工会统一命名，主要在一线职工特别是农民工工作和居住相对集中的基层企事业单位、城市社区、工业园区、乡（镇）村和重点建设项目工地建立。

2008 年 1 月 18 日，全国总工会向各省、市、自治区印发了《中华全国总工会关于开展全国工会“职工书屋”建设的实施意见》，全国工会职工书屋建设正式启动。专门成立职工书屋建设领导小组，由全国总工会领导同志担任领导小组组长。陆续制订《关于开展全国工会职工书屋建设的实施意见》《全国工会职工书屋工程五年规划》，在中国工人出版社设立全国工会职工书屋图书配送中心，广泛征集、精心筛选图书资源，为各地职工书屋提供优质、丰富的读物，并创办《职工书屋》专刊、专项工作网站、微信号等媒介，持续举办全国性职工读书活动和工作交流培训活动，培育职工书屋品牌。

职工书屋工程全面开展以来，以改善广大职工特别是一线职工、农民工的学习条件为目的，在广大职工中传播先进文化，普及科技知识，引导职工“爱读书、读好书、善读书”，不断满足广大职工日益增长的精神文化需求，保障职工基本文化权益，推进社会主义核心价值体系建设，让广大职工共享改革发展成果。全国总工会每年投入专项经费在全国扶持建设1000家职工书屋示范点，同时推动各地工会相应配套的投入，每年建设职工书屋1万家。十余年来，全国总工会已建设职工书屋示范点上万家，累计为各地基层配送1000余万册、价值3.4亿元图书，带动各地建设职工书屋10余万家，覆盖服务职工超过6000万人。为适应数字化阅读趋势，全国总工会经统一规划、投入基础经费开发建设，于2015年底正式建成开通电子职工书屋阅读系统，集阅读网站、App、微信端、数字一体机等多种软硬件终端于一体，拥有丰富的图书、期刊、有声书等精品特色阅读资源，满足广大职工数字化阅读需要。《全国工会网上工作纲要（2017—2020年）》将电子职工书屋列入“十类应用”项目。各地工会积极响应，截至目前，电子职工书屋已普惠职工达1800万人。2016年12月，《公共文化服务保障法》正式将职工书屋列入公共文化设施，职工书屋成为我国公共文化建设和全民阅读的一项标志性工程。

《中国工运事业和工会工作“十四五”发展规划》强调，要建好、管好、用好职工书屋，力争到2025年底全国工会职工书屋示范点达到1.6万家，带动各级工会自建职工书屋达到15万家，实现各类便利型阅读点、劳模工匠书架广泛覆盖；电子职工书屋覆盖职工逾5000万人，基本形成覆盖大多数职工的工会阅读推广服务体系。

69 工会职工文艺院团的发展现状和作用如何?

职工文艺院团是工会组织成立或联系的，面向基层，为职工群众服务的专业及业余文艺组织，在组织开展职工文体活动、丰富职工精神文化生活、培育先进职工文化等方面承担着重要职责。

全国总工会文工团是全国工会系统唯一的国家级综合性专业文艺团体，成立于1956年5月，是全国总工会直属公益二类事业单位。全国总工会文工团为各级职工文艺团体提供基础性服务，发挥示范引领和带动作用。通过组织开展全国职工文艺团体系列汇演、专题培训等多种形式，与各级工会所属的职工文艺团体加强联系、开展合作、建立演艺联盟，为职工文艺团体提供学习交流平台。全国总工会文工团参加了历年全国“五一”晚会以及北京奥运会、G20杭州峰会、上合组织青岛峰会等重大活动文艺晚会的策划、编排、演出、保障任务等。

根据《中共中央关于繁荣发展社会主义文艺的意见》《中华全国总工会关于加强职工文艺团体建设的意见》《中华全国总工会关于加强新时代职工文化建设的指导意见》以及《中国工运事业和工会工作“十四五”发展规划》，职工文艺团体的建设和管理应遵循以下要求：

（1）坚持以职工为中心。把为职工群众服务、满足职工精神文化需求作为职工文艺团体建设的出发点和落脚点，把职工群众作为职工文艺团体创作的源头活水、表现的主体，作为职工文艺团体建设成效的评判者，推出更多无愧于时代、无愧于职工的文艺作品，更好地促进职工体面劳动、舒心工作、全面发展。

（2）坚持把社会效益放在首位。正确处理社会效益和经济效益、社会价值和市场价值的关系，发挥职工文艺团体的正面导向作用，经济效益服从社会效益、市场价值服从社会价值，努力实现社会效益和经济效益、社会价值和市场价值有机统一。

（3）坚持深化改革创新。贯彻工会改革和文化体制改革的要求，坚持问题导向，着力推进职工文艺团体的体制机制、内容形式、传播手段创新，提升职工文艺团体的创新能力、经营能力、竞争能力，实现职工文艺团体健康可持续发展，成为社会主义核心价值观的传播者、职工文化建设的展示者、职工文艺创作的推动者、职工文艺组织和文艺骨干的引领者。

（4）加强职工文化阵地建设。探索建立以全国总工会文工团为主体的职工艺术阵地联盟，整合工人文化宫、职工艺术院团资源，推动在街道社区、产业园区、商圈楼宇等职工聚集区建设职工文化场馆，构建立体化、多元化职工文化服务网络。

ZHI GONG LIAO XIU YANG HE LÜ
YCU XIU XIAN SHI YE

第六部分

职工疗休养和旅游休闲事业

70 全国工人疗休养院的现状和发展趋势如何？

工人疗休养院是国家社会保障事业和医疗卫生事业的组成部分，是工会组织传递党和政府对工人阶级的关怀、保障职工休息休假权利、维护职工健康权益的重要阵地。截至 2021 年底，全国正常开展活动的县以上总工会所属的工人疗休养院有 103 家，其中，全国总工会本级管理的有 2 家，省级总工会管理的有 53 家，地市级以下总工会管理的有 48 家。最近几年，工会系统疗休养院平均每年接待的劳模和一线职工群众疗休养人数保持在 500 万人次左右，为保护和促进职工身心健康、提高职工思想觉悟和生产积极性发挥了积极作用。

党的十八大以来，针对部分工人疗休养院存在偏离主业、公益性服务性弱化、自我发展能力不强等问题，全国总工会相继出台了《中华全国总工会关于加强和规范工人疗休养院管理的意见（试行）》《关于推进工人疗休养院改革发展的指导意见》《关于深入推进工人文化宫、工人疗休养院清理整改工作的意见》《中华全国总工会关于推动工会资产实现高质量发展的指导意见》等一系列制度。为加强和改进工人疗休养院工作、推动落实全国工人疗休养院清理整改，召开专题座谈会，积极推进落实工人疗休养院清理整改方案，使得工人疗休养院的公益性服务性进一步强化，主责主业进一步聚焦，服务职工阵地作用进一步彰显，为全国工人疗休养院实现高质量发展奠定了坚实基础。

当前，全国工人疗休养院发展面临着前所未有的历史机遇。

（1）“健康中国”战略的重大契机。习近平总书记和党中央高度重视人民健康。在全国卫生与健康大会上，发布《“健康中国2030”规划纲要》，明确了建设“健康中国”的大政方针和行动纲领。在国家政策推动和全国总工会带动下，全国工人疗休养院迎来了疗养、休养、健康管理、职业病防治、康复等疗休养业务的快速发展，并逐步形成了劳模疗休养基地、职工健康管理中心、职工医疗康复定点机构三大疗休养重点业务品牌。

（2）新时期产业工人建设改革的重要机遇。2017 年，《新时期产业工人队伍建设改革方案》颁布，明确提出把产业工人队伍建设作为实施科教兴国战略、人才强国战略、创新驱动发展战略的重要支撑和基础保障，纳入国家和地方经济社会发展规划，造就一支有理想守信念、懂技术会创新、敢担当讲奉献的宏大的产业工人队伍。2018 年，为推进落实《新时期产业工人队伍建设改革方案》，中共中央办公厅、国务院办公厅印发《关于提高技术工人待遇的意见》，提出“建立优秀技术工人休疗养制度，定期组织、分级实施休疗养活动”。这一系列重要部署和政策文件为工人疗休养院的疗休养业务快速发展提供了重要支撑。

（3）“十四五”期间工运事业和工会工作发展的广阔前景。2021 年 6 月全国总工会下发《关于组织开展 2021 年度技术工人疗休养活动的通知》，全年计划完成 20 万名（100 万人次）技术工人疗休养。2021 年 7 月，全国总工会公布的《中国工运事业和工会工作“十四五”发展规划》中提出，要推进工人疗休养院改革发展，提升综合服务水平，“十四五”期间，各省级总工会至少有一家具有区位和资源优势，具有特色疗养服务和较强接待能力的工人疗休养院，全国工会每年组织劳模、职工疗休养达到500万人次，其中技术工人疗休养达到100万人次。这无疑为推动全国工人疗休养院高质量发展注入了又一强劲动力。

立足新发展阶段，在统揽全局、准确把握各种历史机遇的同时，还要着眼细处，贯彻新发展理念，应对改革和发展中面临的挑战，不断构建新发展格局。首先，从工人疗休养院实际出发，按照国家培疗机构改革要求和全国总工会工人疗休养院改革发展要求，继续依法依规、积极稳妥推进全国工人疗休养院改革，坚持聚焦主业、突出公益，为广大职工群众开展疗休养活动，保护和促进身心健康服务。其次，坚持自主经营、依法监管，合理借助市场资源解决自身短板问题，规范运用社会力量为职工提供专业高品质服务，不断改善基础硬件环境，提升自身管理和服务水平，努力实现公益性服务性方向与市场化社会化运营机制的有机统一。在此基础之上，积极争取地方党委和政府的支持，推动工人疗休养院融入社会公共服务体系，实现工会疗休养事业的健康持续发展，为助力“健康中国”建设、推动新时期产业工人队伍建设改革、实现“十四五”规划和二〇三五年远景目标贡献智慧力量。

71 为什么要组织开展劳模疗休养活动?

劳动模范是我国工人阶级和广大职工群众的杰出代表，是民族的精英、人民的楷模，是共和国的功臣。劳动模范在人民群众中具有特殊的示范力、影响力和凝聚力。长期以来，广大劳模以高度的主人翁责任感、卓越的劳动创造、忘我的拼搏奉献，为国家和社会创造了物质财富，铸就了“爱岗敬业、争创一流、艰苦奋斗、勇于创新、淡泊名利、甘于奉献”的劳模精神，丰富了民族精神和时代精神的内涵，影响和带动了一代甚至几代人，为推动国家发展和社会进步做出了突出贡献。

（1）组织开展劳模疗休养活动，是党和国家高度重视劳模、关心关爱劳模的重要体现。我国是人民当家做主的社会主义国家，党和国家始终坚持全心全意依靠工人阶级方针，始终高度重视工人阶级和广大劳动群众在党和国家事业发展中的重要地位，始终高度重视发挥劳动模范和先进工作者的重要作用。习近平总书记强调，各级党委和政府要尊重劳模、关爱劳模，贯彻好尊重劳动、尊重知识、尊重人才、尊重创造的方针，完善劳模政策，提升劳模地位，落实劳模待遇，推动更多劳动模范和先进工作者竞相涌现。长期以来，劳模疗休养工作在党和政府的关心支持下不断扎实推进，为劳模提供了促进身心健康、互相学习交流工作经验、提高思想觉悟素质的机会，切实增强了劳模的荣誉感、自豪感和获得感，真正体现了党和国家对劳模的亲切关怀。

（2）组织开展劳模疗休养活动，是工会切实履行劳模服务职责的一项制度性工作。劳动模范始终是我国工人阶级最闪亮的群体。习近平总书记要求，各级党委、政府和工会组织要做好劳模管理服务工作，为他们干事创业创造环境和条件，更好地发挥劳模的榜样、示范、引领作用。工会是“劳模之家”，做好劳模服务工作，落实劳模疗休养待遇政策，是工会义不容辞的工作责任。自 2000 年开始，全国总工会持续组织开展劳模疗休养活动，先后印发《关于进一步加强和规范劳模休养工作的通知》《全国总工会关于进一步加强和规范劳模疗休养工作的意见》《全国劳模专项补助资金发放管理办法》等制度，在疗休养对象、时间和内容、经费保障、规范服务和督导评价等方面做了明确规定，提升了劳模疗休养工作的制度化、规范化、精细化水平，为促进劳模身心健康和更好地发挥劳模作用提供了有效途径，把党和政府的关心、关怀、关爱送到劳动模范心坎上，激发了广大职工群众学先进、赶先进的积极性，受到了劳动模范和广大职工群众的广泛认可与好评，取得了良好的社会效应。

（3）组织开展劳模疗休养活动，是大力弘扬劳模精神、劳动精神、工匠精神，营造尊重劳模、崇尚劳模、学习劳模、争当劳模的良好社会氛围的重要途径。在各个历史时期，广大劳模以高度的主人翁姿态、卓越的劳动创造、忘我的拼搏奉献，谱写了无数可歌可泣的动人赞歌，为中华儿女树立了光辉的学习榜样。劳动模范是坚持中国精神、弘扬中国精神、凝聚中国力量的楷模，是最美的劳动者，享有崇高荣誉，备受人民尊敬。习近平总书记多次提出要在全社会大力宣传劳动模范的先进事迹，强调必须大力弘扬劳模精神，号召全社会向他们学习、向他们致敬，并殷切希望广大劳动者以劳动模范为榜样，爱岗敬业、勤奋工作，锐意进取、勇于创造，不断谱写新时代的劳动者之歌。充分运用工会报刊、网站等工会媒体和“三微一端”等新媒体，把宣传劳模事迹，弘扬劳模精神、劳动精神、工匠精神贯穿活动全过程，加强社会舆论引导，讲好劳模故事、讲好劳动故事，为劳模更好地展示精神品格提供有力支持，不断提升劳模的示范带动作用，对引导全党全国人民尊重劳模、崇尚劳模、学习劳模、争当劳模，为实现中华民族伟大复兴的中国梦的伟大目标贡献智慧和力量具有重要作用。

72 为什么要组织开展职工疗休养活动？

职工疗休养是我党为工人阶级努力积极争取的权益。1922年开始，党的主要领导人和中国劳动组合书记部就曾为保障工人阶级权益、改良待遇而领导工人运动，并在之后的全国劳动大会中，提出建立劳动保险的要求。1948 年，东北行政委员会颁布《东北公营企业战时暂行劳动保险条例》，提出了举办包括“职工疗养所”等职工疗休养事业的劳动保险事业。1949 年，我国第一所工人疗养院在鞍山创办。1951 年，《中华人民共和国劳动保险条例》正式颁布实施，明确提出中华全国总工会可举办或委托各地方或各产业工会组织举办疗养所、休养所等集体劳动保险事业。经过几十年的努力，职工的劳动保险有了制度保障，职工疗休养事业开始蓬勃发展，职工疗休养权益得以逐步实现。

职工疗休养有法可依，有章可循。《中华人民共和国宪法》第四十三条规定："中华人民共和国劳动者有休息的权利。国家发展劳动者休息和休养的设施，规定职工的工作时间和休假制度。"《中华人民共和国劳动法》第七十六条规定："国家发展社会福利事业，兴建公共福利设施，为劳动者休息、休养和疗养提供条件。"《工会法》规定："中华全国总工会及其各工会组织代表职工的利益，依法维护职工的合法权益。"《中国工会章程》规定，工会会员享有工会提供的文化、教育、体育、旅游、疗休养、互助保障、生活救助、法律服务、就业服务等优惠待遇。疗休养是职工合法权益的重要组成部分，也是工会会员权利的重要部分，职工疗休养是有国家相关法律法规保障的。

组织开展职工疗休养，是党和政府交给工会的一项重要政治工作。中国工会历来具有自觉接受党的领导的优良传统。在中央党的群团工作会议上，习近平总书记旗帜鲜明地提出了保持和增强群团工作和群团组织政治性、先进性、群众性的要求。对工会组织来说，政治性是工会组织的灵魂，是第一位的，保持和增强政治性，必须要始终坚持党的领导，把职工群众最广泛最紧密地团结在党的周围，不断巩固党执政的阶级基础和群众基础。新中国成立以来，党和政府委托工会管理工人疗休养院，作为职工的集体劳动保险事业，工人疗休养院为职工疗休养创造了有利条件。多年来，全国总工会和各级工会始终坚持突出公益性服务性，充分利用全国工人疗休养院组织开展劳模和包括技术工人在内的职工疗休养活动，为职工提供疗休养服务，把贯彻党的理论和路线方针政策贯穿活动全过程，教育引导广大职工坚定不移听党话、矢志不渝跟党走，真正实现了把坚持党的领导和我国社会主义制度落实到广大职工中去，为大力弘扬劳模精神、劳动精神、工匠精神，激励更多劳动者崇尚劳动、热爱劳动、辛勤劳动、诚实劳动、创造性劳动提供了有效途径。

组织开展职工疗休养，是工会维护职工权益、发挥桥梁和纽带作用的重要抓手。以习近平同志为核心的党中央贯彻全心全意依靠工人阶级的方针，围绕提高产业工人队伍素质、发挥产业工人骨干作用、维护产业工人合法权益、保障产业工人主人翁地位，作出重要制度安排，制定了一系列政策措施，颁布《关于提高技术工人待遇的意见》。全国总工会始终坚持以职工为中心的工作导向，始终高度重视职工健康工作和职工疗休养事业的发展，近年来，先后印发《全国总工会关于进一步加强和规范劳模疗休养工作的意见》《关于组织开展 2021 年度技术工人疗休养活动的通知》等，不断建立健全疗休养制度体系，持续组织开展劳模和职工疗休养活动，将技术工人纳入疗休养对象。2021 年 7 月发布的《中国工运事业和工会工作“十四五”发展规划》中明确提出，“十四五”期间全国工会每年组织劳模、职工疗休养达到 500 万人次，其中技术工人疗休养达到 100 万人次，为全国工会组织开展劳模和职工疗休养活动提供了重要遵循。各级工会在全国总工会的带动影响下，也相继出台疗休养有关政策，广泛组织开展地方职工疗休养活动，使更多职工得到放松身心、增进健康的机会，感受到党和国家实实在在的关心关爱，让工会真正贴近职工、了解职工、服务职工，不断密切党和工会同职工群众的联系，为实现好、维护好、发展好职工健康权益，不断增强广大职工群众爱党爱国情怀做出了应有贡献。

73 如何组织开展劳模疗休养活动?

劳模疗休养，是党和国家关心关爱劳模的重要体现，是工会服务劳模的一项制度性工作。自 2000 年起，在全国总工会书记处的统一领导下，全总劳动和经济工作部开始牵头组织实施劳模疗休养活动。截至 2021 年底，全国总工会已经组织了 5.2 万余人次全国劳模、全国五一劳动奖章获得者和部分省部级劳模参加疗休养。

2004 年以来，全国总工会先后确立了 50 家全国劳模疗休养基地。建立每年分期分批组织劳模到各地劳模疗休养基地进行疗休养的制度。为持续提升劳模疗休养工作的制度化、规范化、精细化水平，组织好劳模疗休养活动，全国总工会出台制定《全国总工会劳模休养五年计划（2014—2018 年）》，形成了《劳动模范疗休养基地管理办法》《全国劳模专项补助资金发放管理办法》《全国总工会关于进一步加强和规范劳模疗休养工作的意见》等较为完善的劳模疗休养制度体系，对疗休养对象、时间和地点、活动内容、经费使用、组织实施等方面作了明确规定。每年制定劳模疗休养工作方案，编制经费预算，下发关于组织开展劳模疗休养活动的通知，举办劳模疗休养活动启动仪式，全国人大常委会副委员长、全国总工会主席王东明以及全国总工会领导出席启动仪式并看望慰问参加疗休养的劳模。疗休养活动内容丰富，为劳模提供短期休息疗养、互相学习交流经验、提高思想觉悟素质等机会。为抓好活动落实成立了劳模疗休养工作督导组，深入各接待单位，对食宿交通、服务保障等各项工作实施全程督导和考核评分，收集疗休养的劳模对活动和服务的意见建议，不断提高劳模疗休养工作和服务水平。加大媒体宣传力度，充分运用工会报刊、网站、微信公众号等工会媒体和新媒体，跟踪报道劳模先进事迹和疗休养活动情况，大力弘扬劳模精神、劳动精神、工匠精神，积极营造崇尚劳模、学习劳模、争当劳模、关爱劳模的良好社会氛围。

在全国总工会的带动下，各级工会普遍开展了劳模疗休养活动，并相继出台了关于劳模疗休养的一系列地方性政策文件，2019 年以来，每年有超过 15 万人次的各级劳模参加了地方组织的劳模疗休养活动，取得了良好社会效果。

各级工会组织开展劳模疗休养活动应主要从以下几方面着手。一是加强组织领导。健全工作机制，明确责任部门，落实责任分工，建立健全劳模疗休养工作制度，制订切实可行的活动计划和工作方案。根据本地实际，积极做好本级劳模疗休养的组织、服务、宣传、督导等各项工作，根据本级劳模疗休养计划制定好经费预算。二是做好活动保障。牢固树立安全意识，高度重视疫情防控工作，指导劳模疗休养基地制定完善的接待方案和有效的应急预案，为每位劳模购买覆盖全过程的人身意外保险，在食宿、交通、参观等方面重点做好安全保障工作，积极争取地方公安交管、文化旅游、卫生防疫等部门开通出行、就医等绿色通道。三是加强监督指导。严格按照中央八项规定及其实施细则精神开展活动，认真落实中央关于劳模待遇的规定，严格遵守财务管理制度和基层工会经费收支管理办法。建立劳模接待服务单位质量评估机制，通过自行组织或购买服务成立劳模疗休养工作督导组，对食宿交通、服务保障等各项工作实施全程督导和综合评价。四是建立劳模满意度评价机制，开展劳模满意度调查，请疗休养劳模对接待单位的餐饮住宿、外出交通、活动安排、服务水平等进行评价。五是注重媒体宣传。根据当年的劳模休养计划做好宣传策划，充分运用工会媒体和新媒体，加强对劳动模范先进事迹和疗休养活动情况的跟踪报道，充分展示劳模风采，把大力弘扬劳模精神、劳动精神、工匠精神贯穿于劳模疗休养活动全过程。六是做好活动总结。休养活动结束后，对年度工作完成情况、督导组考核评分、劳模满意度调查等予以分析，总结推广有效的经验做法，研究解决存在的问题，及时加以改进。劳模疗休养基地及时统计实际休养人数、休养经费使用情况，总结劳模休养的组织接待经验做法、问题不足等，不断提升自身接待服务水平。

74 如何组织开展职工疗休养活动？

组织开展职工疗休养活动，是传递党和国家以及工会组织对广大职工关心关爱，维护广大职工健康权益的政治性工作，必须统筹考虑，精心组织实施，实现活动规范有序开展。

（1）坚持以切实维护职工合法权益为活动目的。职工疗休养是职工权益的重要组成部分，也是工会会员的一项基本权利。维护职工疗养休养权益，是工会义不容辞的责任。各级工会组织应从维护职工权益的高度，把职工疗休养工作纳入工会开展的职工普惠性服务之中，指导企业工会将“职工享有疗休养权利”纳入平等协商内容，写入集体合同，提升职工幸福指数，推动构建生活幸福型企业，为组织开展职工疗休养活动提供有力保障。

（2）充分发挥工人疗休养院服务职工阵地作用。工人疗休养院，是工会受党和政府委托，专门为广大职工身体健康服务的场所，是工会发挥党联系职工群众桥梁纽带作用、传递党和政府对广大职工关心关怀的重要阵地。职工疗休养活动与工人疗休养院发展是相互依托，密不可分的，应统筹利用好工人疗休养院的海滨、矿泉、自然生态等疗养因子和浓厚疗养文化，发挥好劳模疗休养基地、职工健康管理、工伤综合康复三大特色业务品牌优势，坚持公益性服务性，为广大职工提供设施完善、环境整洁、卫生舒适的疗休养服务，打造职工疗休养品牌。

（3）合理安排疗休养对象和内容。坚持发挥工人阶级主力军作用，面向基层一线，有计划、分批次地将劳模和一线职工特别是患有职业病、慢性病，从事苦脏累险岗位及有毒有害工种的职工组织到疗休养活动中来，以健康休养、康复理疗、健康科普、文体活动等方式，打造符合职工需求、有益身心健康的疗休养活动内容。在活动中，可就近就便、适当安排职工到革命传统教育基地、博物馆、纪念馆、先进企业、当地具有代表性的人文和自然景观参观，不断加强对职工的思想政治引领，激发广大职工爱党、爱国、爱人民的情怀和民族自豪感，实现疗休养活动与爱国主义教育、红色教育的有机结合。

（4）积极营造尊重劳动、崇尚劳动、热爱劳动的社会氛围。在长期的实践中，我们培育形成了崇尚劳动、热爱劳动、辛勤劳动、诚实劳动的劳动精神。习近平总书记明确提出弘扬劳动精神，是对党的全心全意依靠工人阶级方针和“尊重劳动、尊重知识、尊重人才、尊重创造”重大方针的深化与拓展，是对以人民为中心的发展思想的坚持和发展，是对广大劳动者的褒奖和激励，是对全社会劳动氛围的凝聚和倡导，对进一步激发广大劳动者劳动热情，释放创造潜能，产生了重要的推动作用。通过充分运用报刊、广播、电视、图书等传统媒体和网络等新媒体，加强对疗休养活动、疗休养人员代表典型事迹的宣传报道，把大力弘扬劳动精神贯穿于职工疗休养全过程，引导广大职工崇尚劳动、热爱劳动、辛勤劳动、诚实劳动，提升广大劳动者的荣誉感、获得感、自豪感，在全社会努力营造劳动最光荣、劳动最崇高、劳动最伟大、劳动最美丽的良好氛围。

75 为什么要把技术工人疗休养工作放到更加突出的位置？

当今世界正经历百年未有之大变局，新一轮科技革命和产业变革深入发展，国际力量对比深刻调整，新冠肺炎疫情影响广泛深远，国际产业链面临调整重组。从国内整个就业和经济发展需求看，迫切需要提高产业工人队伍素质，迫切需要一支高素质科研人才队伍和一大批高技能产业工人和大国工匠。产业工人作为工人阶级的主体力量，是建设制造强国、突破关键核心技术瓶颈的主要力量。技术工人是产业工人的主力军，是高素质技能人才、能工巧匠、大国工匠的摇篮，是中等收入群体的重要组成部分，在全面建设社会主义现代化强国、推动实现共同富裕中发挥着重要作用。

（1）开展技术工人疗休养工作，是落实推进新时期产业工人队伍建设改革，提高技术工人待遇的重要举措。产业工人是工人阶级的主体力量，产业工人队伍建设改革是习近平总书记亲自谋划和部署的重大改革，是全面深化改革的重要内容。总书记强调，要为劳动者成长创造良好条件，推进产业工人队伍建设改革，落实产业工人思想引领、建功立业、素质提升、地位提高、队伍壮大等改革措施，造就一支有理想守信念、懂技术会创新、敢担当讲奉献的宏大产业工人队伍。2018 年 3 月，为落实《新时期产业工人队伍建设改革方案》，中共中央办公厅、国务院办公厅印发了《关于提高技术工人待遇的意见》，对创新技能导向的激励机制等作出了系统性制度安排，把提高技术工人待遇，组织技术工人疗休养活动上升到了全局高度，为开展技术工人疗休养工作提供了重要遵循。开展技术工人疗休养工作，是切实提高技术工人地位和待遇的实际行动，有利于提升技术工人的职业荣誉感、自豪感和获得感，有助于引导和激励更多劳动者关注技能、学习技能、投身技能，不断培育更多的“中国工匠”，打造更多享誉世界的“中国品牌”。

（2）开展技术工人疗休养工作，是发挥工会作用，开展职工疗休养工作的应有之义。工人阶级是我国的领导阶级，是我们最坚实可靠的阶级基础。习近平总书记指出，我国是人民当家做主的社会主义国家，党和国家始终坚持全心全意依靠工人阶级方针，始终高度重视工人阶级和广大劳动群众在党和国家事业发展中的重要地位。多年来，党和政府委托工会管理全国工人疗休养院，全国各级工会组织广大劳模和一线职工到全国工人疗休养院进行休养、疗养，有效传递了党和国家及工会组织对广大职工的关心关怀，体现了工会组织维护职工疗休养权益、密切联系群众的政治责任担当。技术工人，是工人阶级和广大职工群众的重要组成部分，组织开展技术工人疗休养活动，是进一步体现工会的桥梁和纽带作用，传递党和国家对广大职工的关心关爱的重要举措，对于保障和落实工人阶级主人翁地位，不断巩固党长期执政的阶级基础和群众基础，助力经济持续健康发展和维护社会和谐稳定具有重要作用。

（3）开展技术工人疗休养工作，是营造劳动光荣、技能宝贵、创造伟大社会氛围的重要途径。2020 年 12 月，习近平总书记致信祝贺首届全国职业技能大赛举办，强调要大力弘扬劳模精神、劳动精神、工匠精神，激励更多劳动者特别是青年一代走技能成才、技能报国之路，培养更多高技能人才和大国工匠，为全面建设社会主义现代化国家提供有力的人才保障。通过组织开展技术工人疗休养活动，选树先进技术工人典型，创造技术经验交流机会，运用报刊、图书、广播、电视、网络等媒体广泛宣传优秀技术工人典型事迹，讲好劳模故事、劳动故事、工匠故事，把大力弘扬劳模精神、劳动精神、工匠精神贯穿活动全过程，不断提升技术工人的荣誉感、获得感、自豪感，激发技术工人的积极性、主动性、创造性，对进一步激励和引导更多的劳动者加入技术工人队伍，营造劳动光荣、技能宝贵、创造伟大的良好风尚具有积极推动作用。

76 工人疗休养院开展的主要业务有哪些?

近年来，工人疗休养院立足职能定位，坚持突出公益性服务性，按照因地制宜、分类施策、回归职能、做精做优的要求，通过优化资源配置，创新服务模式和服务内容，建立了以劳模疗休养基地、职工健康管理、工伤综合康复为特色的三大业务品牌，初步形成了疗养、休养、健康管理、职业病防治和工伤综合康复等融合发展的业务格局。

（1）劳模疗休养基地。各级工会通过重点扶持和发展全国劳动模范疗休养基地，体现工会关爱劳模的优良传统，使之成为弘扬劳模精神、劳动精神、工匠精神的重要窗口，发挥了对本地区工人疗休养院的示范带动效应。各地工人疗休养院以劳模疗休养基地为标尺，充分利用海滨、矿泉、自然生态等疗养因子和浓厚的疗养文化，将服务对象从劳模拓展至包括技术工人在内的一线职工，主动开拓健康体检、养生保健、医疗康复等健康疗休养业务，有效提升了疗休养服务能力和水平，打造了富有工会特色的职工疗休养综合服务品牌。

（2）职工健康管理中心。在现有的职工体检业务基础上，以健康管理为突破口，面向亚健康人群，建立电子健康档案，开展健康体检、健康休养和健康宣教等业务，提供对职工个人的健康和疾病进行监测、分析、评估以及健康维护和健康促进等延伸服务，并将职工健康管理与职工疗休养相结合，根据不同职工群体的健康状况，制定个性化疗休养方案并提供相关服务，将职工从一次体检的健康体验者转变为终身健康管理的受益者。同时，继续积极参与职业病防治工作，在体检中心和健康管理中心的基础上，争取申办“职业卫生技术服务机构”，取得国家职业健康检查资质的工人疗休养院，参照国家有关规定，对从事接触职业病危害作业的劳动者进行上岗前、在岗期间、离岗时的健康检查，强化工会组织依法开展职业病防治工作、维护劳动者合法权益的职能，不断拓展服务群体。

（3）职工工伤康复。以职业康复为核心，以促进患病职工回归社会、劳动岗位及家庭为目的，最大限度地恢复和提高职工的生活和劳动能力，打造包含工伤防治、医疗康复、职业康复和社会康复业务的康复服务机构。目前，已经成为各级各类医疗、工伤康复定点机构的疗休养院，努力为患者提供全面的、系统的职业和工伤康复服务，争取在当地政府的支持下，把职工医疗康复工作纳入当地公共卫生服务体系，凭借专家或特殊的疗法及先进的设备，重点打造特色专科优势，以专业优质的服务，使工伤和其他需要康复的职工得到治疗。在此基础上，逐步做精做强慢性病、职业病等疗养业务，努力形成疗养专科优势。

2021年7月，全国总工会公布的《中国工运事业和工会工作“十四五”发展规划》，明确要求“十四五”期间，各省级总工会至少有一家具有区位和资源优势、具有特色疗养服务和较强接待能力的工人疗休养院，全国工会每年组织劳模、职工疗休养活动达到500万人次，其中技术工人疗休养达到100万人次。以劳模和包括技术工人在内的一线职工疗休养业务将迎来巨大的发展空间。

77 工人疗休养院为什么不能整体出租、承包、委托经营？

工人疗休养院的创办目的和根本性质，决定了其不能整体出租、承包、委托经营。工会组织创办的疗休养院，不是一般性质的疗休养机构，而是工会受政府委托，专门为广大职工身体健康服务的机构，承担了党和国家赋予工会组织的重要政治使命，已成为国家社会保障事业和医疗卫生事业的组成部分，是工会发挥党联系职工群众的桥梁和纽带作用、传递党和政府对工人阶级的关怀、维护职工健康权益的重要阵地。若进行整体出租、承包、委托经营，将不能发挥工会的职能作用，也会失去其创办的意义和目的。

工人疗休养院属于工会资产，进行整体出租、承包、委托经营，违背了工人疗休养院的创办目的、服务宗旨及工会资产的根本性质。2016年12月，为进一步加强工会资产监管，提高工会资产服务职工效能，全国总工会下发《中华全国总工会关于加强财务管理、资产监督管理和经费审查审计监督的意见》，明确要求“各级工会主办的工人文化宫、工会院校、工人疗休养院、职工学校等单位不得整体出租”。工人疗休养院的产权属于工会，将工人疗休养院整体出租、承包或委托经营之后，工会将无法进行及时监管，在业务上和财务上也无法准确把控，这无疑会大大增加工会资产经营和管理风险。

工人疗休养院是坚持公益性服务性方向，以广大劳模和一线职工疗休养为主业，进行整体出租、承包、委托经营不利于工人疗休养院服务职工作用的发挥。工人疗休养院是各级工会组织广大劳模和包括技术工人在内的一线职工进行疗休养活动的主要阵地，是职工休息休养、健康疗养的家园，多年来，在保护和促进职工身心健康、提高职工思想觉悟和生产积极性方面发挥了重要作用，受到了广大职工的广泛好评。如果进行整体出租、承包、委托经营，将导致其公益性服务性方向改变，服务职工疗休养的职能也将弱化甚至丧失。为此，近年来，为促进工人疗休养院回归主责主业，突出其公益性服务性作用，全国总工会持续深入开展了工人疗休养院清理整改工作，明确要求工人疗休养院不得整体出租、承包、委托经营。2016年下发了《中华全国总工会关于加强和规范工人疗休养院管理的意见（试行）》，明确规定：“工人疗休养院不得整体出租、承包、委托经营，不得新签出租、承包、委托经营合同。凡已到期或即将到期的出租、承包、委托经营合同不得续签。”2017年下发《中华全国总工会关于推进工人疗休养院改革发展的指导意见》，再次强调了要深入开展工人疗休养院的清理整改工作，对于整体出租、承包和委托经营的工人疗休养院，要限期收回，尽快恢复疗休养业务。

面向未来，工人疗休养院应继续按照“聚焦主业、突出公益、自主经营、依法监管”要求，因地制宜、分类施策，以广大劳模和包括技术工人在内的一线职工为主要服务对象，在做优做强劳模疗休养基地、职工健康管理、职工康复等三大业务品牌的基础上，持续加强工会资产监管，逐步探索公益性服务性与市场化社会化相结合的运营机制，不断推动工人疗休养院实现高质量发展。

78 如何规范工人疗休养院的对外合作行为?

工人疗休养院作为职工医疗保健机构，是工会传递党和国家关心关怀、维护广大职工疗休养权益、保护职工身心健康的重要阵地，是国家社会保障和医疗卫生事业的重要组成部分。

工人疗休养院对外开展合作，是为了促进工人疗休养院发展而开展的，必须坚持周密的论证决策，始终坚持公益性服务性方向，聚焦发展疗休养主业，严格控制风险，确保履行职责。要保证牌子不能变、主业不能丢、产权不能变、资产不流失，服务职工群众疗休养的宗旨不能变，同时能够通过合理借助市场资源解决自身短板问题，规范运用专业的社会力量为职工提供高品质服务，促进工人疗休养院在管理体制、经营机制、业务拓展、资产运营等方面与市场接轨，实现经济效益和社会效益双丰收，实现公益性服务性方向与市场化社会化运营机制的有机统一，不断推动工人疗休养院高质量发展。

近年来，全国总工会持续推进全国工人疗休养院的清理整改工作，先后印发《中华全国总工会关于加强和规范工人疗休养院管理的意见（试行）》《中华全国总工会关于推进工人疗休养院改革发展的指导意见》《中华全国总工会关于推动工会资产实现高质量发展的指导意见》等文件，在实际操作层面，在合作对象、项目审查、报批程序和合作期限等事宜上作出了明确规定，为突出工人疗休养院公益性服务性、聚焦职工疗休养主业、规范对外合作行为，提供了科学指导和行动指南。

（1）注重合作对象的考察评估。应对合作对象的资质、诚信记录、技术管理水平和综合实力等情况进行详细深入的调研，选择有实力、信用度高的单位。提供有关合作事项的可行性报告、方案、意向书，具备资质的中介机构出具的法律审查意见书、相关专家评审意见，以及金融机构或者第三方信用评价机构出具的合作对象的资信证明或信用评估报告等材料，对合作对象和项目可行性进行全面客观分析研究。

（2）规范合作项目报批程序。工人疗休养院属于工会事业单位，具有鲜明的政治性、先进性和群众性，在合作事宜的报批上必须要合法合规，按照规定程序和管理权限履行报批手续。合作项目要经过单位领导班子决策，报经上级工会审批同意，达到一定规模的要按照规定上报全国总工会审批。

（3）从严审查合作项目。工人疗休养院，是工会为广大劳模和包括技术工人在内的一线职工提供疗休养服务的主要阵地。严禁以合作为由擅自输出工人疗休养院品牌，也不能以合作为由变相出租、承包或委托经营。应坚持互惠互利、责任共担的原则，围绕职工疗休养主责主业，以促进工人疗休养院提升管理和服务水平，更好地为广大劳模和包括技术工人在内的一线职工疗休养服务为合作目的，纳入工人疗休养院统一管理，为广大职工提供一定比例的优惠服务。明确约定合作各方的权利义务，要求合作机构不得使用工人疗休养院的医疗文书、印章、票据和账户等。

（4）严格限定合作期限。为了便于加强管理，合作期限不宜过长，原则上不超过 5 年。各级工会对所属工人疗休养院已经签订且在合作期限内有效的合作协议进行及时全面审查，并视情况协商中止协议或及时制定补充约定。

79 加强工人疗休养院建设管理的原则和具体要求是什么？

工人疗休养院是党和政府委托工会管理的职工集体福利事业，自 1979 年工会恢复建设疗休养事业以来，工会疗休养事业经费一直由国家财政拨款，用于支持职工疗休养事业发展，由于经费和体制的原因，现阶段国家每年拨付给工会的疗休养事业经费，主要以疗休养床位补贴形式，补助现有工人疗休养院承接组织疗休养活动有关的日常支出，无力支持工人疗休养院的新建、扩建。同时，随着国家医疗卫生事业布局的逐步完善，职工的医疗需求得到有效分担，工人疗休养院作为医疗保健机构和事业单位，新建需求的迫切程度也在逐步下降。

2016 年以来，全国总工会按照国家培疗改革要求，对全国工人疗休养院进行清理整改和深化改革，先后印发了《中华全国总工会关于加强和规范工人疗休养院管理的意见（试行）》《中华全国总工会关于推进工人疗休养院改革发展的指导意见》《中华全国总工会关于推动工会资产实现高质量发展的指导意见》《中华全国总工会办公厅关于深入推进工人文化宫、工人疗休养院清理整改工作的意见》等一系列制度文件，为工人疗休养院回归疗休养主业、回归公益性服务性方向，提供了政策指导。2021 年 7 月全国总工会公布的《中国工运事业和工会工作“十四五”发展规划》提出，要推进工人疗休养院改革发展，提升综合服务水平，“十四五”期间，各省级总工会至少有一家具有区位和资源优势、具有特色疗养服务和较强接待能力的工人疗休养院，全国工会每年组织劳模、职工疗休养达到 500 万人次，其中技术工人疗休养达到 100 万人次。这些政策措施为全国工人疗休养院的建设发展指明了方向，提供了重要遵循。

立足新发展阶段，各级工会应坚持“聚焦主业、突出公益、自主经营、依法监管”原则，加强对本级现有工人疗休养院的领导和管理，突出抓好劳模疗休养基地、职工工伤康复、职工健康管理中心三大业务领域，以《中国工运事业和工会工作“十四五”发展规划》为契机，重点打造劳模和包括技术工人在内的一线职工疗休养业务品牌，推动现有工人疗休养院实现高质量发展。要按照管好本级工人疗休养院的原则，加大对所辖地区工人疗休养院的支持力度，要从每年的工会经费中安排一定的资金，用于支持现有工人疗休养院基础设施的更新改造等。同时，要加强与地方党委、政府的政策协调，积极争取同级政府把工人疗休养院纳入当地公共卫生服务体系。要严控异址新建行为，要按照盘活存量、控制增量的要求，坚持公益性服务性与市场化社会化相统一的运营机制，努力把现有工人疗休养院搞活，努力打造富有生机活力、具有中国工会特色和地方特色的疗休养院。主管工会要选择政治素质过硬、管理经验丰富、服务和责任意识强、具有改革创新精神的干部担任疗休养院院长，并为其履职创造良好条件。同时要注重对院领导班子的培养和教育，真正把善管理、勇改革、敢担当、专业素养强的人才选拔到领导岗位上来，加强对院领导班子尤其是主要领导人员的日常监督管理和综合考核评价，努力打造政治坚定、务实创新、清正廉洁的领导集体。

现阶段工人疗休养院的自身建设，可以围绕以下几个方面重点开展。一是始终坚持党的领导，充分发挥党组织的政治核心和战斗堡垒作用。坚决执行党的群众路线，贯彻执行党的卫生健康工作方针、政策。二是按照因地制宜、分类施策、回归职能、做细做优的要求，以勤俭办事业为原则，以预防和康复为中心，以职工需求为导向，以劳模和包括技术工人在内的职工疗休养为主业，突出公益性服务性，充分利用海滨、矿泉、自然生态等疗养因子和浓厚的疗养文化，为职工群众提供具有特色的疗休养服务内容。三是在保证公益性服务性的前提下，通过适当引用社会专业力量和资金，加大对现有工人疗休养院基础设施的更新改造、设施设备升级，引入专业康复理疗、健康管理等服务，构建与医疗互补的预防和康复服务体系。四是不断加强干部队伍建设，充分发挥疗休养院人才队伍和设备作用，团结依靠全体职工，实行民主管理、科学管理、规范管理。五是顺应互联网发展趋势，加强信息化建设，充分运用“互联网+”平台，为职工提供更加方便快捷、科学精准的疗休养服务。

80 如何做好劳动模范疗休养基地管理工作?

劳动模范疗休养基地（以下简称“劳模基地”），是2004年，为进一步做好劳模疗休养工作，促进工人疗休养院的建设而建立起来的，是各级工会重点扶持和发展的全国劳模定点疗休养院所，是工会关爱劳模、服务劳模，弘扬劳模精神、劳动精神、工匠精神的重要窗口。劳模基地管理工作，关系到劳模疗休养活动的实施成效和工人疗休养院的建设发展，要不断健全工作机制，加强领导协调，完善制度体系，规范运营管理，科学考核评估，推动劳模基地做强做优。

全总资产部负责对劳模基地的建设和发展进行宏观指导，制定劳模基地有关规章制度，按照有关规定和程序审核、审批劳模基地资产处置事项，会同全总劳动和经济技术部共同开展劳模基地命名和接待劳模工作。主管工会要加强指导和管理，保持劳模基地品牌的先进性。各级工会疗休养业务主管部门负责本辖区内劳模基地的年度考核、实地检查、组织管理和相关政策的落实，积极协调有关部门，制定并落实相应的扶持政策，保障劳模基地持续健康发展。

劳模基地主管总工会和有关部门要切实加强对劳模基地的领导，要加大投入力度，一方面要协调有关部门，将劳模基地的发展纳入当地公共服务体系建设规划中，争取财政资金和政策支持；另一方面，每年从工会经费中按一定的比例提取专项资金用于支持劳模基地的建设发展，从而建立起制度化、长效化的投入机制，改善劳模基地硬件设施，拓展服务项目，提高服务能力，保证为劳模和职工群众提供良好的环境和优质的服务。

在劳模基地自身运营管理上，要坚持服务劳模、服务职工群众的方向，加强劳模基地的制度体系建设，劳模疗休养活动经费须制定使用办法，建立专门科目，对补助经费做到专款专用。在客房、餐饮、文娱、医疗、后勤保障和应急管理等方面制定科学完备的管理制度和规范标准，加强对工作人员的学习培训，推动劳模基地管理科学化、服务专业化。要注重劳模基地的品牌建设，开拓资源，创新服务，开展集预防、诊断和康复于一体的疗休养业务，同时充分运用互联网拓宽营销渠道，建立完善的管理系统和业务系统，降低经营管理成本，提高劳模基地的工作效率和管理效能，集中优势资源将劳模基地打造成工会服务劳模、服务职工群众的特色品牌。

全国总工会按照《劳动模范疗休养基地管理办法》对全国劳模基地实行动态管理，采取年度考核与实地抽查相结合的方法，每年进行考核评估。劳模基地主管工会要对劳模基地进行经常性的监督检查。各省级总工会疗休养业务主管部门，按照规定将劳模基地上一年的考核评分结果及年度总结报告于每年3月30日前一并上报全总资产部。全总资产部综合年度考核评分情况和全国劳模疗休养活动中反馈的意见，确定评估等级。对评估优良的劳模基地给予表扬，并纳入次年接待全国劳模疗休养活动的候选基地名单；对评估不合格的，责成限期整改；对连续两年评估不合格且整改仍不达标的，撤销全国劳动模范疗休养基地称号。为满足劳模疗休养活动日益增长的需求，加强品牌建设，全国总工会不定期启动新增劳模基地事项。

81 如何做好工会疗休养事业经费管理工作？

新中国成立后，职工按月缴纳劳动保险金形成劳动保险总基金，用于在各地兴办以工人疗休养院为主体的职工集体劳动保险事业。1979年以来，中央财政将工会疗休养事业经费按年度纳入预算，每年拨付全国总工会一定资金，用于补助各地工人疗休养院承接职工疗休养活动，支持职工疗休养事业发展。

全国总工会负责工会疗休养事业经费的管理工作，总体上可以分为申请、审核、拨付、绩效评价四个环节。一是申请环节。各工人疗休养院于每年11月底前，根据当年接待以及下一年度计划接待劳模和职工疗休养的情况提出工会疗休养事业经费补助申请。各省级总工会将符合申请条件的各工人疗休养院的核定床位数、申请报告，经省级总工会党组会或主席办公会审议通过后，报送全总资产部。二是审核环节。全总资产部对各省级总工会上报的申请材料进行审核，根据各工人疗休养院的核定床位数、硬件设施条件、承接职工疗休养活动情况等，研究提出补助档次及各档次补助标准，拟订工会疗休养事业经费分配方案，报全国总工会党组会议审定。三是拨付环节。根据全国总工会党组会议审定的工会疗休养事业经费分配方案，全国总工会财务部门将经费拨付各省级总工会，由各省级总工会负责将经费拨付本地区工人疗休养院。四是绩效评价环节。以使用工会疗休养事业经费的工人疗休养院为绩效自评对象，组织开展绩效评价，由各省、自治区、直辖市总工会进行汇总审核，并报全总资产部。全总资产部收集各省、自治区、直辖市总工会报送的绩效自评表，对自评情况和工会疗休养事业经费的使用情况进行检查指导，发现问题，及时纠正，并视情节给予通报批评以及终止当年经费补助、取消下年度经费补助的处罚。

全国总工会资产监督管理贯彻落实《工会疗休养事业经费使用管理办法》，不断完善工会疗休养事业经费监督检查机制，指导各省级总工会及疗休养院的主管工会，对经费的分配、拨付、使用和管理等环节开展不定期检查。全总资产部对检查情况进行抽查，发现问题及时纠正，确保经费专款专用、专项管理。

82 如何发挥中国职工疗养协会的作用?

中国职工疗养协会成立于 1990 年，是由疗休养工作者自愿结合发起成立的，是在民政部登记的全国性专业团体，属于非营利性社会组织。协会的宗旨是，在全国总工会的领导下，加强疗休养事业自我管理，提高疗养医学和管理水平，推动疗休养事业发展，更好地服务广大职工群众。2021年，根据中共中央办公厅、国务院办公厅实施的行业协会商会与行政机关脱钩有关文件精神，按照全国总工会有关协会脱钩工作的要求，中国职工疗养协会正式完成脱钩。截至2021年底，包括全国疗养院在内的团体会员有112家。

长期以来，中国职工疗养协会始终坚持党的基本路线，结合疗养医学特点和实际需要，通过完善协会自身建设，加强专业委员会管理，积极组织科学研究及重点攻关，根据专业学术特点广泛开展学术、技术交流活动，不断提升疗养医学和管理水平，积极探索适合我国国情的职工疗休养事业发展道路，为推动疗休养事业发展，保护和促进职工身心健康，促进我国经济社会发展做出了积极贡献。

当前，我国已进入开启全面建设社会主义现代化国家新征程、向第二个百年奋斗目标进军的新发展阶段，中国职工疗养协会作为独立运营的社团组织，在全国总工会指导下，创新管理方式，提升服务水平，依法规范运行，充分发挥社团优势和资源优势，为增进职工身心健康和推进“健康中国”建设更好地服务。一是充分发挥协会管理作用，有效加强行业自律。团结、依靠广大会员，建立健全职工疗休养事业有关规范标准，推动工人疗养院标准化、规范化建设工作，强化会员单位的自我管理。二是充分利用协会资源，广泛开展学术交流、研讨活动。充分发挥疗休养事业管理人员和专业技术队伍优势，充分发挥他们的聪明才智，根据专业委员会特点，积极开展职工疗休养领域的学术交流和研讨活动，掌握基层需求和问题，加强国家政策、行业资讯专业解读，促进会员之间的工作和业务交流，总结推广先进工作经验。三是积极参与国家和全国总工会相关制度标准的制定工作。在国家和全国总工会层面制定有关疗休养政策过程中，积极代表会员单位反映基层诉求，争取政策扶持，加强职工疗休养政策理论研究，为国家政策的制定、工会推动职工疗休养工作建言献策。四是紧密围绕国家政策和工会要求，推动工会疗休养事业实现高质量发展。要以《中国工运事业和工会工作“十四五”发展规划》为契机，保持和增强政治性、先进性、群众性，继续为广大劳模和技术工人及一线职工疗休养做好服务和协调，持续推动增进职工身心健康福祉。在政策法律咨询、教育培训、行业资讯及数据分析等方面为会员单位提供服务，积极为会员单位围绕主责主业开展工作创造条件，为工会疗休养事业的改革和发展贡献智慧力量。

83 国际海员俱乐部的发展现状和作用如何？

我国国际海员俱乐部创建于 20 世纪五六十年代，是中国工会领导和管理的，为国际海员、国内海员提供“优惠、优先、优质”服务的社会公益性涉外事业单位，是我国对外宣传的重要窗口。截至 2021 年底，开展海员接待服务工作的海员俱乐部有15家，主要分布在广州、汕头、湛江、福州、厦门、青岛、烟台、大连、丹东、南通、北海、防城港等主要港口城市。

多年来，国际海员俱乐部立足实际，围绕本职，积极配合政府做好《2006年海事劳工公约》海员岸上福利设施部分的履约工作，按照国家政策方针，为在港停留时间短、离不开船舶的船员，开展送报纸杂志、饮料、时令水果、当地特产，为船员介绍当地经济发展情况和风土人情等登轮服务；对能离开船舶、又愿意到俱乐部活动的海员，设立“海员之家”“海员书屋”“海员服务点”“海员健身房”等健身场所和活动设施，购置简单的日常生活用品，开展小型体育比赛等文体活动，适当安排一些游览项目，如参观当地风景名胜，游览特色街道等；联合当地海事对在海上发生意外或疾病，需要紧急医疗救助的海员提供海上医疗救助服务；为维护海员的合法权益，提供法律援助维权服务；针对海员心理状况堪忧的状况，组织海员举办心理健康讲座，开展对海员的心理疏导服务；一些俱乐部还开展了海员家属接待房、海员定点医疗医院、海员金融服务等具有海员特色的服务项目。在国家“一带一路”大背景下，通过扎实服务国际和国内海员，向国外海员、船舶船员讲好中国故事，传播中国声音，展示大国形象，在促进中外海员民心相通，加深国际海员对中国的了解和信任方面发挥了积极作用。

当前，随着我国海洋事业的不断发展，国家海事管理体制的日趋完善，加之“一带一路”倡议的深入推进，我国和“一带一路”沿线国家的联系交流也愈加密切，为国际海员俱乐部业务发展提供了诸多有利条件。国际海员俱乐部应按照国家政策和工会要求，持续进行深化改革，既要在坚持主责主业的前提下，继承和发扬过去几十年服务海员工作的成熟经验和优良传统，充分体现工会的政治性、先进性和群众性，为国内外海员做好各项生活和宣传服务，又要着眼国际海员俱乐部存在的问题以及中国港口城市发展的现状，积极探索可持续化的运营机制，不断丰富服务内容，提升服务质量和管理水平，增强市场竞争力，实现自我可持续发展，发挥好我国对外和工会服务海员的窗口作用。

84 工会职工旅行社的发展现状和作用如何？

改革开放以来，随着我国经济社会的快速发展，人民的收入水平进一步提高，休闲旅行日益成为广大职工群众的普遍需求。1985 年，全国总工会、商业部、国家经济委员会、国家工商行政管理局、财政部、国家旅游局等六部门联合印发《关于工会举办为职工服务的第三产业的通知》，明确县、市以上工会可以本着微利原则，自主经营、独立核算，可根据各自条件兴办旅行社。在国家政策鼓励和全国总工会的倡导下，职工旅行社作为工会为职工服务的第三产业应运而生并蓬勃发展起来。截至 2021 年底，工会系统共有职工旅行社 32 家，包括全国总工会本级的中国职工国际旅行社总社、19 家省级总工会职工旅行社和 12 家市级总工会职工旅行社。

工会职工旅行社是有组织的、服务于广大职工群众的，承担着工会组织团结教育引领职工、维护职工休息休假权益的职责和任务，具有公益性服务性特征，有着不同于社会一般休闲旅游的特点和优势。近年来，各级工会系统职工旅行社，坚持公益性服务性方向，围绕主责主业，通过“旅行＋职工疗休养”“旅行＋职工文体活动”等形式以及组织工会外宾、港澳职工进行参观考察和经济技术交流等活动，在提高职工对国家经济社会发展的自豪感，团结广大职工群众以更饱满的精神状态投入生产劳动，增进中国人民和世界各国人民相互了解方面发挥了积极作用，成为我国工运事业和旅游业的重要组成部分。一是充分挖掘和利用红色阵地资源，组织劳模和职工进行观光和学习活动，参观革命传统教育基地、博物馆、纪念馆、先进企业、当地具有代表性的人文和自然景观，激发广大职工群众的爱党、爱国情怀和民族自豪感，为团结引领广大职工群众以更高的政治觉悟和劳动积极性投身全面建设社会主义现代化国家贡献力量。二是与工会工作任务紧密结合，积极在工会组织的劳模和职工疗休养工作中承担相应工作。例如，中国职工国际旅行社总社积极配合支持全国总工会开展全国劳模和技术工人疗休养、关爱农民工子女等活动，树立了良好的业务品牌；部分地方职工旅行社作为本省市劳模休养工作的组织方和承办方做了大量工作，得到了广大劳模和职工群众的广泛认可。三是依托各级党委和政府以及工会组织，充分利用工会系统内的资源，如宾馆酒店和工人疗休养院等，形成涵盖吃、住、行多领域的服务生态链，减少了服务成本，树立了“工”字品牌，为党和政府开展有关活动提供全方位、多层次、专业化的周到服务。四是与国家“一带一路”倡议相结合，组织职工走出去、国外职工走进来，为服务工会外事工作、促进人文交流做出了应有贡献。

随着互联网的迅速发展，市场竞争的加剧，传统旅游业务受到了严重影响，特别是2020年以来，受到新冠肺炎疫情的影响，出境游、入境游等业务受到严重限制甚至停滞，旅游业遭受巨大冲击，职工旅行社面临着十分严峻的挑战。2021年以来，随着国内疫情得到有效控制，党中央、国务院对受新冠肺炎疫情持续影响的行业、企业加大扶持力度，文化和旅游部为推动旅行社经营的全面恢复和高质量发展，有效应对新冠肺炎疫情持续影响，促进文化和旅游市场繁荣发展，相继出台了《关于加强政策扶持进一步支持旅行社发展的通知》《“十四五”文化和旅游市场发展规划》《文化和旅游部办公厅关于进一步加强政策宣传落实支持文化和旅游企业发展的通知》等一系列政策，加大政策和资金支持，拓展旅行社发展空间，鼓励各级国家机关、企事业单位、社会团体进行的党建活动和公务活动，以及机关、企事业单位的工会活动，委托旅行社代理安排交通、住宿、会务等服务事项，为职工旅行社业务恢复和发展提供了强有力的保障。2021年7月公布的《中国工运事业和工会工作“十四五”发展规划》提出，要推动职工旅行社、工会宾馆等积极承担劳模、职工疗休养等公益服务业务，为职工旅行社发展指明了方向。各级工会职工旅行社要在坚持公益性服务性方向的前提下，积极探索市场化社会化的运营机制，顺应互联网发展形势，加快线上线下融合发展，不断提升服务质量和经营水平，不断探索与工人疗休养院、工会宾馆酒店的业务协同发展，努力打造符合职工需求和适应时代发展的工会职工旅行品牌，为促进国家旅游事业发展、服务工会中心工作、服务职工群众做出应有贡献。

85 工会宾馆酒店的发展现状和作用如何?

工会宾馆酒店是工会资产的重要组成部分，是工会直接服务职工群众的重要阵地和平台。截至 2021 年底，全国工会系统宾馆酒店共 39 家，多数为三星级、四星级标准，其中，北京日坛宾馆和上海千禧海鸥酒店等部分工会宾馆酒店达到了五星级标准。多年来，各级工会宾馆酒店始终坚持自觉接受中国共产党的领导，以“忠诚党的事业、竭诚服务职工”为己任，以服务工运事业、服务工会工作和服务工会会员为宗旨，始终围绕工会中心任务、面向市场开展工作，在团结引导职工群众听党话、跟党走，不断巩固和扩大党执政的阶级基础和群众基础方面，取得了显著成绩。

工会宾馆酒店是工会对外服务的重要窗口。在国家和有关部委、各级工会举办有关重要活动、会务和培训等工作中担当了重要服务角色。多年来，为党和国家重大节日庆祝活动、全国和地方两会等重要国内会议以及部分重要涉外会议提供接待、住宿、餐饮等后勤服务保障，充分体现了工会资产的政治性、先进性，为服务党和国家工作大局发挥了重要作用。积极辅助各级工会组织开展的劳模和职工疗休养、关爱农民工子女等业务，为疗休养人员提供住宿、餐饮、短期交流培训场所等服务，为工会关爱劳模、关心职工提供了有利条件，彰显了“工”字品牌。工会宾馆酒店作为工会服务职工会员的重要阵地，坚持始终根据职工需求和市场变化，不断创新各项工作，提高经营管理和服务水平，强化服务基层、服务职工的功能，为广大劳模和职工会员提供住宿、餐饮、休闲等优惠服务，得到了广大劳模和职工会员的广泛认可与好评，取得了良好的社会效益。除此之外，为实现工会资产的保值增值，还积极创造条件向社会开放，在工会的资产监管体系下，把获得的经营收益主要用于为职工提供优惠服务项目，不断增强为职工服务的物质基础。

《中国工运事业和工会工作“十四五”发展规划》指出，要推动职工旅行社、工会宾馆等积极承担劳模、职工疗休养等公益服务业务。工会宾馆酒店应继续把自身工作同党和国家发展大局、工会工作全局相结合，始终坚持公益性服务性方向，不断提高工会宾馆酒店的管理质量和服务水平，切实发挥工会的服务窗口作用，以专业、优质、高效、贴心的服务，让职工群众真正感受到工会宾馆酒店是“职工之家”。

ZHI GONG HU ZHU BAO ZHANG
HE ZHI GONG FU WU SHI YE

第七部分

职工互助保障和职工服务事业

86 全国职工互助保障组织的现状和发展趋势如何?

职工互助保障组织是指依托各级工会组织，以互助互济方式为职工提供保障服务的非营利性法人组织。工会开展职工互助互济活动具有光荣的传统，体现了工人阶级团结友爱、互帮互助的精神，是工人运动的重要内容，也是社会互助的重要组成部分。

党的十八大以来，全国总工会将职工互助保障事业列为工会资产聚焦发展的三大服务领域之一，加强监管，改革创新，配置各种资源力量。中国工会十七大修订的《中国工会章程》将“互助保障”作为工会会员的一项权利纳入其中，从源头上为职工互助保障组织和活动的发展提供了制度保障。王东明同志在中国工会十七大报告中明确要求，工会要促进构建多层次社会保障体系，加强职工医疗互助，在健全服务职工体系和拓宽服务职工领域工作中，更好发挥职工互助保障组织服务职工的作用。2021 年 7 月，全国总工会出台了《中国工运事业和工会工作“十四五”发展规划》，提出“充分发挥职工互助保障组织作用，加强和规范职工互助保障活动管理，推动实现全国职工互助保障活动省级统筹或管理”。全国总工会的高度重视和支持，为职工互助保障的发展提供了强大的组织优势和保障。各级工会组织把职工互助保障活动作为给职工办实事、做好事、解难事的一项重要工作和有力抓手，结合各地实际情况，开展多种互助互济活动。经过这些年的探索创新，职工互助保障组织在继承工会工作优良传统的基础上，形成了符合当前国情和职工需要的、具有工会特色的新型职工互助保障发展模式和运营机制，得到各级党委和政府的充分肯定。在2009年“辉煌六十年——中华人民共和国成立60周年成就展”上，职工互助保障活动光荣入选。2019年，中国职工保险互助会（以下简称中互会）为参与国庆70周年庆祝活动的职工群众提供了保障服务，得到庆祝活动领导小组的充分肯定。

在20世纪90年代，中国职工互助保障组织较早建立了包括理事会、监事会和管理委员会在内的以服务职工会员为宗旨的治理结构，建立了包括监事会和地方管委会在内的双层监管体系。各级职工互助保障组织大胆探索、勇于进取，第一次在我国推出了针对职工意外伤害、工伤的返本型互助保险计划；第一次在我国推出了重疾互助保险计划、住院互助保险计划和女工特殊疾病互助保险计划；第一次在我国互助保险领域探索理赔公示制度、防范经营风险；中互会在我国首批通过了非营利组织认定。依托全国工会系统完善的组织体系，中国职工互助保障形成了“会员制、低成本、低缴费、非营利”的发展模式。总结来说，有以下特点：

（1）职工互助保障组织采用会员制。实行会员共同所有、民主管理。互助组织财产属于全体会员共同所有。会员通过所在工会以团体形式参加互助组织，在互助保险期内，承担缴纳会费的义务，享有共同参与、民主表决各项重大事宜及结余分配的权利。按照互助组织章程的规定，互助组织的最高权力机构是会员代表大会。所有参加互助保险活动的会员无论参加一项或几项保障活动，都可以参加会员代表大会，平等享有表决权。目前，互助组织主要是由各级工会组织代表会员召开和举行会员代表大会。

（2）职工互助保障组织依托工会开展活动，有效降低运营成本。以中互会为例，其办事处依托当地工会组织设立，办事处职工互助保障工作纳入当地工会年度计划和考核指标。通过工会网络，互助会形成了办事处、代办处与基层代办点的组织体系，建立了深入企业、车间、班组直至职工家庭的庞大服务网络；配备了专职、兼职工会干部和工作人员，向会员提供全程代理服务，为互助费收缴、互助金支付及其他各项延伸服务提供了更加高效、安全、便捷的平台。充分发挥了工会职能与联系、服务职工的天然优势，低成本、大规模、高效率地开展小额健康与意外互助保险活动，也最大限度地避免了逆选择和道德风险的发生。

（3）职工互助保障组织以广大职工特别是中低收入职工为服务对象，开展收费低廉的小额保障，力求做到“为职工服务最优化、帮职工解难最大化”。通过工会组织深入职工群众生产、生活第一线，倾听、收集广大职工尤其是中低收入职工的保障需求并进行产品设计和推广，通过开展低廉的小额保障，覆盖了目前很多商业保险公司忽略或无法渗透到的中低收入职工群体。代办处与基层代办点专、兼职工作人员经常主动到职工家庭进行慰问，了解职工保障、健康、患病情况；患病职工只需办理相应手续就能进行互助金申领，最大限度地便利了职工，提升了服务效率和会员满意度。同时，其在产品设计上通俗易懂、保单简单、保费低廉、保障较高。

（4）职工互助保障组织坚持非营利的经营原则。互助组织结余资金及收益属于全体会员。会员上交的会费及收益除支付互助金（赔款）、提存责任准备金和保障基金外，以事业发展基金、互助互济金等形式，最终返还给全体会员。例如，通过“金秋助学”“爱心助学”等方式为困难会员家庭子女上大学提供助学金、为特困会员及家属送保障、在元旦和春节走访慰问特困会员家庭并发放救助金、对出险和患重大疾病造成家庭困难的会员给予爱心救助等。

根据工会资产统计数据显示，2021年职工互助保障活动参保会员人数为4654.68万人次，受益会员人数为861.14万人次，互助金收入702264.27万元，互助金支出461822.31万元。从发展趋势看，职工互助保障组织势必要走向高质量发展之路。职工互助保障组织逐步提高管控水平，提高统筹层级和保障偿付能力，科学测算制定职工保障费用收支标准，防范政策风险和资金风险，积极探索职工互助保障服务平台建设，以互助保障活动为核心，以全流程服务为目标，通过日常的安全、健康等教育服务，引导积极健康的生活方式和理念。职工互助保障的服务方式，要从传统的出险理赔，延伸到跟踪指导服务、康复休养、职工休闲服务等多元化服务，打造工会工作的特色服务品牌。积极引进“互联网+”的思维模式和管理服务手段，充分运用好工会大数据平台等资源，积极鼓励职工互助保障领域在新技术手段、新服务方式上创新，作为工会企事业发展的支柱产业之一，积极发展成为工会企事业资源联动发展的核心，深入挖掘职工文化、教育、体育服务事业、职工疗休养服务事业的优势资源和服务，与职工互助保障组织会员服务平台的组织优势有机结合，共同为广大职工群众提供优质、高效、丰富多彩的文化、休闲、娱乐服务，形成工会企事业资源产业链化的职工群众服务体系。

87 职工互助保障活动的发展历程是怎样的?

我国的职工互助保障活动与工会组织的发展密切相连。新中国成立前，职工互助伴随着中国工人阶级的产生和不断壮大应运而生，工人运动以及工会组织的出现为职工互助保障的发展壮大提供了坚实的组织基础和政治保障。新中国成立初期，职工互助保障成为解决职工生活困难的重要机制。改革开放以来，随着职工互助保障需求的不断增加，在各级工会组织的领导下，各地出现了一大批职工互助保障组织，职工互助保障日益发展壮大。

新中国成立前，在工会组织领导下，职工互助保障萌芽初现。我国的职工互助保障源于工会组织开展的职工互助互济活动。互助互济是我国工人运动联系广大工人、开展工会活动的重要工具和有力抓手。早在中国共产党建党初期，安源煤矿工人就开展过互助互济活动。在1925年召开的第二次全国劳动大会上，全国总工会号召各地工会组织开展工友互助，带领职工群众联合起来自办互助互济组织，缓解贫苦工人的后顾之忧。

工人阶级在党的领导下，通过工会组织各地工友开展多种形式的互助互济活动，比如工人群众中流行的无剥削“请会”、劳动换工以及工会组织群众自办的互助会，帮助新生的产业工人及其家庭渡过了许多难关，同时也为职工互助保障的未来发展积淀了良好的发展基础。

新中国成立初期，职工互助储金活动广泛开展。新中国成立初期百废待兴，为了解决旧社会遗留的失业问题，国家曾大力提倡开展职工互助互济。1950 年初，政务院发布了《救济失业工人暂行办法》。1950 年 4 月 20 日，全国总工会发出了《为救济失业工人告全国工人书》，号召全国公营私营企业工人，本着发挥工人阶级的阶级友爱团结互助精神，尽力援助各地失业工人，在四月底五月初做一天义务工，将所得工资捐作救济失业工人基金。这是在全国范围内组织职工开展的最大的一次互助互济活动，共收到全国捐款 287 亿元（旧币）。同年，全国总工会还公布了《互助储金会组织条例》，推动各地基层工会先后建立了互助储金会。由职工缴存储金，对遇到临时困难的职工，可无息贷款、定期归还。此外，一些地方还开展了劳动互助、生活互助、经济互助等职工互助方式，效果都很好。各地基层工会通过开展各种形式的互助互济活动，对解决职工的特殊困难、缓解社会矛盾、调动职工积极性、促进生产发展起到了重要作用。

改革开放以来，职工互助保障发展进入新阶段。工会组织为适应改革开放新形势，推动职工互助互济全面恢复和发展。1979 年，邓小平同志在全国工会第十一次代表大会上指出：工会要努力保障工人的福利，我们的国家还很落后，工人的福利不可能在短时间内有很大的增长，而只能在生产增长特别是劳动生产率增长的基础上逐步增长……要在工人中间积极开展各种形式的互助活动。根据这一精神，以及国家鼓励开展社会互助的政策，一部分基层工会探索建立了互助保障组织，开展了各种形式的具有经济补偿性的职工互助互济活动，并借助保险的机制发展到了省市一级组织和产业工会组织，建立了职工互助保障组织。上海市职工保障互助会、天津市职工保险合作社、南京市职工互助互济会等，实现了在一些省市和地区范围内职工互助保障的统一运营和管理。

中互会成立，掀开职工互助保障发展新篇章。20 世纪 90 年代以来，随着社会主义市场经济体制的确立，国有企业改革、社会保障制度改革逐步深入开展，职工保障形式也发生重大变化，传统的单位保障、企业劳保等保障形式在国有企业改革和社保体系建设过程中逐渐消退，职工养老、医疗保障开始与企业脱钩，社会化程度不断深化。在社会保障制度变革过程中，广大职工对提高养老、医疗等保障的需求尤为强烈，发展职工互助保障顺应了人心。1992 年，全国总工会积极响应中央大力发展第三产业的政策号召，开始筹备全国统一的职工互助保障组织，积极发展为职工提供生活保障服务的劳动福利事业。1993 年，经当时的劳动部同意，全国总工会创办了全国性职工互助保障组织——中互会，并在民政部登记注册。中互会依托地方工会设立办事处，以职工保障为中心，以互助为形式，重点发展职工住院医疗、大病与意外、工伤等互助保险计划。在不增加政府、工会经济负担的前提下，组织发动职工自愿参加，按照全国统一管理、统一运营、统一支付标准的模式，提高职工自我保障的能力和水平。

经过多年不懈努力，职工互助保障通过有效缓解因意外、患病导致经济困难的职工的生活压力，为广大职工构建了又一道风险保障线，成为国家多层次社会保障体系的重要组成部分，拓宽了新时期工会维护职工权益的途径和手段，形成了广泛社会影响。

88 工会职工互助保障在社会保障体系建设中发挥了什么作用？

近年来，我国的社会保障体系改革取得重大进展，制度顶层设计逐渐稳定定型，社会基本养老、医疗保险覆盖面大幅提升。与此同时，商业健康保险、养老保险蓬勃发展，保费规模不断提升。相对于我国职工收入结构和职工构成来看，社保体系和商业保险所构建的保险保障网络仍存在一些薄弱环节，具体表现在两个方面。一方面，对于相当数量的低收入职工群体而言，社会保险的保障水平仍然偏低。近年来我国在职职工工资虽然保持较快增长，但中低收入职工的占比仍然较高，这些职工的基本保障水平有待提高。中低收入职工家庭的保险保障存在困难，单靠社会基本医保的保障水平还不够，个人医疗负担仍然较重。另一方面，快速城镇化过程中，农村转移的外出务工农民群体的保障还有不足。针对农民工职业保障需求高、职业流动性强的特点，需要打破既有的保险服务模式，顺应农民工职业特点，发展职工互助保障，依托全国性的工会组织，构建起广覆盖的保障大网，适应农民工群体的保障需求。

社会医疗保险为职工提供的是基本的医疗保障，商业保险又没有足够的低价产品满足中低收入职工的保障需求，这就为工会互助保障提供了发展空间。职工互助保障具有天然的成本低、重保障的特征，加之面向中低收入职工的产品体系，进一步使职工医疗互助保障活动深受企业和广大职工的欢迎，在职工群体中享有较高的声誉。通过多年的发展，职工互助保障已经成为我国多层次社会保障体系里的重要组成部分，职工互助保障活动逐步形成以职工健康互助保障为主体的业务结构，主要包括住院医疗、职工重大疾病、女职工特殊疾病等保障，基本涵盖了目前职工日常保障需求。近年来，为了控制费用风险，广泛推出住院津贴保障、各项综合保障活动。随着社会基本医疗保险改革不断深入，职工医疗互助保障与基本医疗保险制度的衔接越来越紧密。职工互助保障组织针对医改后职工自负部分医疗费用补充保障进行了探索与研究。根据各地医改方案在医疗费的起付标准、职工自负标准、医疗费用封顶标准等方面的差异，与当地有关单位共同设计、制订、实施职工医疗互助保障计划。

通过住院医疗、重大疾病与女职工特殊疾病等互助保障计划的开展，极大地减轻了职工经济负担，特别是一些困难企业的职工，互助保障组织支付的重大疾病互助金与住院医疗互助金成为职工的“救命钱”。职工群众形象地称其为“工会为职工筑起的最后一道保障线”。

职工互助保障还承担了对困难职工的救济功能。互助保障组织每年结余资金以不同形式返还给全体会员，以及用于推动职工互助保障和全体会员帮扶救助工作。其中，中互会专门设立互助互济金，由总会划拨办事处，办事处设立专门科目进行核算、管理。2017—2021 年，中互会累计支付互助互济金 1.7 亿元救助慰问会员约 12.64 万人。一部分地方政府通过职工互助保障计划对特定职工群体实施救济。例如，上海市政府拨款补贴“退休住院保障计划”，用于弥补“退休住院保障计划”的政策性资金缺口，确保了“退休住院保障计划”实现收支平衡。

职工互助保障逐渐融入我国多层次社会保障体系建设当中。1996 年，国务院办公厅转发国家体改委等四部委《关于医疗保障制度改革扩大试点意见的通知》中明确：“发展职工医疗互助保险和商业性医疗保险作为社会医疗保险的补充，以满足国家规定的基本医疗保险以外的医疗需求。”2009 年 4 月 6 日公布的《中共中央、国务院关于深化医药卫生体制改革意见》中进一步明确：“鼓励工会等社会团体开展多种形式的医疗互助活动。”这为职工健康互助保障事业更大的发展提供了良好的政策环境，具有重要的指导意义。职工健康互助保障活动保持与基本医疗保险改革进行密切的配合，为提高广大职工的保险保障水平服务。2018 年以来，随着国家社会保障体系的不断完善，职工医疗互助连续两次列入国家深化医药卫生体制改革重点工作任务。2019 年，我国卫生与健康领域第一部基础性、综合性法律《中华人民共和国基本医疗卫生与健康促进法》颁布，其第八十三条规定：“国家建立以基本医疗保险为主体，商业健康保险、医疗救助、职工互助医疗和医疗慈善服务等为补充的、多层次的医疗保障体系。”2020年颁布的《中共中央、国务院关于深化医疗保障制度改革的意见》，将医疗互助纳入医疗保障制度体系改革发展目标，支持医疗互助有序发展。2021年国务院办公厅印发的《“十四五”全民医疗保障规划》明确提出，“支持医疗互助有序发展。更好发挥医疗互助低成本、低缴费、广覆盖、广受益的优势，加强制度建设，强化监督管理，规范医疗互助发展。加强医疗互助与职工基本医疗保险的衔接，依托全国统一的医疗保障信息平台，推动医疗保障与医疗互助信息共享，充分发挥医疗保险和医疗互助的协同效应。坚持职工医疗互助的互济性和非营利性，推动科学设计、规范运营，更好减轻职工医疗费用负担，提高服务保障能力”。这些重大政策制度安排和法律法规的颁布实施，为职工互助保障工作改革发展提供了坚实的制度保障，增添了强大的发展动力。

89 职工互助保障与社会保险、商业保险有什么区别?

（1）职工互助保障与社会保险的区别。我国的社会保险是一种政府行为，它是政府为保障公民基本生活而承担的职责。它的职能是在国家法律授权下，通过社会统筹或税收形式，实行收入再分配，主要追求社会公平。因为社会保险涉及利益的再分配，就需要通过国家立法强制实施而不能只靠自愿。它为公民提供基本保障，以实现“老有所养，病有所医，伤有所偿、失业有所帮”，在国家社会保障体系中发挥基础性作用。社会保险具有普惠性、法律强制性、基本保障性和非营利性的特点，其目标是促进社会公平、减少贫困。相比而言，职工互助保障是一种群体互助行为，职工依据职工互助组织章程自愿参加并成为会员，在职工互助保障组织范围内互助互济，补充社会保险的不足，其目标是促进社会团结、防止贫困。因此，职工互助保障的特点是群体性、自愿性、保障补充性等。职工互助保障依据相互保险法律法规、《合作社法》和《保险法》，社会保险依据《社会保险法》。可见，职工互助保障与社会保险的区别主要在于实施方式的自愿性和强制性、保障标准的基本性和补充性、成员范围的广泛性和有限性以及法律依据的不同。

（2）职工互助保障与商业保险的区别。商业保险是市场行为，满足人们规避风险、保障安全、提高生活质量的需求。通过保险合同在保险人与投保人两个主体之间建立一种严格的保险权利义务对等关系。商业保险满足了人们多样化和多层次的安全需要。商业保险公司主要是追求本企业的经济效益，具有明显的逐利性。职工互助保障组织和其会员之间不是单纯的契约关系，本质上是一种互助互济关系。在职工互助保障组织内，会员既享有参与管理的权力，又是保险合同的受益人。因此，职工互助保障与商业保险的最大区别包括三方面，一是经营性质不同，职工互助保障具有非营利性，商业保险以营利为目的。二是法律依据不同，职工互助保障依据相互保险法律法规、《合作社法》和《保险法》，商业保险依据《保险法》。三是会员关系与保险关系的要求不同，职工互助保障集会员关系和保险关系于一身，商业保险是保险人与被保险人的合同契约关系。

90 为什么要组织开展职工互助互济保障活动？

（1）组织开展职工互助互济保障活动，是贯彻习近平总书记关于工人阶级和工会工作的重要论述的必要举措。党的十八大以来，习近平总书记多次就工人阶级和工会工作发表重要讲话、作出重要指示，明确指出，工会要坚持以职工为中心的工作导向，抓住职工群众最关心最直接最现实的利益问题。习近平总书记关于工人阶级和工会工作的重要论述，是新时代职工互助保障活动的根本遵循和行动指南。各级工会要深刻认识新形势下推进职工互助保障活动开拓创新、实现职工互助保障组织高质量发展的重大意义，坚守“团结友爱、互助互济”的初心使命，坚持以职工为中心的发展方向，让广大职工群众的获得感、幸福感、安全感更加充实、更有保障、更可持续，增强工会组织的吸引力和凝聚力，团结引领广大职工听党话、跟党走。

（2）组织开展职工互助互济保障活动，是贯彻落实党的二十大精神的有效载体。党的二十大提出“健全覆盖全民、统筹城乡、公平统一、安全规范、可持续的多层次社会保障体系”，“促进多层次医疗保障有序衔接，完善大病保险和医疗救助制度”等发展目标，为职工互助保障活动创新发展指明了方向。2018 年以来，随着国家社会保障体系的不断完善，职工医疗互助连续两次列入国家深化医药卫生体制改革重点工作任务。2019 年，我国卫生与健康领域第一部基础性、综合性法律《中华人民共和国基本医疗卫生与健康促进法》颁布，第八十三条规定：“国家建立以基本医疗保险为主体，商业健康保险、医疗救助、职工互助医疗和医疗慈善服务等为补充的、多层次的医疗保障体系。”2020 年颁布的《中共中央、国务院关于深化医疗保障制度改革的意见》，将医疗互助纳入医疗保障制度体系改革发展目标，支持医疗互助有序发展。2021 年国务院办公厅印发的《“十四五”全民医疗保障规划》，明确提出“支持医疗互助有序发展”。这些重大政策制度安排和法律法规的颁布实施，为职工互助保障工作改革发展提供了坚实的制度保障，增添了强大的发展动力。职工互助保障组织要积极融入国家医疗保障体制改革大局，积极服务国家医疗保障体系建设，为国家治理体系和治理能力现代化做出贡献。

（3）组织开展职工互助互济保障活动，是推动实现共同富裕的有力支撑。以习近平同志为核心的党中央提出了以人民为中心的发展思想，坚持一切为了人民、一切依靠人民，始终把人民放在心中最高位置、把人民对美好生活的向往作为奋斗目标。共同富裕是社会主义的本质要求，社会保障是国家为了消除贫困作出的基本制度安排。职工互助保障作为国家多层次社会保障体系的重要组成部分，主要服务对象为中低收入职工。缓解职工医疗困难，并利用结余资金对困难职工群体进行帮扶救助，是推动实现共同富裕的有效助力。一方面，职工互助保障活动是公益性、非营利性的活动，本质是职工间的互助互济行为。职工互助保障主要为中低收入职工和困难职工提供低门槛低收费的补充保障服务，针对不同职工群体开发设计不同产品，包括为灵活就业的新就业形态劳动者群体制订的专项保障计划。另一方面，互助保障组织还利用结余资金开展多样性的会员服务工作，对遇到灾难性医疗支出的职工进行帮扶慰问性的“二次救助”，防止因病致贫、因病返贫，积极开展会员健康体检、健康讲座等预防性健康管理工作，将事后赔付和事先预防相结合，提高参保职工身体素质。职工互助保障组织要紧紧围绕中低收入职工的风险保障需求，把握职工补充医疗、重大疾病、意外风险等保障短板，不断扩大保障范围，提高保障水平，为推动实现共同富裕做出积极贡献。

91 职工互助保障组织开展的主要服务内容有哪些?

目前，职工互助保障已形成以住院医疗、重大疾病、意外伤害为核心内容的保障体系，并且各级互助保障组织积极创新互助保障产品，通过扩大保障对象和保障范围，推出住院津贴保障、各项综合保障、短期意外及短期健康保障、退休人员住院医疗、职工子女意外伤害等互助保障产品，给职工群众提供了多层次、更全面的选择，被广大职工誉为“工会给职工的二次医保”。

现以中互会为例，介绍一下职工互助保障组织开展的主要服务内容。中互会针对广大职工多样化、个性化的需求以及不同职工群体特点，紧紧围绕缓解职工医疗支出的核心，建立起以住院医疗、重大疾病等健康保障互助计划为核心的产品体系，发展具有低保费、较高保障、内容通俗易懂等特点的产品，通过灵活组合满足广大职工群体的医疗风险保障需求。

（1）实施《在职职工住院医疗互助保障计划》。根据各地医改方案在医疗费的起付标准、职工自负标准、医疗费用封顶标准等方面的差异，充分利用工会服务体系，深入职工内部，通过调研、分析、研究和总结，中互会制订实施了第一款补充医疗产品《在职职工住院医疗互助保障计划》，该产品为一年期的产品，针对职工因病住院后，在医保报销基础上的自付部分给予 50%—70% 报销比例的健康险产品，对于超过当地基本医疗统筹基金最高支付限额，在大额医疗补助金支付范围之内，可按照基本医疗保险报销范围规定的自付部分的 60% 领取互助金，对于超大额医疗补助金支付范围的医疗费，按照超出部分扣除二次报销后实际自付医疗费的 50% 领取互助金。该产品一经推出，便受到了广大职工群众的欢迎。可以说，在职职工住院医疗保障计划的实施也开启了中互会补充医疗体系建设的序幕。

（2）推进重大疾病保障计划。针对职工大病负担重的问题，中互会还推出了《在职职工重大疾病》，该产品同样为一年期，职工首次确诊恶性肿瘤、急性心肌梗死等 25 种重疾的一种或多种时，最高领取 2 万元互助金 / 份，最多参与 5 份。随着重疾互助保障计划的发展，其逐渐成为中互会补充医疗体系的重要组成部分。

（3）试点开展综合类保障计划。近年来，为了更好地满足职工更加多样化的保障需求，同时有效降低运营的成本，中互会业务类型逐渐从“单一保障”向“综合保障”发展。以住院医疗为主，通过与意外、重疾等产品的不同组合，先后制定和实施了《在职职工综合互助保障活动（住院＋意外）》《在职职工综合互助保障活动（住院＋重疾）》等8项综合互助保障活动，为职工提供了更加多元、科学合理的保障服务，同时也进一步推动了中互会补充医疗互助保障计划的发展。

（4）提供特色会员服务。会员服务是中互会形成的重要发展特色，是中互会践行“以会员为中心”管理理念的重要体现和核心特征。不同于保险公司以交易为核心的客户服务体系，中互会更加关注会员的持续服务。除提供传统保障服务外，中互会还利用结余资金，开展以会员救助慰问为主的延伸服务，并配合工会组织，推进会员普惠性服务和“互联网＋工会普惠性”服务，形成以救助慰问、健康管理为主要内容的普惠制的会员服务体系。一是实施会员健康管理。中互会倡导“事前有预防、事中有补偿、事后有救助”的服务会员工作理念。各地也开展了形式多样的会员健康管理活动。比如，开展职工健康需求调查，根据职工会员反馈情况，结合各地区发病率高的疾病，进行专项健康管理。组织健康公益大讲堂、健康公益体检、职工康复指导等活动，向职工会员讲解慢性病防治、科学防癌、心理健康保健等知识，做到疾病“早发现、早诊断、早治疗”。有的地方还组织会员开展以“健康情、互助爱”为主题的登山、长跑、健步走活动，出资建立了会员单位职工互助保障健康小屋，通过购置踏步机、血压计等保健、体检设备，帮助职工开展自我保健与体检，推动基层单位提高职工健康福利水平。二是提供会员救助与慰问。救助对象包括因遭受意外伤害或患重大疾病导致死亡的会员；因重大意外伤害（伤残赔付在 20% 以上）同时丧失或部分丧失劳动能力，患女职工特殊疾病或重大疾病，因患病住院、住院医药费支出过大，患病需要长期治疗、治疗费用过大，因意外伤害需要长期治疗、治疗费用过大，造成家庭生活困难的会员。三是配合工会开展服务工作。中互会积极参与服务工会工作大局，彰显了组织的社会责任。不仅对会员提供服务，还向会员家属、其他特殊困难群体提供延伸服务。通过开展“夏送清凉、冬送温暖”、“爱心助学”、“关爱女职工”、“暖冬三重礼”、“走出去、带进来”、慰问受灾职工等活动，代表工会组织为会员送去温暖。中互会还积极推进会员普惠性工作，如与北京市总工会、北京银行合作，在北京市 400 多万职工中联合推出了“京卡互助服务卡”。京卡互助服务卡除提供保险与银行功能外，还提供各级工会组织免费服务措施、特约商户优惠活动等，拓宽了工会与职工互助保障服务领域。

92 如何组织职工参加互助保障活动？

目前，职工互助保障活动主要以团体参保为主，由职工所在基层工会统一组织参加，一般由在职职工参加。以中互会举办的在职职工重大疾病互助保障活动为例，来说明如何组织职工参加互助保障活动。基层工会组织本单位在职职工向中互会办事处申请参加在职职工重大疾病互助保障活动，成为中互会会员。为保证会员享有公平的权益，只接受由基层工会统一组织职工参加本活动。参加本活动的职工不得少于全体职工的 80%；100 人以下的单位要全体参加。参加活动的职工按照一定标准缴纳会费，缴纳会费后互助保障期在约定时间统一生效。互助保障期一经生效中途不得退出。活动保障期一般为一年，期满续保另办手续。保障期满后，无论会员是否已享受互助金待遇，所缴纳会费不再返还。职工所在单位经办员向中互会办事处发起入会申请，选择要参加的互助保障活动，提供参加本活动的会员名单，包括姓名、性别、身份证号码等信息，即可申请入会。办事处审核参保信息后，符合参保要求的，按照相关程序办理缴费确认等手续后，保障活动生效，职工即可在保障期内享受相关医疗待遇。对于缴费问题，倡导职工个人缴费，努力实现缴费义务与保障权利的统一；同时，按照《中华全国总工会办公厅关于印发〈基层工会经费收支管理办法〉的通知》第九条规定，“（六）其他维权支出。用于基层工会补助职工和会员参加互助互济保障活动等其他方面的维权支出”，基层工会经费可以给予一定补助。

93 为什么要提升职工互助保障活动的统筹层次？

互助保障是按照“大数法则”在一定范围内筹集和调剂使用资金，依靠社会力量均衡负担和分散风险的，统筹的层次越高，范围越大，抵御风险的能力就越强。统筹层级过低，就会使互助保障活动互助互济的功能不能得到更好的发挥，客观上使职工互助保障活动运营存在风险。越多人参保，出险的概率才能越趋于稳定，不易发生支不抵收的情况，所以要尽可能地将风险池做大，扩大成员间互助共济的范围，这样其风险值就更容易平衡，个体风险就可降到最低。而分割到很小的区域，每个区域很容易出现收支不平衡。并且，统筹层级过低，管理水平受到限制，在政策制定、运营管理、资金使用、人才配备、信息化建设等方面存在不足，不利于职工互助保障持续性、高质量发展。

截至 2021 年底，全国职工互助保障活动有 20 个省（自治区、直辖市）实现了省级统筹（含中互会 11 个省级办事处），但也有一些地方的职工互助保障组织统筹级别较低，还存在县级统筹的情况。我国区域经济发展不平衡是客观存在的，即使是在同一省市，各地区之间发展水平也是不均衡的，这就决定了提高职工互助保障活动统筹层次的必要性。提高统筹层次，使互助活动资金在更大范围内统筹调剂使用，扩大互助活动资金互助共济和风险分担的范围，有利于分散风险和确保制度稳健，也符合互助保障协调发展的原则，能够为更大范围统一征缴、统一经办管理创造条件，降低互助金管理成本，提高互助金的使用效率和抵御风险的能力。按照“统一监管、分级管理”的原则，职工互助保障组织确定省级统筹或者省级管理、市级统筹的规范治理结构，这样能够有效提高组织的抗风险能力，促进各地职工互助保障组织健康有序发展。加强省级统筹也是向基本医疗保险省级统筹的改革方向看齐，便于和医保政策对接。加强省级统筹不仅是理顺职工互助保障组织监管体制机制、完善事业治理结构的重要抓手，也是工会主办职工互助保障活动发挥制度和组织优势的内在要求。

94 职工互助保障组织资金的使用规定有哪些?

职工互助保障组织资金的主要来源包括：会员自愿缴纳的职工互助保障活动会费，社会各界的捐赠，政府、行政和工会的资助或补助，在核准业务范围内开展活动和服务的收入，利息及其他合法收入。职工互助保障组织的资金主要用于服务会员，支出范围包括：给付会员的互助金；开展与会员保障服务和促进事业发展的相关支出，包括救助慰问、健康管理、文体活动、宣传培训、法律服务等；日常管理、工作人员工资福利和行政办公支出。

职工互助保障组织资金属于全体会员所有，任何组织、个人不得侵占和挪用。职工互助保障资金应当由具有法人资格的职工互助保障组织集中统一管理。资金管理应遵循合法合规性、安全性、流动性原则，根据资金性质实行资产负债管理和全面风险管理，做好资产保值增值。严格控制资金使用范围。职工互助保障活动资金不得用于兴建、改建办公场所。活动资金、结余资金可用于银行存款、购买国债等低风险固定收益类产品，不得购买股票、基金、债券、期货、理财等金融产品，不得违规投资运营，资金增值部分要全部纳入互助资金收入管理。在正常互助金给付外开展的会员活动、帮扶救助等，要建立相应的资金管理制度，严格审批、合理使用，接受会员监督，并在一定范围内向会员公示。规范职工互助保障活动管理费提取工作，严格控制比例，降低费用开支。规范资金管理使用。按照集中、统一的原则，提高资金管理统筹层级，避免多头分散管理，控制资金合理结余，提高资金使用效率。要加强财务基础工作，建立健全资金使用管理制度和内控机制，分离不相容岗位，明确各业务环节、岗位的衔接方式及操作标准，健全资金收支管理，坚持收支两条线，减少不必要的资金流转环节。规范账户、账目管理，原则上要设立独立账户，各项保障活动分别建账，分账核算。积极推行全面预算管理，合理编制、有效控制预算，年度预算执行情况要纳入考核体系。严格资金使用决策程序，规范资金使用流程，大额资金使用必须集体决策并保留记录。建立多层次资金监管体系。发挥会员监督、工会组织内部和外部共同监督作用。提高职工互助保障活动资金管理透明度，维护会员知情权，接受会员监督。各级工会监管部门要严格履行资金监管职责，依据国家法律法规和全国总工会相关规定，制定职工互助保障活动资金监管办法，督促职工互助保障组织研究制定内部资金管理和风险管理办法，建立职工互助保障资金监督检查机制，对职工互助保障组织进行督查，掌握资金流动状况，对资金风险作出评估。职工互助保障组织要自觉接受工会财务、经审和相关行政部门审计监督。被检查和审计的单位要主动配合，据实提供各种凭单、账册、报表和资料。发现资金管理违规违纪问题必须追究当事人责任，严肃处理，确保资金安全运行。

95 如何规范职工互助保障组织的对外合作行为？

职工互助保障组织要坚守服务职工的公益属性。在过去一段时间，部分职工互助保障组织存在与商业保险公司合作情况。合作主要采取购买、代销短期非返还型保险方式，内容涉及住院、重疾、意外三个方面。工会开展互助保障活动的初衷是组织职工互帮互助，共同提高职工保障水平，增强抵御风险能力，不是为了从职工当中募集资金积累工会资产，更不是为了满足部分小团体的利益。公益性、非营利性是互助保障活动的根本属性，站在这个出发点上思考问题、开展工作才不会偏离轨道。因此，开展职工互助保障活动要坚守服务职工的初心，坚持公益性方向，充分了解职工的需求，为职工提供低成本、低收费的普惠性保障服务，增强广大职工的获得感和幸福感。2018 年全国总工会出台的《中华全国总工会关于加强职工互助保障活动规范和管理的意见》中明确提出，要坚持公益性、非营利的发展原则，不得以开展职工互助保障活动为由从事商业保险产品宣传、销售及集资、融资活动。

当然，这并不是要求职工互助保障组织不得开展对外合作行为。实际上，职工互助保障组织的发展需要引入外部优质资源，提升服务会员、服务职工的能力。在产品精算方面，立足于提高互保组织的技术和专业水平，保证保障活动会费更加合理，保障活动业务更加规范，进一步规范各项互助保障活动费率及保障责任，科学开发产品，全面搭建互助保障产品体系，可以引入外部精算专家，定期对中互会的业务活动、费率及运营情况进行总结和分析，提出合理化建议。在医疗服务方面，立足于提高会员服务水平，提供专家级咨询服务，推动会员健康管理，可以引入外部医疗专家，为会员提供健康咨询、健康讲座等优质化的会员服务，还可以逐步引入第三方健康管理机构，对会员健康风险评估、慢性病管理过程进行跟踪与干预，在健康保险保障领域中更主动地实施保险核保与理赔风险的管理和服务品质的控制，将单纯的事后理赔转变为全过程的健康风险管理服务。通过有效降低发病率和药物滥用，减少对医疗风险束手无策的局面，对医疗资源进行整合、医疗过程进行管理并定制健康管理等，提高职工互助健康保障的服务能力，进一步丰富职工互助保障事业服务特色和服务内容，更深入地满足职工会员的需要。在理赔服务方面，立足于提高技术和专业水平，保证互助保障活动的理赔工作更加合理和规范；预防、减少、控制互助保障活动中的法律纠纷，可以引入具有理赔经验的专家，指导、培训互助保障组织相关人员，并对互助保障组织理赔体系建设提供建议和支持。

96 全国职工互助保障组织行业自律管理委员会的职责是什么？

每个行业都有每个行业的特点，每个行业都有每个行业的规则。实行行业自我管理、自我约束、自我监督，是促进行业健康发展的重要手段。在各级工会的重视支持下，全国职工互助保障组织迅速发展，已经成为工会资产三大业务领域的重要组成部分。在新的形势下，开展职工互助保障组织行业自律管理工作势在必行。2020 年 2 月，全国总工会研究出台《职工互助保障组织监督管理办法》，明确提出了建立健全全国职工互助保障行业自律组织的要求。

2020 年 9 月，全国总工会在四川成都召开中国职工保险互助会五届四次理事会议暨全国职工互助保障组织实现高质量发展现场推进会。在这次会议上，宣布成立全国职工互助保障组织行业自律管理委员会。2020 年 9 月 14 日，制定印发《关于成立全国职工互助保障组织行业自律管理委员会的决定》。《决定》强调，行业自律是行业自我规范、自我协调的重要机制，也是促进行业健康发展的重要手段。成立行业自律管理委员会，强化职工互助保障组织自我管理、自我约束、自我监督能力，是加强职工互助保障组织规范和管理的有效举措，有利于提升整体管理水平，推动全国职工互助保障组织实现高质量发展。《决定》明确了委员会的组织构成和具体职责。2021 年 4 月 22 日，全国职工互助保障组织行业自律管理委员会第一次全体委员会议在北京召开。会议审议通过了《全国职工互助保障组织行业自律管理委员会工作规则（试行)》，明确了委员会人员组成及工作机制。全国职工互助保障组织行业自律管理委员会的成立，标志着职工互助保障组织规范和管理工作进入了一个新的阶段。

全国职工互助保障组织行业自律管理委员会在全总资产部的指导下，履行下列职责：组织制定自律规则，督促委员单位建立自律性运行机制，依法合规运营，促进行业规范有序发展；组织制定行业标准和业务规范并监督委员单位执行，提高行业管理和服务水平；组织委员单位签订自律公约及自律规则，建立自律公约执行情况检查和披露制度；维护行业合法权益，加强与政府有关部门的联系沟通，营造有利于行业发展的政策环境；当委员单位合法权益受损时，受委员单位委托与有关方面协调沟通；开展行业调查研究，推动解决职工互助保障行业发展中存在的问题；加强互助保障产品的研发和推广，推动产品和服务创新；推进互助保障信息化平台建设，建立委员单位间信息交流工作机制，开展交流活动，促进委员单位间资源共享、共同发展；推进职工互助保障活动品牌建设，优化顶层设计，做好整体规划，打造特色品牌，不断提高职工互助保障活动社会认知度和影响力；整合行业内外资源，为委员单位提供行业发展信息以及教育咨询等服务，组织开展从业人员培训工作，促进委员单位管理能力、工作水平提高。

97 在组织新就业形态劳动者参加职工互助保障活动方面有哪些经验？

随着我国经济社会进入新发展阶段，产业结构转型升级，数字经济、共享经济等新技术、新业态、新模式蓬勃发展，经济体系不断优化升级，职工群体也随之发生了巨大变化。现今，我国职工队伍规模不断扩大，由第二产业向第三产业转移的趋势日渐明显，第三产业职工数量越来越多，特别是以货车司机、快递员、网约送餐员、网约车司机等为代表的新就业形态劳动者大量涌现，业已成为我国职工队伍的新生力量。与过去传统意义上的职工相比较，新就业形态劳动者具有组织方式平台化、工作机会网络化、工作时间碎片化、就业契约去劳动关系化、流动性强、收入不确定等特点。

为支持和规范发展新就业形态，切实维护新就业形态劳动者劳动保障权益，促进平台经济规范健康持续发展，人力资源和社会保障部联合全国总工会等八部委共同印发《关于维护新就业形态劳动者劳动保障权益的指导意见》，聚焦新就业形态劳动者权益保障面临的突出问题，提出要健全公平就业、劳动报酬、休息、劳动安全、社会保险制度，强化职业伤害保障。国家相关部门对维护新就业形态劳动者的权益愈来愈重视，他们工作辛苦、保障薄弱，特别需要组织的关心和帮助，工会要充分发挥自身的组织优势，吸引新就业形态劳动者入会，着力推动完善适应新就业形态劳动者的社会保障模式。

职工互助保障作为我国工会服务职工群众的一项传统工作，体现了工人阶级团结友爱、互帮互助的优良品质。在新发展阶段，我们要将职工互助保障作为吸引新就业形态劳动者入会的一项重要抓手，帮助其提升抵御疾病和意外风险的能力，保障他们的切身利益。目前，全国有多个省、市都在开展为新就业形态劳动者提供专项保障的活动，取得了良好的社会效果，赢得了职工信任。具体做法如下：

（1）积极纳入当地工会工作大局当中。2021年，北京市总工会广泛组织动员全市各级工会组织和工会干部深入开展“我为职工办实事”实践活动，投入1000万元为快递员、网约送餐员、货车司机等群体职工，提供重大疾病、意外伤害、子女意外、身故、家财损失（火灾和水情灾害）等专项互助保障服务，分期分批为1.5万名出租车司机、环卫工人、园林绿化工人等一线户外劳动者提供免费健康体检服务等，极大程度地维护了职工的医疗保障权益。

（2）根据职工需求推出保障项目。2020年1月1日起，中互会兰州办事处在甘肃省实施《在职职工（新职工群体）综合互助保障活动（住院＋重疾＋意外）》，为了提升快递员、网约送餐员、货车司机等群体职工抵御疾病和意外风险的能力，切实为他们办实事、做好事、解难事，鼓励快递员、网约送餐员、货车司机等群体职工参加职工互助保障计划。新互助保障活动在原计划的基础上，针对快递员、网约送餐员、货车司机等群体职工降低了缴费金额，增加了意外伤害保障待遇。凡是身体健康，能够正常参加所在单位工作，并已经参加当地城镇职工基本医疗保险或城乡居民基本医疗保险，年龄在16至60周岁的在职职工（含正式职工、合同制职工、聘用期超过一年的临时职工）以及与用人单位签订一年以上期限劳动合同的城乡居民，都可以通过其所在单位的工会向办事处、代办处（点）申请参加本活动。

（3）工会提供经费保障。吉林省长春市总工会在2020年底出资101万元，向该市3.8万名快递员、网约送餐员、货车司机等群体职工赠送“在职职工互助保障计划”。长春市总工会结合行业特点和人员构成，向快递员、网约送餐员、货车司机等群体工会会员中的男性、女性在职职工分别赠送《在职职工意外伤害互助保障计划》和《在职女职工特殊疾病互助保障计划》，还出资42万余元，为全市1.6万余名环卫工赠送《在职职工意外伤害互助保障计划》，尽力帮助该群体减轻医疗负担。

（4）与建会工作相结合。2021年，配合美团（上海）公司在杨浦大桥街道属地建会工作，上海市总工会为骑手们送上了20000份灵活就业群体专项保障计划。四川省德阳市总工会于2021年初推出“平安健康出行、工会与您相伴”专项普惠活动，快递员、网约送餐员、货车司机等群体职工注册“川工之家”App并认证成功后，行业工会的上级工会（市总工会或所在辖区总工会）将为职工购买四川省职工互助会推出的“四川省职工人身意外伤害互助保险”“职工重大疾病互助保险”各一份，合计金额80元。

2022年2月，全国推进新就业形态劳动者工会工作会议召开。会议指出，加强新就业形态劳动者工会工作，是以习近平同志为核心的党中央交给工会的一项重要政治任务。新就业形态劳动者工作环境艰苦、工作强度繁重，由于职业的特殊性，交通事故、人身安全事故时有发生，并存在较大的患病风险。从目前实践来看，职工互助保障活动在吸纳新就业形态劳动者入会方面起到了积极的作用，有助于解决其关乎切身利益的医疗保障难题。各地职工互助保障组织要结合工会工作大局，根据当地实际情况，认真研究新就业形态劳动者特征，积极争取党政支持，制订符合新就业形态劳动者需求的保障计划，为他们的生产生活创造良好的条件。

98 新形势下如何建立和管理职工互助保障组织？

全国总工会相继于2018年和2020年出台了《中华全国总工会关于加强职工互助保障活动规范和管理的意见》《职工互助保障组织监督管理办法》，对职工互助保障活动和职工互助保障组织作出了规范性制度约束。按照规定，省级、市级工会可以根据本地区经济发展水平和职工保障实际设立职工互助保障组织、开展职工互助保障活动。设立职工互助保障组织应当经本级工会批准，在相关部门登记注册并依法取得法人资格。设立职工互助保障组织应当具备以下条件：一是合法财产和经费来源，二是符合法律法规及本办法规定的活动章程或规则，三是健全的组织机构和管理制度，四是固定工作场所和必要的业务设施，五是具备任职所需专业知识和业务工作经验的管理人员。职工互助保障组织设立时，主办工会应当明确本级职工互助保障组织的业务管理部门（机构），指导职工互助保障组织依法依规开展工作。职工互助保障组织的停办、撤销需经主办工会同意并依据相关法律法规及规定办理，确保资金、资产安全完整，切实维护入会职工权益。

职工互助保障组织开展职工互助保障活动，接受本级和上级监管部门（机构）监督。在运营管理中，职工互助保障组织应当根据组织性质和业务特点，依照国家相关制度进行会计核算，建立符合职工互助保障活动特色的财务制度，不同保障活动项目单独核算。运用信息化手段建立符合职工互助保障活动的业务运营流程，建立完整的统计分析制度。建立健全偿付能力管理、稽核审计、合规管理等内部控制制度。建立适合职工互助保障组织运营特点的信息披露制度，并定期在适当范围内向全体会员进行信息披露。自觉接受工会经审、财务和相关行政部门审计监督和检查，被审计和检查的单位要主动配合，据实提供各种凭单、账册、报表和资料。

99 为什么要加快职工互助保障信息化平台建设?

子曰：“工欲善其事，必先利其器。”随着科学技术的发展，信息化已经成为工会工作中一种高效且必备的工作手段。中国工会十七大上，王东明主席在报告中指出，“积极建设智慧工会。强化互联网思维，运用大数据、云计算、物联网、人工智能等手段推进工会工作，促进互联网和工会工作融合发展，构建网上工作平台，打造工会工作升级版”。运用互联网技术等手段，推进互助保障活动业务管理、会员管理、财务管理、风险防控管理等信息化平台系统建设，是提高职工互助保障组织科学化管理水平的必要手段。

近几年来，北京、上海、云南、重庆、广东、江西等省（市）互助保障组织积极推进信息化建设，通过业务系统开发、信息化平台建设，率先实现业务实时监控、线上参保理赔查询等功能，使服务职工更加精准、便捷、高效，广受职工好评。北京、重庆、江西等地依托网站、微信平台、App 等服务平台，实现了服务会员的网络化、扁平化和交互式服务，如开展健康大讲堂、线上问诊、微信平台抢福利、便捷生活服务等普惠性服务活动，促进了线上线下服务的互动融合，有效拓展了服务职工的深度和广度，服务能力显著提高，使工会组织的吸引力、影响力不断增强。但是，总体来说，职工互助保障信息化平台建设还处于起步阶段，区域间发展不平衡，信息化程度不高并且功能亟待完善。

随着职工互助保障组织的不断发展，越来越多的职工加入职工互助保障活动，怎样进行高效管理就成为工作人员需要解决的问题。每年全国有数千万职工参加职工互助保障活动，如此庞大的组织和会员随时处于动态变化之中，传统的人工管理方式已经难以满足现阶段的工作需求。互联网时代讲求“用户体验”，会员的参保、理赔，准确性和实效性极大程度上影响着会员的用户体验。各级工会组织要将互助保障活动纳入“互联网 +”模式的工会建设中，促进提升职工互助保障工作水平。按照“全面、准确、细化、动态”的要求，加快推动职工互助保障活动信息化平台建设，规范互助保障业务操作流程，提升运营管理能力。通过信息化建设，提升互助保障服务效能，实现运营管理标准化、业务流程标准化和服务质量标准化；通过信息化平台建设，实现统一监管和分级监管有机配合，满足不同层级监管要求，在活动项目、大额资金管理、风险防控等方面提供监管手段，实现数据动态检测，有效防范和化解潜在风险；通过信息化平台建设，构建“扁平化”服务模式，不断优化流程、简化手续，特别是与医保数据的对接，为职工提供精准、高效、便捷的保障服务，提高业务流程、数据传输、风险防控等方面的工作效率，降低运营成本。

同时，依托信息技术，建立线上线下互动机制。集中优势资源开展线上线下健康安全教育、健康诊疗等服务，有效延伸服务内容，普惠职工群众。促进职工互助保障干部的学习交流，密切上下级之间、平级之间的联系，加强纵向、横向的沟通。及时学习了解职工互助保障的文件精神，推广先进省市的经验做法，不断提高从业者的工作水平和自身素质。充分利用现代信息技术，创新组织模式和服务手段，拓宽职工参与渠道，建立与职工的直接联系。拓宽互助保障宣传工作的覆盖面，增强影响力和渗透力，让职工和工会干部更加了解这项活动。

100 全国工会基金组织的现状和作用如何？

目前，工会系统内有全国总工会直管的由民政部批准成立的中国职工发展基金会以及地方工会管理的由当地民政部门批准成立的基金会，如北京市温暖基金会、四川省困难职工帮扶基金会等。作为工会组织的延伸手臂，工会基金组织在参与社会治理、服务职工群众、服务工运事业方面发挥了积极作用。

（1）聚焦工会主责主业，在服务职工方面深耕细作。中国职工发展基金会从职工教育发展、医疗健康、帮扶救助、文体服务四大方向着手，强化横向联系和资源整合，有针对性地推动职工公益事业开展。北京市温暖基金会积极发扬职工互助互济精神，筹集资金解决职工困难，进一步打造“专业化、社会化、规范化、品牌化”的服务职工的慈善公益平台。四川省困难职工帮扶基金会致力于打造一个社会化的帮扶平台、一个开放式的公益平台、一个全省性的职工慈善平台，坚持“爱心凝聚，温暖传递”的宗旨，围绕中心工作、协同各方力量，整合社会资源，多渠道募集善款，精心打造品牌项目。

（2）设立多项专项基金，服务各类职工群体。中国职工发展基金会围绕产业工会和地方工会业务发展需要，推动设立关爱劳模专项基金、职业人群健康管理专项基金、职工体育服务专项基金、关爱女职工专项基金等，涵盖关爱劳模、关爱户外劳动者、职工人群健康管理、职工文体服务等领域。北京市温暖基金会成立了时传祥环卫工人专项温暖基金、园林绿化行业暖心专项温暖基金、暖的士基金等广大职工汇聚爱心、奉献爱心、传递爱心的平台。

（3）开展公益项目活动，搭建广大职工奉献爱心平台。中国职工发展基金会开展劳动者驿站（港湾）公益项目，关爱援鄂医务人员家属活动，向隶属北京城区的疾控、医疗、快递、环卫等行业职工捐赠稳岗留工年夜饭活动等，取得了良好的社会效果。北京市温暖基金会设置有一元捐（十元捐）、公益班车、温暖武汉等公益项目，每年定期在元旦、春节、“五一”和中华慈善日开展“一元捐（十元捐）”公益项目，品牌传播力和影响力不断提升。四川省困难职工帮扶基金会连续打造创业扶持·扶贫脱困项目、“心系马路天使·关爱环卫工人”系列项目、关“癌”行动·重大疾病救助项目等，成为四川职工慈善和工会社会化帮扶工作的新探索。

工会的基金会组织有效延伸了工会组织服务职工的手臂。作为工会组织服务职工群众的重要渠道，工会基金组织积极践行党的群众路线，坚持增强政治性、先进性、群众性的工会改革方向，坚决围绕工会工作大局开展工作，整合工会系统内部资源，加强与各产业工会的合作，结合工会的工作重点，在职工群众关心关注的领域开展各种活动，让职工群众感受到工会的温暖，增强组织的凝聚力，延伸工会的服务手臂，提升工会组织的吸引力。同时，工会基金组织在推动实现共同富裕方面也发挥了积极作用。工会基金组织通过加大对困难职工的帮扶力度，成立专项基金、开展慈善活动，为困难职工群体解决工作、生活、学习中的“急难愁盼”问题，缩小了贫富差距，缓解了社会矛盾，维护了社会公平正义，让困难职工群体共享经济社会改革发展成果。

101 如何加强对工会基金组织的监督管理工作?

工会基金组织的监督管理工作要紧扣安全与发展的主题。保障安全要从制度建设入手，以指导其健全完善内部规章制度为着力点，加强作风建设、夯实工作基础、提高管理水平。落实资金监管制度，严格资金支出审批，加强审计监督。充分发挥理事会监事会作用，对重大人事调整、重要项目开展、资金使用等行使监督权力。立足发展，围绕职工群众需求开展业务工作，建立健全社会公益资源向职工服务领域融入、转化和输送机制，搭建发挥工会优势、具有工会特色的公益活动平台和网络体系，打造品牌化、项目化、信息化、协同化的运作模式，整合社会资源，开发创新社会化项目。

（1）监督工会基金组织做好年度报告工作。《中华人民共和国慈善法》（以下简称《慈善法》）第十三条规定，慈善组织应当每年向其登记的民政部门报送年度工作报告和财务会计报告。报告应当包括年度开展募捐和接受捐赠情况、慈善财产的管理使用情况、慈善项目实施情况以及慈善组织工作人员的工资福利情况。

（2）监督工会基金组织的关联交易行为。《慈善法》第十四条规定，慈善组织的发起人、主要捐赠人以及管理人员，不得利用其关联关系损害慈善组织、受益人的利益和社会公共利益。慈善组织的发起人、主要捐赠人以及管理人员与慈善组织发生交易行为的，不得参与慈善组织有关该交易行为的决策，有关交易情况应当向社会公开。慈善组织虽然不以营利为目的，但是为了实现财产的保值、增值，可以进行投资等营利性活动，在此过程中有可能产生关联交易，相关交易可能受慈善组织的发起人、主要捐赠人、管理人员的影响、控制或支配，也容易出现损害慈善组织、受益人和社会公共利益的情况。这并不是禁止慈善组织所有的关联交易，而是对慈善组织的发起人、主要捐赠人以及管理人员利用其关联关系损害慈善组织、受益人的利益和社会公共利益的关联交易作出禁止性规定。

（3）监督工会基金组织不得从事、资助危害国家安全和社会公共利益的活动，不得接受附加违反法律法规和违背社会公德条件的捐赠，不得对受益人附加违反法律法规和违背社会公德的条件。

（4）加强对工会基金会组织资金的监管。监督工会基金组织严格执行民政部《关于慈善组织开展慈善活动年度支出和管理费用的规定》要求。对具有公开募捐资格的工会基金组织，在慈善活动支出方面，要求不得低于上年总收入的70%，可以用前三年收入平均数代替上年总收入。在年度管理费用方面，要求不得高于当年总支出的10%。对于基金组织的投资行为，严格执行禁入的八个领域包括：①直接买卖股票；②直接购买商品及金融衍生品类产品；③投资人身保险产品；④以投资名义向个人、企业提供借款；⑤不符合国家产业政策的投资；⑥可能使本组织承担无限责任的投资；⑦违背本组织宗旨、可能损害信誉的投资；⑧非法集资等国家法律法规禁止的其他活动。

102 如何做好职工服务中心（职工帮扶中心）阵地的建设管理工作？

根据工会资产统计数据显示，2021 年全国共有 617 个县级以上职工服务中心（职工帮扶中心）。《中国工运事业和工会工作“十四五”发展规划》提出，开展职工服务中心（职工帮扶中心）赋能增效工作，提升职工服务中心（职工帮扶中心）综合服务职工功能，2021 年完成 20 家试点职工服务中心（职工帮扶中心）的综合服务能力建设、到 2025 年底实现县级以上职工服务中心（职工帮扶中心）综合服务职工能力全面提升。全国总工会办公厅印发的《关于开展提升职工生活品质试点工作的通知》，也明确了推进职工服务中心（职工帮扶中心）赋能增效，打造服务职工综合体的试点任务。

（1）要推动职工服务中心（职工帮扶中心）纳入当地经济和社会发展规划，根据当地党委政府的经济社会发展目标和职工群众的实际需求，设置生活救助、就业服务、信访接待、法律援助等帮扶项目，突出工作实效，办出品牌特色，探索建立社会资源与职工需求精准对接的枢纽型平台，以工会帮扶中心为载体，建成职工需求的服务平台、供需对接的枢纽平台、社会资源的孵化平台、服务项目的培育平台。

（2）要制定职工服务中心建设的总体规划和具体实施办法，对各级工会的职工服务中心建设情况进行工作指导和考核监督，在政策协调、资金、工作开展等方面给予支持。探索服务职工一体化功能，整合内部有关业务部门的力量，依托工会帮扶中心，把工会服务职工、服务基层相关业务统一到平台，形成工作合力，实现一站式服务。加强地市级、县级工会帮扶中心和基层帮扶工作的有效衔接，建立健全本区域内的工会困难职工帮扶网络。

（3）要着力提升职工服务中心的服务职工功能，坚持公益性服务性，切实提高广大职工群众的获得感、幸福感、安全感。坚持因地制宜、注重实效、突出特色、职工受益的原则，把能否帮助职工群众实实在在地解决困难和问题作为衡量职工服务中心工作水平高低的重要标志。探索创新多层次、多领域工会服务职工项目融合平台，聚焦“帮扶中心＋服务职工基地＋基层工会”协作模式，建立上下、左右、内外分层分级分类协作机制，明确帮扶工作职能部门、帮扶中心、基层工会、服务职工基地工作协同机制。

（4）要加大对区县一级工会帮扶中心建设的指导和扶持力度。积极通过争取财政资金支持、加大工会经费投入和多方筹集社会资金等途径解决好工会帮扶中心的资金困难。要积极推动省（自治区、直辖市）和市（州、盟）财政设立专项帮扶资金、列入财政预算，向县级工会帮扶中心提供资金支持。争取党委和政府在开展就业培训、创业指导、职业介绍和募集社会捐助资金等方面出台优惠政策，提供政策支持。同时通过争取政府和社会的支持，解决工会帮扶中心建设过程中的人员、场地、软硬件设施等难题，实现县级工会帮扶中心的可持续发展。

103 如何加强对全国总工会本级政府采购和工会资金采购工作的监督管理？

（1）加强全国总工会本级政府采购和工会资金采购工作的监督管理，要建立健全内部采购制度。根据《中华人民共和国政府采购法》《中华人民共和国政府采购法实施条例》和财政部有关规定，全国总工会相继制定了《全国总工会本级政府采购管理办法》《全国总工会本级工会资金采购管理办法（试行）》和《全国总工会本级工会资金采购实施细则》，并根据国务院办公厅印发的《中央预算单位政府集中采购目录及标准（2020年版）》，制定了《全国总工会本级预算单位工会资金集中采购目录及标准》，从源头上明确各部门的管理职责，明确采购事项的审批、备案和管理事项，明确工作程序、方式与组织形式，明确纳入集中采购范围的采购项目和达到分散采购的限额标准，正式建立起了全国总工会本级的采购工作制度，使采购工作有章可依、有规可循。

（2）加强全国总工会本级政府采购和工会资金采购工作的监督管理，要相关部门各司其职、履职尽责。对于政府采购管理工作，全总资产部负责对全国总工会本级预算单位的政府采购进行监督管理，全总财务部负责全国总工会本级政府采购预算管理，各采购单位负责本单位政府采购的组织实施和日常管理工作，全总机关服务中心负责全国总工会机关政府采购的组织实施和日常管理工作。对于工会资金采购管理工作，全总资产部负责对全国总工会本级的工会资金采购进行管理，全总财务部负责全国总工会本级工会资金采购预算管理，全总经审会办公室对全国总工会本级的工会资金采购活动进行审计监督，全总机关服务中心成立全国总工会本级集中采购办公室，负责全国总工会本级工会资金采购的组织实施和日常管理工作，各采购单位配合集采办完成本单位工会资金采购的组织实施和日常管理。各个部门按照职责分工对采购工作进行全流程管理，相互配合、积极协作，避免环节衔接上出现漏洞黑洞。

（3）加强全国总工会本级政府采购和工会采购工作的监督管理，要坚持底线思维，严格遵照规章制度执行。纳入政府（工会资金）集中采购目录内或集中采购目录以外，但达到分散采购限额标准以上的货物、服务和工程项目，必须履行政府（工会资金）的采购程序，从采购预算编制、采购计划编报、采购方案制定、采购活动组织实施到采购合同履行及验收等，均要按照全国总工会制定的管理办法以及实施细则的相关要求执行，不可随意调整、任意所为。每种政府（工会资金）采购方式都有不同的适用范围，要根据采购项目的实际情况确定，各采购单位要负起主体责任，不可弄虚作假或贪图便利。对于需要变更政府（工会资金）采购方式的项目，要参照财政部的有关文件提供所需材料，经相关部门审批后执行。

GONG HUI ZI CHAN GAI GE

FA ZHAN

第八部分

工会资产改革发展

104 为什么要把推动工会资产实现高质量发展作为工会资产工作的主要任务？

党的十八大以来，习近平总书记高度重视推动我国经济高质量发展，强调新时代我国经济发展的基本特征，是由高速增长阶段转向高质量发展阶段。高质量发展，集中体现了坚持以提高发展质量和效益为中心，是为了更好满足人民日益增长的美好生活需要的发展，是体现新发展理念的发展。推动高质量发展，对于我国发展全局具有重大现实意义和深远历史意义。

全国总工会高度重视推动工会资产实现高质量发展。2019年10月30日，全总办公厅印发了《中华全国总工会关于推动工会资产实现高质量发展的指导意见》，对推动工会资产高质量发展作出全面部署。各级工会要从全局和战略的高度，深刻认识推动工会资产高质量发展的重大意义，切实把其作为工会资产工作的主要任务抓紧抓好。

（1）推动工会资产高质量发展，是深入学习贯彻习近平新时代中国特色社会主义思想特别是经济思想的必然要求。党的二十大明确提出，发展是党执政兴国的第一要务。高质量发展是全面建设社会主义现代化国家的首要任务，要加快构建新发展格局，着力推动高质量发展，完整、准确、全面贯彻新发展理念，推动经济实现质的有效提升和量的合理增长。当前我国正处于转变经济发展方式的关键时期，必须以适应科技新变化、人民新需要，形成优质高效多样化的供给体系，提供更多优质产品和服务，在新的水平上实现供求均衡。推动高质量发展是适应我国社会主要矛盾变化的必然要求。当前我国社会主要矛盾已经转化为人民日益增长的美好生活需要和不平衡不充分的发展之间的矛盾。不平衡不充分的发展就是发展质量不高的表现。解决社会主要矛盾，必须推动高质量发展。推动高质量发展是遵循经济规律的必然要求，经济发展是一个螺旋式上升的过程，当量积累到一定阶段，必然转向质的提升，我国经济发展也要遵循这一规律。

（2）推动工会资产高质量发展，是深化工会改革创新的必然要求。2015 年 7 月召开中央党的群团工作会议以来，全国总工会紧紧围绕保持和增强工会组织和工会工作的政治性、先进性、群众性，有力有序推进改革，圆满完成了党中央下达的改革任务。为了进一步深化改革，全国总工会于 2018 年 9 月制定了《深化工会改革创新实施方案》，对健全工会资产监督管理体制、持续深入推进工人文化宫、工人疗休养院清理整改、深化工会经营性事业单位改革等提出明确要求。坚持以改革为动力，在推动工会资产高质量发展上狠下功夫，是深化工会改革创新、提高工会整体工作水平的应有之义。

（3）推动工会资产高质量发展，是突出工会资产公益性服务性、更好服务职工群众的必然要求。随着我国经济社会发展的不断进步，职工群众的需求也在不断发展变化，呈现出多样化、多层次、多方面的特征。职工队伍规模不断壮大、结构深刻变化、素质逐步提升，职工群众对劳动经济权益、精神文化需求、健康安全环境等方面的需求更加强烈。实现工会资产高质量发展，为职工群众提供精准、便捷、普惠式服务，促进职工体面劳动、舒心工作、全面发展，是工会资产工作的主要任务。

105 如何建立健全推动工会资产实现高质量发展的五大体系？

推动工会资产实现高质量发展，必须加快形成推动高质量发展的指标体系、政策体系、标准体系、信息系统建设体系、考核体系，创建和完善制度环境，推动我国工会资产在实现高质量发展上不断取得新进展。

（1）完善指标体系。坚持把社会效益放在首位，依据工会资产的属性、作用等，合理确定其社会效益指标和经济效益指标，努力实现社会效益和经济效益的有机统一。工会资产的社会效益指标主要体现在：当地党和政府把公益性工会事业资产纳入公共服务体系；主管工会把工会资产工作纳入本级工会中心工作；构建联系基层、服务基层的平台和机制；政府主管部门行业评价较高；获得上级奖励或表彰，品牌示范作用发挥较好；聚焦主责主业，主营业务收入占比较高；服务活动覆盖面较广，职工普惠受益；基层工会和职工满意度评价较高等。工会资产的经济效益指标主要体现在：行政性资产、公益一类事业单位、纳入财政或工会经费全额预算管理的事业单位资产安全完整；公益二类事业单位收支基本平衡，资产保值增值，具有自我发展能力；企业和生产经营类事业单位在人均劳动生产率、成本费用率、净资产报酬率、市场占有率等方面基本达到市场同类企业的平均水平。

（2）明确政策体系。落实党和国家公益性服务性法律法规和政策，把工会资产工作纳入党和国家工作大局，形成推动工会资产高质量发展的合力。积极争取同级政府把工人文化宫、工人疗休养院、职工互助保障组织纳入当地公共文化、卫生健康、保障服务体系，推动把工人文化宫、工人疗休养院等工会事业单位分类改革政策落实到位。完善工会资产资金保障机制。推动构建财政资金支持与工会经费合理保障相结合的多渠道资金保障机制。加快工会资产服务阵地基础设施设备的更新、改造和升级，加大对下级工会所属的工会资产服务阵地扶持力度。完善工会资产监督管理体制，强化工会资产监管组织体系、工作体系、制度体系和责任体系。坚持和完善公益导向与社会化、市场化运作相结合的运营机制，构建工会资产高质量供给体系，提高工会资产的服务能力和水平。

（3）构建标准体系。严格遵循国家法律法规和政府行业主管部门制定的强制性标准，推进各领域工会资产实现手续完备、证照齐全、服务达标、管理规范。明确行业标准和业务规范，构建具有工会特点、内容科学、结构合理、衔接有序的工会资产行业标准体系和业务规范，实现标准统一、有效供给。

（4）推进信息系统建设体系。按照“全面、准确、细化、动态”的要求，加快推进工会资产监管信息系统建设，建立工会资产基础数据库，实现资产管理工作信息化。完善工会资产统计制度，健全反映工会资产重点领域、重点环节高质量发展的统计指标体系，强化资产管理数据分析和应用，推进资产管理数据由“数库”向“智库”转变。

（5）强化考核体系。建立工会资产监管工作指导评价机制，建立健全县以上工会每年向上一级工会报告工会资产工作情况的制度。强化工会资产运营绩效和经营业绩考核机制。建立健全工会资产运营绩效和经营业绩考核指标体系、责任体系和评价体系。

106 各级总工会如何做好本级工会企事业单位经营业绩的考核工作？

《中华全国总工会关于推动工会资产实现高质量发展的指导意见》（以下简称《指导意见》）强调，建立健全工会资产运营绩效和经营业绩考核指标体系、责任体系、评价体系，突出分类考核和差异化考核。根据工会企事业单位的不同功能和类别，合理设置考核权重，科学确定差异化考核标准，提高考核的科学性、针对性和导向性。根据工会企事业发展情况，逐步将激励考核、高质量发展考核、经济增加值考核等纳入配套考核。完善考核奖惩机制，强化考核刚性约束，逐步把考核结果与工会企事业单位领导班子薪酬挂钩，并作为干部职务任免的重要依据。《指导意见》为做好工会企事业资产经营业绩考核工作明确了方向、目标和任务。

（1）明确考核指标是考核工作的基础和重点。设置和确定工会企事业单位资产经营业绩考核指标十分重要。主管工会要从工会企事业单位发展的现状出发，按照统一考核和分类考核的原则，结合工会企事业单位的性质和作用，研究确定各项考核指标。具体来讲，应包括三个方面的内容。一是资产基础管理指标。应重点考核工会企事业单位资产登记、管理、处置和安全生产等情况。二是社会效益指标。应重点考核工会企事业单位服务工会工作全局、服务职工群众等方面的社会贡献度。三是经济效益指标。应重点考核工会企事业单位经营目标的实现情况。对资产建设管理历史遗留问题较多的企事业单位，可将解决历史遗留问题列入考核指标。

（2）完善考核流程是考核工作的有效实现形式。主管工会对工会企事业单位资产经营业绩考核一般为年度考核。年度考核的考核期为每年 1 月 1 日至 12 月 31 日。考核期初，由考核部门与被考核单位协商确定本年度经营业绩考核目标值，报主管工会批准后，正式作为年度考核目标。目标值的确定以基准值（指上年完成值或前三年完成值的平均值）为基础。经营业绩考核应采取签订资产经营管理目标责任书的形式进行，责任书由主管工会负责人或委托考核部门负责人与被考核单位主要负责人签订。责任书明确考核内容、指标及目标值。考核期间，考核部门对资产经营管理目标责任书执行情况实行动态监控。各被考核单位应按照要求定期向考核部门报送季度财务报表，报送资产经营管理目标责任书执行情况。考核期末，考核部门根据签订的经营业绩责任书执行情况，对被考核单位本年度资产经营业绩进行考核，形成考核与奖惩意见，考核结果经主管工会审定后下达各单位。

（3）注重考核结果运用是考核工作的关键和难点。考核结果的运用是让考核成为刚性的关键所在。参照国有企业经营业绩考核规定，结合工会企事业单位的实际情况。工会企事业单位资产经营业绩考核结果应与单位负责人薪酬、年度考核、选拔任用相挂钩。一是经营业绩考核结果与单位负责人薪酬和企业工资总额挂钩。二是经营业绩考核结果应作为对单位负责人年度考核和选拔任用的重要依据。考核结果的运用是考核工作能否取得实效的标志，也是考核工作的难点，主管工会对此必须予以高度重视。

107 如何理解把握工会资产公益性服务性与社会化市场化运作的关系？

《中华全国总工会关于推动工会资产实现高质量发展的指导意见》指出，坚持和完善公益导向与社会化市场化运作相结合的运营机制，充分发挥工会经营性资产和非经营性资产各自的作用和价值。正确把握工会资产公益性服务性与社会化市场化运作的关系，对推动工会资产实现高质量发展具有重要意义。

坚持公益性服务性是做好工会资产工作的根本要求。工会资产阵地是由工会管理、职工使用的，理应在管理、服务、效益方面体现出公益性服务性。随着全面建设社会主义现代化事业的推进，职工的需求越来越多，职工的活动场所应该随着经济的发展而不断完善和发展。但问题是，工会资产如何真正管理好，真正是用于职工，实现公益性质。2016 年以来，按照全国总工会党组、书记处的决策部署，各级工会集中力量推进工人文化宫、工人疗休养院的清理整改工作，其主要目的就是推动工会资产“回归公益、聚焦主业、自主经营、依法监管”。在各方面的共同努力下，清理整改工作取得明显成效，有效地解决了一度存在的工会资产阵地偏离主责主业的问题。坚持工会资产的公益性服务性，就是要始终牢记全心全意为职工群众服务的宗旨，始终坚持工会资产的非营利性、经营自主性、主业限定性、服务普惠性。工会资产的服务，不设门槛，不搞“三六九等”，只要是职工，都应享受工会资产提供的各类专业化服务。

积极稳妥地推进社会化市场化运作，健全完善相应的工作机制，是工会资产公益性服务性的重要实现形式，也是工会资产实现保值增值的重要手段。公益不等于免费，服务不等于施舍。公益性服务性是通过为职工提供优质高效的服务实现的，公益性服务性的水平是由市场决定的。工会资产如果不与社会资源合作、不跟市场对接、不搞好运营，就没有收入，发展都难以维系，何谈公益性服务性。工会资产要走向市场，这是针对工会会员和职工群众讲的。我国广大职工群众和工会会员是工会资产服务的主要对象，也是工会资产发挥作用的庞大市场。当然，讲工会资产与市场对接，不是提倡资产收益最大化，更不是把工会资产搞没有了，而是要通过先进的管理、有效的供给，为职工群众搞好服务，实现良好的社会效益和经济效益。

各级工会组织要把坚持工会资产公益性服务性方向与探索社会化市场化运作机制有机统一起来，在保证牌子不变、功能不变、主业不变、产权不变的前提下，合理借助社会资源解决自身短板，规范运用专业的社会力量为职工提供高品质服务，积极推进市场化体制机制改革，推动工会资产实现高质量发展。

108 全国总工会对工会企事业单位改革有哪些具体要求？

为贯彻落实党中央、国务院关于推进企事业改革的决策部署，全国总工会先后制定下发了《中华全国总工会关于推进工会企事业改革与发展的指导意见》和《中华全国总工会关于做好工会事业单位分类改革工作的指导意见》，对工会系统事业单位分类改革进行指导，地方工会系统事业单位分类改革按照地方党委、政府的部署有序推进。2017年中华全国总工会办公厅下发了《关于工会系统经营类事业单位改革的指导意见》。

长期以来，工会企事业单位在各级工会组织的领导下，紧紧围绕党和国家工作大局和工会工作全局，始终坚持“三服务”宗旨，积极开展为广大职工群众服务的活动，在满足职工物质文化需求、密切工会组织与职工群众联系等方面作出了积极贡献，进一步发展壮大了工会服务阵地，夯实了为职工服务的物质基础。同时，工会企事业单位也存在事企不分、体制不顺、机制不活、设施老化、人才不足、保障不力等问题。这些问题严重影响了工会企事业单位的活力与市场竞争力，也一定程度地制约了广大职工积极性、创造性的充分发挥，必须予以改革。

深化工会企事业单位体制机制改革就是要从根本上解决“会企不分”“会事不分”“事企不分”的问题，围绕工会改革创新和践行企事业“三服务”的根本宗旨，以满足广大职工群众物质文化需求、强化公益服务职能为导向，探索工会企事业单位与社会主义市场经济的结合点，优化战略布局。一是坚持公益性服务性，推动工会资产向发挥工会职能和提供公益性服务的重要行业和关键领域集中，合理收缩工会企事业单位分布范围，使工会资产集中投向直接满足广大职工群众多元化物质文化需求的领域。二是坚持聚焦主业，推动资产向有竞争优势的行业和可能形成主导的领域集中，通过加大增量和存量调整相结合的办法，加大对具有政策资源优势、体现工会特色服务、市场发展前景广阔的工会企事业单位的投入力度。三是坚持服务基层，推动工会资产发挥服务效能，厘清出资人的监管职责与经营者的经营责任，实现工会资产的所有权与经营权分离，清理规范现有事业单位，优化业务领域布局，把市场能够解决的问题交给市场去解决。

工会生产经营类事业单位改革是分类推进工会事业单位改革的重要内容。各级工会要认真学习领会中央关于生产经营性事业单位改革的总体要求，按照全国总工会的要求，正确把握工会生产经营类事业单位改革的指导思想和基本原则、目标任务、操作程序和基本要求，积极稳妥地推进工会经营性事业单位改革，最终使其真正成为自主经营、自负盈亏、平等竞争、自我发展的市场主体，提高资产运营质量和效率，更好地为职工群众服务。

109 如何在事业单位改革中加强工人文化宫、工人疗休养院等工会资产阵地保护？

习近平总书记强调，新形势下，工会工作只能加强，不能削弱；只能改进提高，不能停滞不前。工会资产是工会组织开展工作的物质基础和重要载体，在事业单位改革中加强工会资产阵地保护是各级工会组织的重要任务。

（1）提高认识。工人文化宫是工会组织加强和改进职工思想政治工作、维护职工精神文化权益的重要载体，是法定的国家公共文化设施。工人疗休养院是工会组织维护职工疗休养权益、保护职工身心健康的重要阵地，是国家社会保障和医疗卫生事业的重要机构。工人文化宫、工人疗休养院的名称和品牌具有重要的政治意义和特殊的历史内涵，深得广大职工群众和社会各界的信赖。在事业单位改革中，一些地方出现未经批准擅自撤销工人文化宫、工人疗休养院机构、改变名称等现象，不利于充分发挥工人文化宫和工人疗休养院公益性服务性作用，不利于工会资产的保护和管理。各级工会充分认识工人文化宫和工人疗休养院等工会资产阵地的政治属性和品牌价值，切实做好工会资产阵地保护工作。

（2）依法依规。我国《工会法》《中国工会章程》对工会资产阵地保护有明确要求，《公共文化服务保障法》对工人文化宫等公共文化设施的管理有具体规定。全国总工会办公厅下发的《关于统一和规范工会资产服务阵地标识的通知》规定，省级及省级以下总工会要规范和保护品牌，依法依规悬挂工人文化宫、工人疗休养院等服务阵地标识。《中华全国总工会关于加强和规范工人文化宫管理的意见》规定，要加大工人文化宫保护力度，未经上一级工会批准，不得撤销工人文化宫机构；工会阵地承担工人文化宫功能、开展职工文体活动的，应加挂工人文化宫的牌子；以建设工人文化宫名义立项的，不得更改工人文化宫的名称和用途。《中华全国总工会关于加强和规范工人疗休养院管理的意见》规定，地方工会对所属疗休养院改变性质、改变所有权以及关、停、合并或撤销事宜，由省级总工会上报全国总工会，经全国总工会批准后方可实施。各级工会要按照上述要求，依法依规做好工人文化宫、工人疗休养院阵地保护工作。

（3）加强领导。各省级总工会资产监督管理部门要高度重视工人文化宫和工人疗休养院等工会资产阵地保护，切实负起职能部门责任。各主管工会要切实承担起主体责任。要及时对本辖区内工人文化宫、工人疗休养院等工会资产阵地保护情况进行排查，如发现未经批准擅自撤销工人文化宫、工人疗休养院机构、改变名称等问题，要在同级党委领导下，积极争取政府支持，协调相关部门，积极稳妥地予以解决。要进一步增强阵地保护意识，完善工作机制，确保工人文化宫、工人疗休养院等工会资产阵地在事业单位改革中做优做强，实现高质量发展，更好地服务职工群众。

110 “十四五”期间，全国工会资产服务阵地建设的目标任务有哪些？

“十四五”时期工会资产服务阵地建设总体要求是：坚持以习近平新时代中国特色社会主义思想为指导，全面学习贯彻党的二十大精神，认真学习贯彻习近平总书记关于工人阶级和工会工作的重要论述，贯彻落实《中国工运事业和工会工作“十四五”发展规划》，坚持稳中求进的工作总基调，立足新发展阶段，贯彻新发展理念，构建新发展格局，以坚持工会资产公益性服务性为方向，以推动工会资产实现高质量发展为主线，以服务职工群众为目的，积极推动工会资产服务阵地建设，促进构建高标准职工服务体系。

“十四五”时期，工会资产服务阵地建设管理工作的主要目标任务是：一是工会资产服务阵地公益性服务性建设取得新成效。牢牢把握公益性服务性这一根本要求，立足党和国家工作大局和工会工作全局，谋划和加强工会资产服务阵地公益性服务性建设，积极推动职工文化教育事业、职工疗休养事业、职工互助保障事业纳入国家公共文化、卫生、保障服务体系，强化工会资产服务阵地服务职工、服务基层功能，努力为广大职工办好事、做实事、解难事，不断促进工会资产服务阵地实现高质量发展。二是工会资产服务阵地建设迈出新步伐。加强工人文化宫规范化建设管理，“十四五”期间，全国建设 100 家标准化工人文化宫，推动经济较发达、职工人数多的县（县级市）实现工人文化宫建设全覆盖；整合工会资源，把县级工人文化宫打造成工会组织综合服务阵地。推进工人疗休养院改革发展，提升综合服务水平。“十四五”期间，各省级总工会至少有一家具有区位和资源优势、具有特色疗养服务和较强接待能力的工人疗休养院。充分发挥职工互助保障组织作用，加强和规范职工互助保障活动管理，推动实现全国职工互助保障活动省级统筹或管理。加强职工院校和职业培训机构建设。推动职工旅行社、工会宾馆等积极承担劳模、职工疗休养等公益服务业务。三是工会资产服务阵地发展质量效益实现新进步。按照“突出公益、聚焦主业、自主经营、依法监管”的工作要求，更好地发挥工人疗休养院、工人文化宫、职工互助保障组织等服务职工的作用。实施工会企事业单位经营业绩考核工作专项行动，到 2025 年底实现各级工会对本级工会企事业单位经营业绩考核全覆盖。工会企事业单位资产总额和总收入稳中有进，服务职工人次、覆盖面、普惠程度得到提高，体制机制改革步伐加快，服务能力和整体竞争力增强，形成覆盖面广、影响力大的工会资产服务品牌。四是工会资产管理效能和风险防控能力达到新水平。加强工会资产制度建设，积极探索工会资产制度的实现形式，到 2025 年底形成较为完善的工会资产制度体系。深化工会资产体制机制改革创新，落实“统一所有、分级监管、单位使用”的工会资产监督管理体制，加强工会资产基础管理。建立健全工会资产统计制度、报告制度，加大工会资产产权登记工作力度，到 2025 年底工会资产不动产产权登记率逐步提高。加强工会资产管理信息化建设。积极稳妥推进工会事业单位改革工作，依法依规做好工人文化宫、工人疗休养院等工会资产阵地保护工作。

111　如何正确认识和把握《关于坚持公益性服务性方向　推进职工服务阵地社会化市场运作的意见》？

全国总工会高度重视职工服务阵地建设工作，强调要坚持公益性服务性方向，积极探索创新职工服务阵地运营管理方式，更好服务职工群众。2022 年 3 月，全国总工会出台《关于坚持公益性服务性方向　推进职工服务阵地社会化市场化运作的意见》（以下简称《意见》）。要深刻把握《意见》出台的必要性和重要性，切实提高政治站位，深化思想认识，准确把握《意见》精神实质和内在要求。

深入学习领会《意见》精神，需要重点把握以下几点。一是聚焦高质量发展的主线。全国总工会党组、书记处高度重视推动工会资产实现高质量发展，研究出台《关于推动工会资产实现高质量发展的指导意见》，要求建立公益性服务性与社会化市场化运作相结合的运营机制。浙江等地工会积极开展职工服务阵地社会化市场化运作试点工作，取得明显成效。把握职工服务阵地实现高质量发展这一主线，需要及时把地方的有益探索和经验上升为制度。二是着力解决存在的问题。近年来，工人文化宫、工人疗休养院清理整改工作取得显著成效，实现应清尽清、应改尽改，但部分职工服务阵地还存在管理机制不活、专业人才不足、资金投入不够、资产使用效率不高甚至资产闲置等问题。解决这些问题，归根到底要靠改革创新。三是把握规划落实的要求。《中华全国总工会关于中国工运事业和工会工作“十四五”发展规划》（以下简称《规划》）对加强职工服务阵地标准化建设和规范化管理提出明确要求。创新职工服务阵地社会化市场化运作方式，对于把握稳中求进工作总基调，落实《规划》提出的目标任务，具有重要意义。

在《意见》适用过程中，要把握好以下几个方面：一是关于公益性服务性和社会化市场化的关系。要全面辩证理解公益性服务性和社会化市场化的关系，公益性服务性是方向，社会化市场化运作是手段，两者是有机统一的。利用社会资源弥补自身短板、提高服务能力，运用市场机制深化改革、激发发展活力。社会化市场化运作是公益性服务性的重要实现形式。要坚决避免把两者对立起来、割裂开来的观点。二是关于文件适用范围。考虑到职工服务阵地种类较多，难以列举完全，《意见》在明确职工服务阵地的一般概念、提出总体要求的基础上，强调目前尚处于闲置状态、发展质量效益不高以及已完成清理整改工作的工人文化宫、工人疗休养院等职工服务阵地，优先探索社会化市场化运作方式，以此引领带动各级各类职工服务阵地积极探索实现高质量发展的有效途径。三是关于文件的指导性和可操作性。考虑到职工服务阵地在各地区、各层级之间发展不平衡，且单位性质、经费（收入）来源渠道、主责主业差异较大，如《意见》内容过于细致具体，将不利于各地操作和执行。按照统一所有和分级监管相统一、统一监管和分类监管相统一、管住管严和搞好搞活相统一的原则。《意见》既对社会化市场化运作的适用范围、实现途径和运行机制作较为明确的原则规定，又授权各省级总工会研究制定具体实施细则，在试点基础上积极稳妥推进。

112 如何理解职工服务阵地社会化市场化运作的内在要求？

职工服务阵地的社会化，主要是以自有资源撬动社会力量参与职工服务阵地建设、管理、使用和发展，为职工提供高品质的服务。职工服务阵地的市场化，主要是运用市场机制深化内部体制机制改革，搞好搞活职工服务阵地。要坚持从职工服务阵地建设和管理工作的实际出发，探索和规范符合职工服务阵地性质特点、推动实现高质量发展的运营管理方式。

目前，职工服务阵地社会化市场化的实现途径主要有以下几种：

（1）落实公益保障政策，优化发展格局。加大源头参与和法律政策协调力度，用好向党委汇报工作、工会与政府联席会议、公共文化服务体系协调小组等机制和平台，推动落实党和国家有关法律和政策规定，把职工服务阵地建设纳入各地经济社会发展大局。积极争取同级政府把工人文化宫、工人疗休养院、职工互助保障组织等职工服务阵地纳入当地公共文化、卫生健康、保障服务体系，推动其人员经费、活动经费、基本运行经费的保障政策与当地同类公益性单位同等待遇，并享受水、电、气等公用服务价格优惠政策和税收优惠政策。鼓励职工服务阵地积极承接政府购买的公共文化、卫生、医疗、教育、养老等服务，促进地方公共服务体系建设。加强与地方党委、政府、群团组织等所属公共服务机构的互联互通，推动建立公益联盟，实现阵地联建、活动联推、项目联合、人才联动，构建党政重视、工会运作、多方支持的社会化发展格局。

（2）加强对外合作，拓宽发展路径。在充分利用自有阵地、人才、技术等资源开展工作的前提下，职工服务阵地要积极整合利用自有资源以外的力量，为职工提供高品质、高标准的服务产品。一是加强职工服务阵地之间的合作。支持工会所属的各级各类职工服务阵地之间进行服务资源整合。鼓励成立协会、联合会等行业自治组织，加强行业交流、业务协同和自律管理。推动工人文化宫、职工学校、工人疗休养院、职工互助保障组织、职工服务中心、职工书屋、学习强会等职工服务阵地之间加强资源共享、信息共通、平台共建，积极承担工会的公益服务业务。二是加强职工服务阵地与工会外部的合作。支持工会所属的职工服务阵地与工会外部的社会组织、专业机构、企业之间进行合作，鼓励社会力量参与活动项目打造、产品和服务提供、服务资源配送等。合作项目内容应有利于强化职工服务阵地主责主业，有利于服务职工、服务基层。鼓励工人文化宫、工人疗休养院、职工互助保障组织等职工服务阵地整合社会志愿服务资源，培育社会专业服务团队。确需提供停车场、便利店、平价餐饮、文体健康用品等少量配套性质的准商业服务的，应规范合作方式，严格限制经营内容、使用面积，遵循紧密配套、便利职工、相对低价的原则。三是接受捐赠、赞助等。鼓励和支持慈善公益组织、社会力量通过捐赠资金或捐助设施设备、资助项目、赞助活动等方式，参与职工服务阵地建设和发展。

（3）深化体制机制改革，增强发展活力。贯彻落实党和国家关于事业单位改革和国有企业改革的方针政策和决策部署，在坚持公益性服务性的前提下，深化工会企事业单位体制机制改革，积极推动工会企事业单位按照市场经济规律办事，激发发展动力和活力，充分发挥工会公益性资产和经营性资产各自的作用和价值。工会公益类事业单位要按照国家关于事业单位改革的要求和《工会行政事业性资产管理办法》，深化劳动、人事和分配制度改革，强化激励约束机制，进一步完善功能布局，优化资源配置，提升运行效率，提高服务质量。积极稳妥推进工会经营类事业单位转企改制工作。工会企业要按照国家关于完善现代企业制度的要求和《工会企业资产管理办法》，遵循市场经济规律和企业发展规律，进一步健全法人治理结构，完善现代企业制度，成为依法自主经营、自负盈亏、自担风险、自我约束、自我发展的市场主体，成为自觉履行政治责任和社会责任的表率。工会企事业单位可根据实际需要，采用市场化手段引进专业团队和人才，提高专业化水平。工会所属企业可探索聘用职业经理人参与经营管理。

制度的生命力在于执行。抓好《关于坚持公益性服务性方向 推进职工服务阵地社会化市场运作的意见》的贯彻落实，关键在于压紧压实主体责任，推动《意见》真正落地见效。《意见》明确，按照“谁主管、谁负责”原则，各级工会是坚持公益性服务性方向，积极稳妥推进职工服务阵地社会化市场化运作的责任主体。一是要抓好学习宣传。深入学习理解《意见》精神和工作要求。通过专题学习、研讨、培训、实践教学等形式，加强对《意见》的学习研讨，努力把学习成效转化为工作实效。二是要加强配套制度建设。省级工会要加强对职工服务阵地发展状况的调查研究，结合实际，研究制定配套制度。配套制度主要包括：贯彻落实《意见》的实施细则、职工服务阵地社会化市场化运作的负面清单，加强政策、资金和人才保障的制度等。三是要搞好反馈评估。按照《意见》要求，要制定试点工作方案，强化试点工作指导，在实践中总结经验，探索创新。要跟踪落实情况，搞好评估问效，确保工作实效，形成有制度、有试点、有经验、有评估的工作闭环。

113 全国工人文化宫、工人疗休养院清理整改工作的基本经验是什么?

为认真贯彻落实中央党的群团工作会议要求，保持和增强工会工作和工会组织的政治性、先进性、群众性，推动工人文化宫、工人疗休养院聚焦主责主业、突出公益性服务性，更好发挥服务职工的作用，从2016年起，全总党组、书记处把加强工会资产公益性服务性建设纳入工会改革范畴，部署开展工人文化宫、工人疗休养院清理整改工作。

五年来，各级工会围绕“突出公益、聚焦主业、自主经营、依法监管”的工作要求，依据《关于加强和规范工人文化宫管理的意见》《关于加强和规范工人疗休养院管理的意见》等5个文件，切实履行主体责任，集中力量、建立台账、明确分工、加强指导，持续推进工人文化宫、工人疗休养院清理整改工作，目前基本实现应清尽清、应改尽改，从根本上解决了工人文化宫、工人疗休养院整体出租承包、委托经营等突出问题，推动其走上了一条在为职工群众提供优良服务的过程中实现“两个效益”相统一的新路子。

各级工会在推进清理整改工作的实践中，积累了有益的工作经验。一是坚持高位推动与部门协同相结合。一把手亲自布置、靠前谋划，分管领导协调推动、抓好落实。工会资产、宣教、财务、保障等部门协作联动，形成清理整改工作合力。二是坚持从严从实要求与分类指导相结合。既严格落实清理整改工作要求，又从实际出发制定政策，分类整改、分类施策，实现精准整改。三是坚持工会主导与调动各方面资源力量相结合。抓住工会改革机遇，充分利用人大议案、政协提案、工会与政府联席会议等机制和平台，积极争取各方面的支持，构建共同推动清理整改工作的格局。四是坚持落实主体责任与加强对下级工会的领导和服务相结合。强化上级工会对下级工会的领导和服务职责，帮助分析政策、协调解决问题、落实整改责任。把清理整改进度与市县工会工作考核、工会资产功能修复资金补助挂钩，推动工作取得实效。五是坚持充分沟通协调与依法依规办事相结合。既坚持宣传政策，争取理解和支持，又坚持依法依规，运用法律手段解决问题，维护工会的合法权益。对于情况复杂、历史问题久拖不决的整改项目，合理借助纪检、审计、司法的力量推动问题解决。六是坚持推进清理整改和加强管理、推动改革发展相结合。边清理整改、边谋划发展，把清理整改与功能修复、加强内部管理、深化机制改革结合起来，坚持整改一户、盘活一户，着力提升社会效益和经济效益，提高服务职工的能力和水平。这些经验，对于做好新时代工会资产监督管理工作，加强工会资产服务职工阵地建设，具有重要指导作用。

114 如何发挥工会资产工作在工会工作中的重要作用？

工会资产工作是工会工作的重要组成部分。新形势下，各级工会特别是工会资产监督管理部门要高度重视做好工会资产工作，推动工会资产实现高质量发展，在工会工作中发挥重要作用。

（1）提高政治站位，推动工会资产实现高质量发展。坚持以习近平新时代中国特色社会主义思想为指导，深入学习贯彻习近平总书记关于工人阶级和工会工作的重要论述，贯彻落实中国工运事业和工会工作“十四五”发展规划要求，以推动工会资产实现高质量发展为主线，系统谋划今后一个时期工会资产工作的新目标新任务，充分发挥工会资产阵地直接面向职工、服务职工的优势，全面推进“工会资产 +”，推动工会资产与工会重点工作深度融合，切实在加强职工思想政治引领、履行维权服务基本职责、推进工会改革创新中发挥工会资产的重要作用。

（2）健全完善工会资产考核工作体系，构建工会资产高质量发展动力系统。落实工会出资人制度，加强本级企事业单位经营业绩考核工作，建立健全工会企事业单位经营业绩考核工作体系，逐步实现各级工会对本级工会企事业单位经营业绩考核全覆盖，充分发挥考核的“指挥棒”和“风向标”作用。研究制定工人文化宫、工人疗休养院、职工互助保障组织考核标准。以考核为抓手，切实把工会资产阵地建起来、转起来、强起来，提高工会资产供给体系对职工需求的适配性，激活职工服务内循环体系，促进工会资产阵地建设提高到一个新水平。

（3）健全完善工会资产服务和制度体系，推进工会资产基础管理工作见行见效。在坚持工会资产统一所有的前提下，进一步压实分级管理的责任，重点加强省级工会资产监管制度建设，形成全面覆盖、上下衔接、执行有力的制度体系，推动工会资产监管体制更好地适应形势和任务的需要。督促落实工人文化宫、工人疗休养院清理整改方案，将工人文化宫、工人疗休养院清理整改成果转化为制度安排，积极争取同级党委、政府把工人文化宫、工人疗休养院、职工互助保障组织等工会企事业单位改革发展纳入当地公共服务体系和经济社会发展“十四五”规划。健全完善工会资产监管部门向同级工会经费审查委员会报告工作的制度。

（4）加强对全国总工会本级工会企事业单位资产监督管理，着力提高其发展质量和效益。贯彻落实《全国总工会本级企事业单位经营业绩考核办法》，推动全国总工会本级企事业单位经营业绩考核工作经常化、制度化、规范化。做好全国总工会本级政府采购和工会资金集中采购的相关工作。抓好中央巡视审计整改任务的落实工作，大力推进解决全国总工会本级基建项目历史遗留问题。积极探索和推动全国总工会本级工会经营性资产经营管理体制改革，积极稳妥推进全国总工会所属生产经营类事业单位转企改制。

（5）培育和打造工会资产服务品牌，促进工会资产做优做强。深入挖掘工人文化宫、职工书屋、工人疗休养院、职工互助保障、职工之家等工会资产特有名称的品牌价值，以管理精细化、服务精准化、运营精品化为目标，以工会资产三大服务领域为重点，全力打造工会资产服务品牌。以工人文化宫规范化建设为主题，筹备召开推进工人文化宫高质量发展工作座谈会，推动筹建全国工人文化宫联盟。在国家发展和改革委员会、中共中央直属机关事务管理局的指导下，研究制定全国工会系统工人疗休养院改革总体方案，并认真组织实施。大力组织并持续打造技术工人疗休养活动品牌，做好劳动模范疗休养基地品牌规范和提升工作。加强职工互助保障品牌的宣传、推广和管理工作，充分发挥全国职工互助保障行业自律管理委员会的作用。

（6）强化工会资产监管的风险防控能力和人才队伍建设，切实把工会资产管住、管严、管好。充分发挥全国工会资产统计信息化系统作用，全面掌握全国工会资产底数，实现对全国工会资产的动态管理、科学管理。探索建立工会资产统计情况通报制度。强化工会资产产权登记工作，积极开展调研督导活动，指导省级工会开展专项检查，推动实现工会资产不动产权登记率普遍提高。坚持鼓励恢复重建、倡导维修改建、规范控制新建的工作方针，依法保护和使用工会资产，严格把关、慎重审核资产处置事项，确保工会资产安全完整。加强工会资产干部队伍建设，以更高标准、更严要求、更实举措加强作风建设，强党性、改作风、抓落实，以作风建设推动各项工作实现新突破。

GONG HUI ZI CHAN
GONG ZUO HE FU WU ZHEN DI
JIAN SHE ZI CE TI

第九部分

工会资产工作和服务阵地建设自测题

一、单项选择题

1. 2021年最新修订的《中华人民共和国工会法》规定："各级人民政府和用人单位应当为工会办公和开展活动，提供必要的设施和活动场所等物质条件。""工会的财产、经费和国家拨给工会使用的（　），任何组织和个人不得侵占、挪用和任意调拨。"

A. 房屋土地　　B. 设备设施

C. 不动产　　D. 服务场所

2. 工会兴办的企业、事业，坚持（　），坚持为改革开放和发展社会生产力服务，为职工群众服务，为推进工运事业服务，这是工会企事业单位的基本宗旨。

A. 政治性、先进性　　B. 先进性、群众性

C. 群众性、公益性　　D. 公益性、服务性

3. 全国总工会对各级工会的资产拥有（　）。

A. 终极管理权　　B. 终极所有权

C. 终极使用权　　D. 终极经营权

4. 工会所属的为职工服务的企业、事业单位，其（　）不得随意改变。

A. 管理关系　　B. 财务关系

C. 人事关系　　D. 隶属关系

5. 工会资产产权界定是指划分工会资产（　）以及占有、

使用、收益和处分等权利的归属，明确工会资产产权主体行使权利的资产范围及管理权限的法律行为。各级工会要依法进行产权登记并办理权属证明。

A. 所有权　　B. 使用权

C. 物　权　　D. 经营权

6. 工会资产统计调查是指全国总工会通过调查表格、问卷、行政记录、大数据以及其他方式，对全国工会资产的存量、分布、结构及其变动、工会资产经营业绩和使用效益等基本情况进行收集、汇总、检索和分析等，全面、真实、系统地反映全国工会资产变动及运行情况，为宏观管理和决策提供依据。工会资产统计级次共分（　），报告期别为（　）。

A. 四级　月报　　B. 四级　年报

C. 六级　月报　　D. 六级　年报

7. 建立健全工会资产工作报告制度，要求县级以上工会资产监督管理机构应当定期向（　）工会资产监督管理机构和（　）工会经费审查委员会报告所辖工会资产监督管理工作、资产保值增值状况和其他重大事项。

A. 上一级　上一级　　B. 上一级　同　级

C. 同　级　上一级　　D. 同　级　同　级

8. 工会行政事业性资产是指各级工会行政事业单位占有、使用，依法确认为工会所有，能以货币计量的各种经济资源的总称。工会行政事业性资产是属于工会所有的（　）。

A. 国有资产　　B. 集体资产

C. 固定资产　　D. 社团资产

9. 根据全国总工会关于工会行政事业性资产管理的制度规定，对县级以上工会组织向工会系统外出售出让工会土地、房屋建筑物事项，以及地方工会具有重大历史意义和社会影响力、拟易地重建的现有（　）、（　）资产处置事项，须及时上报全总资产部，经全国总工会书记处会议研究同意后方可实施。

A. 工会院校　工人体育场

B. 法律援助中心　职工学校

C. 工人文化宫　工人疗休养院

D. 职工服务中心　职工书屋

10. 工会行政事业单位与工会系统以外其他单位进行资产置换，置换给工会的房屋、土地（　）不得低于原址，权属合法、无争议、证明齐全，建设资金要有保证，地理位置要合理。

A. 面积和资产评估价值　　B. 资产和资金

C. 面积和资金　　D. 资金和资产评估价值

11. 工会企业资产是指工会组织对企业各种形式的投资和投资所形成的权益，以及依法认定为工会所有的其他权益。工会所属生产经营类事业单位资产、工会所属事业单位和企业单位投资形成的企业资产、企业工会所办（　）资产管理，参照该办法执行。

A. 服务阵地　　B. 基金会

C. 社会团体　　D. 企事业单位

12. 主管工会及所属企业要坚持“谁主管，谁负责”原则，切实履行管好用好工会资产的主体责任，严格执行“三重一大”决策制度，重大事项必须党组（党委）集体决策并按程序报批。

主管工会决定其所属企业的重大事项包括：主管工会决定其所属企业中的（　）的分立、合并、破产、解散、增减资本等重大事项。主管工会审核批准其所属工会企业重组、股份制改造方案和所属工会独资公司章程。工会企业投资设立符合主业定位并对出资企业具有重要影响的子企业等重大事项，需报主管工会批准。

A. 工会独资企业　　B. 工会控股企业

C. 工会参股企业　　D. 工会所属企业

13. 主管工会可按照（　）、（　）、（　）的原则，对所属同类同质工会企业进行整合重组，实行统一经营管理。

A. 业务相近　行业相关　优势互补

B. 行业相近　优势相关　业务互补

C. 行业相近　业务相关　优势互补

D. 业务相近　行业相关　优势互补

14. 主管工会指导所属企业健全完善资产监管制度。依照国家有关规定，建立健全企业内部监督管理、风险控制、投资、资产出租出借等制度。工会企业不得整体出租、承包和委托经营，部分出租、承包和委托经营的期限原则上不得超过（　）年。

A. 5　　B. 10　　C. 15　　D. 20

15. 工会企事业单位应向主管工会上缴工会资产（　），主管工会坚持实事求是、客观公正原则，综合考虑其本级企事业单位行业特性、资产性质、资产分类、资产规模和发展阶段等不同特点，确定上缴比例。

A. 经营收入　　B. 经营效益

C. 经营利润　　D. 经营收益

16. 各级工会资产监督管理机构代表本级工会履行出资人相关职责，依法依规对其本级企事业单位资产实行（　）监督管理，维护所有者权益。企事业单位应接受工会资产监督管理机构对其资产的监督管理，对其占有、使用、经营、管理的资产承担保值增值责任。

A. 统一、分类　　B. 统一、自主

C. 分级、分类　　D. 分级、自主

17. 健全完善工会企业负责人经营业绩考核制度，考核目标应突出不同类型工会企业考核重点，始终把（　）放在首位，合理设置经营业绩考核指标及权重。经营业绩考核一般以年度为考核期，也可根据需要由主管工会确定考核期。

A. 经济效益　　B. 社会效益

C. 经营利润　　D. 企业收入

18. 各级工会根据所属工会企事业单位的不同功能和类别，健全完善工会资产运营绩效和（　）考核机制，强化考核刚性约束，逐步把考核结果与工会企事业单位领导班子薪酬挂钩，并作为干部职务任免的重要依据。

A. 经营利润　　B. 年度任务

C. 经营业绩　　D. 收支结余

19. 各级工会资产监督管理机构对其本级企事业单位进行监督检查的方式，分为（　）、企事业单位自查、第三方审计检查。

A. 全面调研　　B. 全面检查

C. 全面抽查　　　　　　D. 全面检查或抽查

20. 各级工会应加强工会资产的管理与监督，建立监督检查制度。工会企事业单位应接受主管工会（　）监督管理，定期向主管工会资产监督管理机构报告财务状况、生产经营状况和工会资产保值增值状况等，不得损害工会资产所有者权益。

A. 组织部门　　　　　　B. 财务部门

C. 经费审查委员会　　　D. 资产监督管理机构

21. 2016 年 12 月，全国人大常委会审议通过（　），把工人文化宫定位为公共文化设施，从根本上明确了工人文化宫的法律地位和政府的保障责任。

A.《公共文化体育设施条例》

B.《中华人民共和国公共文化服务保障法》

C.《中华人民共和国文化产业促进法》

D.《中华人民共和国工会法》

22. 各地工会始终坚持公益性服务性方向，积极稳妥探索工人文化宫社会化市场化运作方式，努力实现把（　）放在首位、社会效益和经济效益相统一的工作要求。

A. 政治效益　　　　　　B. 经济效益

C. 社会效益　　　　　　D. 文化效益

23. 工人文化宫在建设方面应加强顶层设计，科学统筹管理，坚持鼓励恢复重建、倡导（　）、规范控制新建的工作方针。

A. 维修改建　　　　　　B. 扩大规模

C. 异地置换　　　　　　D. 豪华装修

24. 2016 年颁布的《中华人民共和国公共文化服务保障法》

明确了（ ）是承担公共文化服务工作的责任主体，规定了政府在公共文化设施建设和公共文化服务组织、管理、提供、保障中的职责。

A. 各级工会组织　　B. 各级人民政府

C. 省级工会组织　　D. 省级人民政府

25. 1949年7月15日，中华全国总工会机关报《工人日报》在原北平《大众日报》基础上创刊，（ ）同志为报纸题写了刊头。

A. 毛泽东　　B. 周恩来

C. 刘少奇　　D. 邓小平

26.《中国工会章程》规定，工会会员享有工会提供的文化、教育、体育、旅游、（ ）、互助保障、生活救助、法律服务、就业服务等优惠待遇。

A. 养老　　B. 医疗

C. 疗休养　　D. 个税减免

27.《中国工运事业和工会工作"十四五"发展规划》指出，要推动职工旅行社、工会宾馆等积极承担（ ）等公益服务业务。

A. 劳模、职工疗休养　　B. 公司会议、培训

C. 社会团体旅游　　D. 党性教育培训

28. 全总资产部对全国劳动模范疗休养基地实行动态管理，采取（ ）与实地抽查相结合的方法，每年进行考核评估。

A. 座谈交流　　B. 年度考核

C. 问卷测评　　D. 检查评议

29. 工会疗休养事业经费是中央财政按年度纳入预算，用于补助工会所属工人疗休养院（　），支持职工疗休养事业发展的项目资金。

A. 发放职工工资福利　　B. 承接职工疗休养活动

C. 工程、设备购置支出　　D. 对个人和家庭的补助

30. 我国国际海员俱乐部创建于 20 世纪五六十年代，是中国工会领导和管理的，为（　）提供“优惠、优先、优质”服务的社会公益性涉外事业单位。

A. 国际海员　　B. 国内海员

C. 高级海员　　D. 国际海员、国内海员

31. 各级工会开展职工互助保障活动要在全民医保的整体框架下，加强与政府（　）、大病保险和工会帮扶工作的有效衔接。

A. 基本医疗保险　　B. 养老保险

C. 失业保险　　D. 生育保险

32. 按照“（　）”的原则，职工互助保障组织确定省级统筹或省级管理、市级统筹的规范治理结构。

A. 统一监管，统一管理　　B. 分级监管，统一管理

C. 统一监管，分级管理　　D. 分级监管，分级管理

33. 职工互助保障组织资金属于（　）所有，任何组织、个人不得侵占和挪用。

A. 工会　　B. 管理者

C. 股东　　D. 全体会员

34. 职工互助保障活动坚持（　）发展原则，不得以开展

职工互助保障活动为由从事商业保险产品宣传、销售及集资、融资活动。

A. 公益性、非营利　　B. 商业化

C. 收益最大化　　D. 资金规模最大化

35. 纳入政府（工会资金）集中采购目录内或集中采购目录以外但达到（　）限额标准以上的货物、服务和工程项目，必须履行政府（工会资金）的采购程序，按照全总制定的管理办法以及实施细则的相关要求执行。

A. 分散采购　　B. 公开招标

C. 自行采购　　D. 集中采购

36. 按照全国总工会“十四五”规划的要求，实施工会企事业经营业绩考核工作专项行动，到（　）底实现各级工会对本级工会企事业单位经营业绩考核全覆盖。

A. 2022 年　　B. 2023 年

C. 2024 年　　D. 2025 年

37. 以下哪个指标不是本级工会企事业单位资产经营业绩考核内容（　）。

A. 领导班子德能勤绩廉情况

B. 资产基础管理指标

C. 社会效益指标

D. 经济效益指标

38. 下列哪项不与工会企事业单位资产经营业绩考核结果相挂钩（　）。

A. 单位职工总体薪酬　　B. 单位负责人薪酬

C. 单位负责人年度考核　　D. 单位负责人选拔任用

39. 主管工会对工会企事业单位资产经营业绩考核一般为（　）。

A. 月度考核　　B. 半年考核

C. 年度考核　　D. 季度考核

40. 工会企事业单位资产经营业绩考核目标值的确定以基准值为基础，这里基准值是指（　）。

A. 指上年完成值

B. 指前两年完成值的平均值

C. 指前三年完成值的平均值

D. 指上年完成值或前三年完成值的平均值

二、多项选择题

1.《中国工会章程》规定，工会资产是社会团体资产。各级工会依法依规加强对工会资产的监督、管理，保护工会资产不受损害，促进工会资产保值增值。实行“（　）、（　）、（　）”的资产监管体制。

A. 统一领导　　B. 统一所有

C. 分级监管　　D. 单位使用

2. 工会资产的形成主要有（　）、（　）、（　）三种途径。

A. 党和政府以及机关企事业单位通过无偿划拨和拨款形成的资产

B. 工会依靠自身力量投资形成的资产

C. 工会企事业单位通过自我积累、自我发展形成的资产

D. 工会会员、劳动者共同出资形成的资产

3. 为健全防范和惩治工会资产统计人员统计造假、弄虚作假责任制，保障统计数据质量，提高统计数据真实性、准确性、完整性和及时性，各省级工会分管资产工作领导承担（　），各级工会资产统计工作负责人承担（　），各级工会资产统计人员承担（　）。

A. 领导责任　　B. 监督责任

C. 第一责任　　D. 主体责任

4. 工会行政事业单位申请购置土地和房屋建筑物、建设（包括新建、重建、改扩建）房屋建筑物需要提供购置、建设项目的（　）；拟同意购置、建设项目的（　）复印件；（　）；购置项目的资产评估报告；新建项目立项批复复印件、国有建设用地批准书复印件和资金来源说明等文件；重建、改扩建项目原土地、房屋所有权属证明复印件、立项批复复印件、资金来源说明等文件。

A. 申请报告　　B. 会议决议或会议纪要

C. 可行性分析报告　　D. 设计图纸

5. 全国总工会对工会资产工作的总体要求是：（　）、（　）、（　）、（　）。

A. 突出公益　　B. 聚焦主业

C. 自主经营　　D. 依法监管

6. 2016 年颁布的《中华人民共和国公共文化服务保障法》规定：“县级以上人民政府应当将公共文化服务纳入本级国民经济和社会发展规划，按照（　）的要求，加强公共文化设施建

设，完善公共文化服务体系，提高公共文化服务效能。”

A. 公益性　　B. 基本性

C. 均等性　　D. 便利性

7. 2018 年，中共中央办公厅、国务院办公厅印发《关于提高技术工人待遇的意见》，提出“各地要建立优秀技术工人休疗养制度，（　）、（　）休疗养活动”。

A. 定期组织　　B. 不定期组织

B. 分级实施　　D. 统一实施

8. 职工互助保障活动目前主要包括（　）为核心内容的保障体系。

A. 住院医疗　　B. 重大疾病

C. 意外伤害　　D. 失业保险

9. 职工互助保障组织的资金主要用于服务会员，支出范围包括：（　）。

A. 给付会员的互助金

B. 开展与会员保障服务和促进事业发展的相关支出，包括救助慰问、健康管理、文体活动、宣传培训、法律服务等

C. 日常管理、工作人员工资福利和行政办公支出

D. 投资股票

10. 下面属于工会资产的社会效益指标的是：（　）

A. 当地党和政府把公益性工会事业资产纳入公共服务体系

B. 主管工会把工会资产工作纳入本级工会中心工作

C. 构建联系基层、服务基层的平台和机制

D. 服务活动覆盖面较广，职工普惠受益

测试题参考答案

一、单选题

1. C	2. D	3. B	4. D
5. A	6. B	7. B	8. D
9. C	10. A	11. D	12. A
13. C	14. A	15. D	16. A
17. B	18. C	19. D	20. D
21. B	22. C	23. A	24. B
25. A	26. C	27. A	28. B
29. B	30. D	31. A	32. C
33. D	34. A	35. A	36. D
37. A	38. A	39. C	40. D

二、多选题

1. BCD	2. ABC	3. BCD	4. ABC
5. ABCD	6. ABCD	7. AB	8. ABC
9. ABC	10. ABCD		

FU LU

附　录

中华全国总工会关于加强工会财务管理、资产监督管理和经费审查审计监督的意见

（总工发〔2016〕38号 2016年12月26日）

为进一步加强工会财务管理、资产监管，强化经费审查审计监督，不断提高工会经费使用效益和工会资产服务职工效能，提出以下意见。

一、加强工会财务管理，依法依规收好管好用好工会经费

（一）坚持依法理财。各级工会要牢固树立依法理财的理念，严格按照《预算法》《会计法》《工会会计制度》和《关于加强基层工会经费收支管理的通知》等法律法规和制度规定的要求，健全完善工会财务管理制度，依法依规开展财务工作。要进一步加强内部控制制度建设，使内部控制贯穿单位经济活动的决策、执行和监督的全过程，实现对经济活动的全覆盖。要建立重大事项决策、重大项目安排和大额度资金使用事项集体研究、民主决策机制，强化责任追究。

（二）依法收缴经费。各级工会要依法收缴工会经费。要加强与税务部门的协调配合，加大委托税务部门代收工会经费工作力度，逐步实现企业工会经费全部委托税务部门代收；要密

切与财政部门的沟通联系，切实抓好行政事业单位工会经费由财政部门统一划拨工作，使财政统发工资的行政事业单位的工会经费依法足额列入部门预算，通过国库集中支付到同级工会组织，确保行政机关和事业单位工会经费及时、足额收缴。要加大对暂不具备委托税务代收或财政划拨条件的企业、机关和事业单位的工会经费收缴力度，确保工会经费收缴单位全覆盖。省级工会要按照全国总工会关于加大对基层工会经费支持力度的要求，合理确定省级以下（含省级，下同）各级工会经费分成比例。省级以下工会必须按照经费分成比例，及时足额上解工会经费，任何单位不得截留、挪用。

（三）严格预算管理。各级工会要将本级各项收支全部纳入预算，实行全面预算管理。要细化预算编制，提高预算编制的科学性、准确性。要加强预算执行管理，严禁无预算、超预算支出。要严格控制预算调整，必要的追加预算，必须按照《工会预算管理办法》的规定，经有关部门审核，报工会委员会（常委会）或主席办公会议同意后，在预算内调整或动用预算预备费。县级以上（含县级，下同）工会要按照《工会预算支出绩效评价管理暂行办法》的要求，完善绩效目标和评价指标体系，逐步扩大工会经费预算支出绩效评价范围，强化评价结果应用，对工会资金使用进行追踪问效，违规追责。各级工会所属企事业单位要将全部收支纳入本单位预算管理，进行统一核算、统一管理。

各级工会要加强工会经费收支决算管理。全国总工会建立工会经费财务决算报告制度，全总财务部负责全国工会系统工会经费收支决算的汇总、分析。各省级工会要完整、准确汇总本地区或本产业、本系统工会经费收支决算，报全国总工会财务部审批。基层工会要按照工会经费财务决算报告制度的要求，及时、准确、完整地编报本单位年度收支决算，报上级工会审批。

（四）严控经费开支。各级工会要抓好《关于加强基层工会经费收支管理的通知》的贯彻落实，把工会经费用于为职工服务和工会活动，让职工群众和全体会员满意；要严格控制工会经费开支，不准将工会经费用于服务职工群众和开展工会活动以外的开支。不准用工会经费购买购物卡、代金券等，搞请客送礼等活动；不准违反工会经费使用规定，滥发津贴、补贴、奖金；不准用工会经费支付高消费性的娱乐健身活动；不准单位行政利用工会账户，违规设立“小金库”；不准将工会账户并入单位行政账户，使工会经费开支失去控制；不准截留、挪用工会经费；不准用工会经费参与非法集资活动，或为非法集资活动提供经济担保；不准用工会经费报销与工会活动无关的费用。各级工会所属企事业单位的工资、津贴、补贴和奖励等项费用的开支应在主管工会核定的工资总额内，按规定的项目和标准发放，不得擅自提高标准、重复和超范围发放。

（五）坚持勤俭办会。各级工会要按照中央八项规定精神和党政机关厉行节约反对浪费条例的要求，不贪大求全，不铺张浪费，勤俭办会。要压缩工会机关行政经费，严控“三公”经费。要严格按照国家有关规定和标准开支相应的费用，严格执行会议、出差、公务接待等相关规定，严禁以会议、培训、委托课题为名虚列支出，转移、隐匿资金或向下级工会摊派、转嫁支出。要坚决贯彻中央关于严格控制办公用房维修改造的规定，严格履行审批程序，严禁用工会经费超标准改建办公用房，严禁豪华装修。

（六）做好核算工作。县级以上工会应当设置会计机构、配备专职会计人员。县级以下工会应当根据会计业务的需要设置会计机构或者在有关机构中设置专职会计人员。尚不具备独立核算条件的乡镇（街道）、开发区（工业园区）工会，可实行由县级工会财务“上代下”会计核算管理模式。尚不具备独立核算条件的基层工会，应当委托经批准设立从事会计代理记账业务的机构代理记账或者聘请兼职会计。各级工会要根据实际发生的经济业务事项进行会计核算，填制会计凭证，登记会计账簿，编制财务会计报告；不得以虚假的经济业务事项或资料进行会计核算。要确保会计凭证、会计账簿、财务会计报表及其他会计资料的真实性、合法性。各级工会及所属企事业单位负责人对本单位收支情况、会计工作和会计资料的真实性、合法性负责。

（七）加强经费监管。各级工会要对工会经费实行全面监管，决不允许任何转移、截留、挪用、改变资金用途等违法违纪违规问题的发生。要加强对各级财政用于困难职工帮扶的资金、劳模补助资金等专项资金的监管，确保专款专用。各级工会的经费收支情况，必须做到公开透明。要建立责任追究制度，对违反法律法规和制度的行为，依法依纪追究相关人员的责任，并对负有领导责任的主要负责人或者有关领导干部进行严肃问责。

二、加强工会资产监管，确保工会资产安全完整

（一）明确工会资产监管职责。按照“统一所有、分级监管、单位使用”的原则，加强各级工会资产监管机构建设，明确工会资产监管责任部门和监管职责，实现工会资产出资人到位。工会资产监管机构的主要职责是对工会行政资产和企事业资产（包括工会企事业单位、社团组织及其所属的二级单位）进行统一归口管理，实现监管范围全覆盖；对工会资产配置、产权登记、资产使用、资产收益、资产处置等关键环节进行全过程监管；对工会企事业发展改革工作进行指导。

（二）改进工会资产监管机制。合理划分工会资产审批管理权限，建立分级审批机制。全国总工会负责对省级工会本级行政资产和企事业资产的产权变动、重大资产使用事项进行审批（备案），省级总工会受全国总工会委托负责对所属工会组织的工会资产产权变动和重大事项进行审批。具体审批权限按照全国总工会有关制度确定。建立上级工会对下级工会资产监督管理工作进行指导和监督检查机制。下一级工会每年应定期向上一级工会报告资产监督管理和运营情况，上一级工会每年应对下一级工会资产监督管理工作进行指导和考核评价，并定期进行监督检查。

（三）加强资产配置管理。建立资产管理与预算管理、财务管理相结合的机制，盘活存量，优化增量，科学有效配置资产。各级工会和工会事业单位应当根据工作需要，合理配置行政事业资产。工会企事业单位资产配置应符合工会企事业发展

方向，与资产服务职工功能、单位职能相匹配。各级工会要加强基本建设投资管理，严格执行国家基本建设管理程序和审批规定，规范建设管理行为，控制项目建设风险，提高管理水平和投资效益。要加强政府采购预算编制管理，进一步完善政府采购预算执行制度。

（四）规范资产使用管理。工会资产使用包括单位自用和对外投资、出租、出借等方式。工会行政资产的出租、出借要严格遵照国家和全国总工会有关规定执行。工会企事业单位的对外投资、出租、出借等行为要严格管理，加强风险管控。各级工会主办的工人文化宫、工会院校、工人疗休养院、职工学校等单位不得整体出租。确需部分对外投资、出租、出借的，应当按照规定程序和管理权限履行报批程序，出租事项原则上实行公开竞价招租，确保过程公正透明。出租、出借收入和对外投资收益，应当纳入单位预算，统一核算、统一管理。建立工会资产有偿占用制度，工会企业及实行企业化管理的事业单位应向本级工会上缴收益，工会事业单位应缴纳经营性资产资产占用费。

（五）严格资产处置管理。工会资产处置主要包括调拨划转、出让、转让、置换、货币性资产损失核销等方式。各级工会要按照全总制度要求加强资产处置事项管理，对资产评估、处置协议、产权归属等关键环节严格把关，并按照规定程序和管理权限履行报批程序，防止资产流失。因城市规划需要拆除工会房屋的，应当采取还建或异地置换的方式进行，先建设后拆除，且建设资金必须有保证，新址占地面积及土地评估价格不得低于原有占地面积及土地评估价格。

（六）加强资产基础管理。各级工会要定期对本级工会资产开展全面清查，做好工会资产的占有、变更、注销登记工作，加大工会资产产权登记力度，进一步明晰产权。建立全国工会资产管理信息系统，对全国工会资产的存量、分布、运行情况和使用效益进行动态管理。强化工会资产统计分析，为工会资产管理宏观决策提供参考。

（七）落实责任追究制度。坚持“谁主管，谁负责”的原则，各级工会领导班子及企事业单位要切实履行管好用好工会资产的主体责任，严格执行“三重一大”决策制度，重大事项必须经领导班子以会议形式集体决策，形成会议纪要，并按程序报批。工会企事业改组改制以及经营管理方面的重大问题、涉及职工切身利益的重大事项，应当通过职工（代表）大会听取职工群众的意见和建议。对未履行科学论证和集体决策程序的基本建设、合资合作、资产处置等项目不得审批。依法建立重大决策终身责任追究制度、风险防控机制和责任倒查机制，对违反资产管理规定、造成工会资产损失的要严肃查处、追究责任并予以公开通报。

三、加强审查审计监督，保障工会经费和资产安全完整效益

（一）加强对预算的审查和对预算执行效果的审计。各级工会要加强对预算编制科学性、准确性和完整性的审查，加强对预算执行效果的审计，促进建立经费预算执行责任制度和绩效

管理制度，杜绝改变预算资金用途、无预算、超预算支出的现象，切实维护预算执行的严肃性，强化经审组织的预防、揭露和抵御的基础防线和“免疫系统”功能。

（二）突出审计重点。各级工会要加强对重点领域、大额资金、重大建设项目的审计监督。要毫不放松地监督检查中央八项规定精神和党政机关厉行节约反对浪费条例等规定的贯彻落实情况，加强“三公”经费、会议费、培训费、集中采购等方面的审计，促进厉行节约和规范管理。加强对货币资金的审计，将函证银行存款余额、核对银行存款对账单作为必要的审计程序，防止贪污挪用工会经费。加强对票据的审计，防止利用假发票套取现金和设置“小金库”。加强对困难职工帮扶资金、劳模“三金”等专项资金的审计，确保专款专用，充分发挥资金使用的社会效益。加强对基本建设和维修改造工程的竣工结算、决算审计，各级工会及其企事业单位要将规定金额起点以上的基本建设和维修改造工程全部纳入审计范围，及时将工程竣工结算、决算等资料送交经审会（经审办）审计，依据审计结果支付工程款；对投资金额大的建设项目要进行全过程跟踪审计，加强对工程招投标、合同管理、设备和材料采购、工程造价、财务管理等过程的审计和评价，最大限度地保证建设资金安全和效益。加强对工会企事业单位财务收支的审计，强化对资产管理运营绩效的监督，促进工会资产安全、完整和效益。深化工会领导干部和工会企事业单位主要负责人经济责任审计，促进党风廉政建设。

（三）提高审查审计工作质量和效率。各级工会要依法依规、运用科学方法开展审查审计工作，督促有关单位坚决纠正和处理发现的问题。要自觉接受经审监督、积极支持经审组织依法履行职责。凡是涉及管理、分配、使用工会经费和财政资金的部门、单位和个人，都要自觉接受审查审计、配合审查审计。有关部门和单位要按照规定及时提供审查审计所需的财务会计、业务管理等资料。对拒不接受审计监督，阻挠干扰和不配合审计工作，或威胁恐吓、打击报复审计人员，要依纪依法查处。要加快推进经审工作信息化建设，探索建立财务经审信息共享平台，开发计算机辅助审计软件，探索远程审计、实时审计。工会经审组织要积极运用大数据技术，加强业务数据和财务数据分析，单位数据与行业数据以及跨行业、跨领域数据的综合比对和关联分析力度，提高运用信息化技术查核问题、评价判断、宏观分析能力，不断提高审查审计工作的质量和效率。工会经审组织为充分履行审查审计职责，可以通过集中采购等方式购买审计服务、聘请特邀审计员参与审计工作，各级工会应当在经费等方面提供保障。

（四）狠抓审查审计整改落实。各级工会要认真听取经审会的审计结果报告，按照审计报告或者审计决定的要求，明确责任，制定措施，落实整改。被审计单位是审计整改的主体，被审计单位的主要负责人是整改第一责任人。对审计发现的问题和提出的审计建议，要认真、主动、及时地抓好整改。各级工会要按照有关规定切实开展审查审计整改督查工作。严肃整改问责追责，对整改不力、屡审屡犯、拒不整改的，给予通报批评直至追究相关人员的责任。要深化审查审计成果运用，将审查审计结果和整改情况作为考核、评价单位和个人的重要依据。

（五）推动经审工作改革创新。认真贯彻落实《中共中央办公厅、国务院办公厅〈关于完善审计制度若干重大问题的框架意见〉及相关配套文件的通知》，紧密结合工会工作实际，积极借鉴先进审计理念和审查审计方法，实现有重点、有步骤、有深度、有成效的全覆盖。做到应审尽审，凡审必严，严肃问责。大力加强经审干部队伍思想作风建设、业务建设，不断推进经审工作创新发展。

中华全国总工会办公厅关于印发《中华全国总工会关于推动工会资产实现高质量发展的指导意见》的通知

（总工办发〔2019〕18 号　2019 年 10 月 30 日）

各省、自治区、直辖市总工会，各全国产业工会，中央和国家机关工会联合会，全总各部门、各直属单位：

《中华全国总工会关于推动工会资产实现高质量发展的指导意见》已经中华全国总工会第十七届书记处第 13 次会议审议通过，现印发给你们，请认真贯彻执行。

中华全国总工会关于推动工会资产实现高质量发展的指导意见

为深入学习贯彻习近平新时代中国特色社会主义思想和党的十九大精神，认真落实全国总工会深化改革创新的部署要求，推动工会资产实现高质量发展，突出工会资产公益性服务性，充分发挥服务职工群众的重要作用，现提出如下指导意见。

一、总体要求

（一）基本原则。

——坚持突出公益性服务性。始终以保持和增强工会组织和工会工作的政治性、先进性、群众性为根本标尺，牢牢把握工会资产公益性服务性这一根本要求，坚持工会资产以广大职工为服务对象，坚持工会资产服务职工的主责主业，努力为广大职工办好事、做实事、解难事，不断促进工会服务职工体系健全完善。

——坚持问题导向。着力解决工会资产公益性服务性政策不落实、有效供给不足、监管体制不健全、基础管理工作薄弱等突出问题，建立健全社会效益和经济效益相统一的工会资产运营管理体制机制，不断提高管理质量和服务水平。

——坚持加强顶层设计。坚持系统思维，做好整体谋划，研究制定推动高质量发展的指标体系、政策体系、标准体系、统计体系、考核体系，做到让考核为刚性、向管理要效益、靠制度保落实、用改革增活力、以发展树形象，把高质量发展要求贯穿于工会资产工作全过程。

——坚持分类施策。在全面发展各级各类工会资产的同时，坚持以职工文体教育、职工疗休养、职工互助保障三大服务领域资产为发展重点，分类施策，破解资产管理体制和运营机制难题，提高资产运营效益和服务职工的能力。

——坚持创新发展。围绕实现工会资产高质量发展，结合本地区、本行业、本单位实际，明确发展路径和具体措施，突出特色，发挥优势。把创新作为引领发展的第一动力，支持改革，鼓励创新，以创新驱动发展。

——坚持稳中求进。立足于“稳”，着眼于“进”，依法依规推进工会资产的监督管理和工会企事业改革发展，做到以稳求进、以进固稳，努力实现工会资产的健康发展、可持续发展，提高发展质量效益。

（二）发展目标。

工会资产高质量发展包括工会资产监督管理工作高质量发展和工会企事业高质量发展两个方面。总目标是实现工会资产产权清晰、特色鲜明、管理规范、效益良好，做优做强工会资产。做优，就是要实现优质服务、优良业绩、优美环境、优秀队伍；做强，就是要实现主业突出、制度完善、运行高效、管理科学。

工会资产监督管理工作高质量发展的主要目标，是工会资产实现科学配置、规范使用、有效运营、全面监督。在全国范围内，实现工会资产不动产权登记率逐步提高。工会资产监管体制更加完善，管理制度更加健全，监管效能不断提高。

工会企事业高质量发展的主要目标，是通过宏观上加强顶层设计和政策指导，推动工会企事业聚焦主业、深化改革、加强管理、加快发展，不断提升工会企事业服务职工的能力和水平。在全国范围内，实现工会企事业资产总额和总收入逐步提高。科学规范的现代管理制度基本建立，灵活高效的资产运营机制得到健全，服务能力和整体竞争力明显增强，形成一批覆盖面广、影响力大的工会资产服务品牌。

二、完善指标体系

（三）社会效益指标。坚持把社会效益放在首位，实现社会效益和经济效益的有机统一。社会效益指标主要体现在：当地党和政府把公益性工会事业资产纳入公共服务体系；主管工会把工会资产工作纳入本级工会中心工作；构建联系基层、服务基层的平台和机制；政府主管部门行业评价较高；获得上级奖励或表彰，品牌示范作用发挥较好；聚焦主责主业，主营业务收入占比较高；服务活动覆盖面较广，职工普惠受益；基层工会和职工满意度评价较高等。

（四）经济效益指标。主要体现在：行政性资产、公益一类事业单位、纳入财政或工会经费全额预算管理的事业单位资产安全完整；公益二类事业单位收支基本平衡，资产保值增值，具有自我发展能力；企业经营类单位在人均劳动生产率、成本费用率、净资产报酬率、市场占有率等方面基本达到市场同类企业的平均水平。

三、明确政策体系

（五）落实党和国家公益性服务性法律法规和政策。加大源头参与和法律政策协调力度，加强与文化和旅游部、国家卫生健康委员会、国家医疗保障局等有关部门的协调对接，把工会资产工作纳入党和国家工作大局，形成推动工会资产高质量发展的合力。充分利用向党委汇报工作、工会与政府联席会议、公共文化服务体系协调小组等机制和平台，推动落实《公共文化服务保障法》等法律和政策规定。积极争取同级政府把工人文化宫、工人疗休养院、职工互助保障组织纳入当地公共文化、卫生健康、保障服务体系，推动把工人文化宫、工人疗休养院等工会事业单位分类改革政策落实到位。

（六）完善工会资产资金保障机制。推动构建财政资金支持与工会经费合理保障相结合的多渠道资金保障机制。在政府给予补助的同时，根据单位性质、运营模式、建筑规模、财政保障政策等情况，把工会公益性事业单位的人员经费、日常运营费用、公益活动费用列入本级工会年度预算，保障其充分履行公益服务职能，实现公益性支出稳步提升。采取以事定费、购买服务、专项补助或以奖代补等方式，支持工会资产服务阵地承办职工文化体育、教育培训、疗休养、互助保障、法律援助等公益性活动，加快工会资产服务阵地基础设施设备更新、改造和升级，加大对下级工会所属的工会资产服务阵地扶持力度。鼓励工会企事业单位积极争取社会资金以赞助、捐赠、冠名等形式参与公益活动。

（七）完善工会资产监督管理体制。落实工会资产“统一所有、分级监管、单位使用”监管体制要求，坚持一级管一级，压实各级工会监管主体责任，强化工会资产监管组织体系、工作体系、制度体系和责任体系，管住管严管好工会资产。健全工会资产监管机构，明确监管责任部门，落实监管职责。省级工会、省会城市工会以及工会企事业资产规模较大的城市工会，要健全完善工会资产监督管理机构，其他市、县级工会要结合本地区实际，明确资产监督管理责任部门和工作人员。坚持把统一监管和分类监管相结合，实行工会经营性资产集中统一监管，条件成熟的可探索集中运营、集团化的管理模式，实现从管资产向管资本转变。完善工会资产监管制度体系，落实工会行政事业性资产和企业资产管理有关制度。建立健全工会资产监管工作责任制，重点抓好本级和下一级工会资产监督管理工作，发挥示范引领作用。加强与财政、自然资源、住房和城乡建设、审计等政府部门的协作配合，提高工会资产监督管理科学化水平。

（八）创新工会资产运营机制。健全工会企事业单位法人治理结构，建立权责对等、运转协调、有效制衡的工会资产决策执行监督机制，推动工会企事业单位成为权责明晰、运转高效的法人主体。坚持和完善公益导向与社会化、市场化运作相结合的运营机制，充分发挥工会经营性资产和非经营性资产各自的作用和价值。以推进工会事业单位分类改革为契机，积极稳妥推进工会生产经营类事业单位转企改制工作。推进工会企业改革，在生产经营、劳动用工、人事管理、收入分配等方面给与工会企业充分的自主权，使其真正成为市场主体。

（九）构建工会资产高质量供给体系。按照“巩固、增强、提升、畅通”要求，推进工会资产供给侧结构性改革，增加有效供给和优质服务，提高工会资产服务能力和水平。深入挖掘工人文化宫、职工书屋、工人疗休养院、职工互助保障组织、职工学校、海员俱乐部、职工之家等工会资产特有名称的品牌价值，打造一批服务品质优良、广大职工认可、社会影响广泛的工会资产特色服务品牌和服务阵地集群。

四、构建标准体系

（十）遵循国家标准。严格遵循国家法律法规和政府行业主管部门制定的强制性标准，推进各领域工会资产实现手续完备、证照齐全、服务达标、管理规范。细化实化各级工会主管责任和工会企事业单位主体责任，严格遵守安全生产、食品安全、消防安全、环境保护、产品质量等各项标准。

（十一）明确行业标准和业务规范。构建具有工会特点、内容科学、结构合理、衔接有序的工会资产行业标准体系和业务规范，实现标准统一、有效供给。加强工人文化宫、工人疗休养院、职工互助保障组织等工会资产服务阵地的行业标准和业务规范建设工作。

五、推进信息系统建设体系

（十二）加快信息系统建设。按照“全面、准确、细化、动态”的要求，加快推进工会资产监管信息系统建设，建立工会资产基础数据库，实现资产管理工作信息化。积极探索工会资产管理信息系统与工会财务系统、经审系统、预算系统的相互对接，实现资产管理数据共享。把信息化建设与资产统计、资产清查等基础工作结合起来，创新统计方法，完善统计规范，实现统计动态监测。

（十三）完善工会资产统计制度。落实工会资产统计制度，合理设置统计指标，健全反映工会资产重点领域、重点环节高质量发展的统计指标体系，完善不同地区和不同行业的统计分类标准。把握统计数据上报、审核和分析的重点环节，强化源头数据质量管控，督促调查对象依法建立健全原始记录、统计台账，做到数据真实、准确、完整。

（十四）强化资产管理数据分析和应用。加强工会资产管理信息分析利用工作，为管理决策和编制部门预算等提供参考依据。坚持问题导向，重点做好专题分析研究，及时发现问题、提出对策建议，为促进工会资产高质量发展提供有力数据支撑和咨询服务，推进资产管理数据由“数库”向“智库”转变。

六、强化考核体系

（十五）建立工会资产监管工作指导评价机制。建立健全县以上工会每年向上一级工会报告工会资产工作情况的制度，规范报告内容和程序，强化报告成果运用，充分发挥报告的对下指导评价作用。围绕实现工会资产高质量发展目标，把监管机构建设、资产运营、公益性政策落实、制度制定和执行、重大事项报批等情况纳入报告内容，重点体现工会资产产权登记率、工会企事业资产保值增值率、收入增长率、社会效益和经济效益指标实现情况等。

（十六）强化工会资产运营绩效和经营业绩考核机制。建立健全工会资产运营绩效和经营业绩考核指标体系、责任体系和评价体系，突出分类考核和差异化考核。根据工会企事业单位的不同功能和类别，合理设置考核权重，科学确定差异化考核标准，提高考核的科学性、针对性和导向性。根据工会企事业发展情况，逐步将激励考核、高质量发展考核、经济增加值考核等纳入配套考核。完善考核奖惩机制，强化考核刚性约束，逐步把考核结果与工会企事业单位领导班子薪酬挂钩，并作为干部职务任免的重要依据。

七、加强组织领导

（十七）加强党的领导。把坚持党的领导、加强党的建设和全面从严治党贯穿于工会资产高质量发展工作全过程。县级以上工会党组要切实履行领导责任，把推动工会资产高质量发展纳入重要议事日程，形成一级抓一级、一级对一级负责的责任体系。要把党建工作列入工会资产工作考核指标，促进党的建设和工会资产工作深度融合。坚持科学决策、民主决策、依法决策，坚持“三重一大”事项提交党组会议研究。认真落实党风廉政建设主体责任和监督责任，加强对重点领域、关键环节和重要岗位的监督，坚持靠制度管人、管事、管资产，严格落实中央八项规定及实施细则精神，确保廉洁从政、廉洁从业。

（十八）加强领导班子和人才队伍建设。选好配强工会企事业单位领导班子特别是一把手，严把政治标准，把政治强、敢担当、善管理、业务精的人才选拔到领导岗位上来。加强工会资产人才队伍梯队建设，合理设置岗位，逐步提高工会企事业单位专业人才比例，加大高层次专业技术人才配备力度，完善人才培养、吸引和使用机制，鼓励通过挂职、兼职、选调、合作、共建等方式汇聚和使用人才。加强工会资产监管工作队伍建设，实现监管机构人员数量、结构、素质与工会资产工作任务相适应。积极实施工会资产工作干部培训计划，加大工会资产监管干部和工会企事业负责人培训力度。畅通工会资产人才队伍流动通道，采取引进、上挂、下派、外派等多种方式，为工会资产工作各类人才提供干事创业的环境和平台。

（十九）加强统筹协调。坚持“谁主管、谁负责”的原则，明确各级工会及企事业单位主体责任。各级工会组织主要领导亲自抓，分管领导负责抓，资产监督管理部门负责牵头协调、组织实施和督促检查。组织、财务、经审及有关业务部门按照各自职责分工做好有关工作，形成推动高质量发展工作合力。健全县以上工会资产监督管理部门向同级工会经费审查委员会报告工会资产工作制度，充分发挥对工会资产的审计监督作用。

各省级工会要结合本地区实际研究制定具体实施办法，认真抓好落实。各地工会对本意见贯彻落实情况及时报全国总工会。

中华全国总工会办公厅关于印发《工会行政事业性资产管理办法》的通知

（总工办发〔2017〕5号　2017年1月23日）

各省、自治区、直辖市总工会，中华全国铁路总工会、中国民航工会全国委员会、中国金融工会全国委员会，中共中央直属机关工会联合会、中央国家机关工会联合会，全总各直属单位：

《工会行政事业性资产管理办法》已经中华全国总工会第十六届书记处第六十三次会议审议通过，现印发给你们，请认真贯彻执行。

附件：

工会行政事业性资产管理办法

为加强工会行政事业性资产监督管理，合理配置和有效利用工会行政事业性资产，根据《中华人民共和国工会法》和《中国工会章程》制定本办法。

第一章　总　则

第一条　本办法适用于各级工会行政机关、执行事业单位会计制度的工会事业单位及社会团体（以下简称“工会行政事业单位”）。

第二条 本办法所称工会行政事业性资产是指各级工会行政事业单位占有、使用，依法确认为工会所有，能以货币计量的各种经济资源的总称。

工会行政事业性资产包括流动资产、长期投资、固定资产、无形资产和其他资产。

第三条 工会行政事业性资产是属于工会所有的社团资产，其不动产和动产受法律保护。中华全国总工会（以下简称“全总”）对各级工会行政事业性资产拥有终极所有权。

第四条 工会行政事业性资产按照“统一所有、分级管理、单位使用”的原则，建立权利、义务和责任相统一的监督管理体制。

第五条 各级工会行政事业单位在行政事业性资产管理过程中取得的收入应当纳入单位预算，统一核算、统一管理。

第二章 管理机构及职责

第六条 全总资产监督管理部是全国工会资产监督管理机构，负责对全国工会行政事业性资产进行监督管理。

各省级工会应加强工会资产监督管理机构建设，设立工会资产监督管理部门，负责对所辖工会行政事业性资产进行监督管理。

第七条 工会资产监督管理机构的主要职责是：

（一）贯彻执行国家和全总有关行政事业性资产管理的法

律、法规和政策；

（二）制定各级工会行政事业性资产管理的规章制度，并对执行情况进行监督检查；

（三）按规定对工会行政事业性资产配置、使用、处置事项进行审核、审批，负责组织资产评估、资产清查、产权界定、产权纠纷调处、资产统计等工作。研究制定本级工会行政事业性资产配置标准。

（四）负责对本级行政事业单位和下级工会资产监督管理工作进行监督检查。

第八条 工会行政事业性资产实物管理部门对本单位占有、使用的固定资产、库存材料物资等实物资产实施具体管理。

第三章 审批权限及程序

第九条 工会行政事业性资产管理事项的审批权限：

（一）全总负责对各级工会占有和使用的土地以及连同地面附着的房屋建筑物一并与工会系统以外单位进行使用权或产权转让、置换的全部事项进行审批；

（二）全总负责对省级工会涉及1000万元及以上金额的资产配置、资产使用、资产处置事项进行审批（涉及资产以评估金额为准）；

（三）省级工会负责对省本级和省级以下工会不需全总审批的资产管理事项进行审批。

（四）省级工会根据全总有关规定，制定所辖工会行政事业性资产管理事项的审批权限并报全总备案。

第十条　工会行政事业性资产管理事项的报批程序：

（一）主管工会对工会行政事业单位上报的资产管理事项进行审核后提出请示，报送上级工会；

（二）上一级工会须对下一级工会报送的请示事项进行调查核实，在此基础上按审批权限进行审批或上报；

（三）全国总工会对省级工会上报的请示进行审核、审批。请示中须有省级工会给出的明确审核意见。全总认为有必要的事项，可作进一步核查。

（四）已批复的请示事项不得擅自改变。在实施过程中有重大改变或者出现对原方案有重大影响的情形（包括原方案确定的地点变更，土地面积、建设规模、资金投入增加或减少 10%及以上等）须按原审批程序重新报批。

第四章　资产配置

第十一条　资产配置是指各级工会行政事业单位为保证履行职能需要，按照国家有关法律、法规确定的标准和程序，通过购置、建设、调拨、调剂、租赁等方式配备实物资产的行为。

第十二条　各级工会行政事业单位购置资产，应按照《中华人民共和国政府采购法》及其实施细则的规定执行。通过购置、建设等方式配置办公和业务用房的，应严格执行中共中央办公厅、国务院办公厅《关于进一步严格控制党政机关办公楼等楼堂馆所建设问题的通知》的有关规定。

第十三条　经批准召开重大会议、举办大型活动等需要购置资产的，由会议或者活动主办单位按照本办法规定程序报批。

会议或活动结束后，购置的资产纳入单位固定资产进行统一管理。

第十四条 工会行政事业单位申请购置土地和房屋建筑物、建设（包括新建、重建、改扩建）房屋建筑物需要提供以下材料（全部材料加盖主管工会公章）：

（一）购置、建设项目的申请报告；

（二）建设项目的可行性分析报告；

（三）拟同意购置、建设项目的会议决议或会议纪要复印件；

（四）购置项目的资产评估报告；

（五）新建项目立项批复复印件、国有建设用地批准书复印件和资金来源说明等文件；

（六）重建、改扩建项目原土地、房屋所有权属证明复印件、立项批复复印件、资金来源说明等文件；

（七）其他相关文件。

第五章 资产使用

第十五条 工会行政事业性资产使用是指工会行政事业性资产自用、对外投资和出租、出借等行为。

第十六条 工会行政事业单位资产使用，应当符合国家法律法规和全总有关规定，并经过单位领导班子集体研究，进行充分的可行性论证，依据审批权限履行审批手续。

第十七条 资产自用是工会行政事业单位对占有使用的固定资产、库存材料等的管理活动。

工会行政事业单位应按照“实物管理和价值管理并重”的原则，建立健全自用资产的验收、领用、使用、保管和维护等内部管理制度与流程，加强工会行政事业性资产的使用管理。对实物资产进行定期清查，完善资产管理账表及有关资料，做到账账、账卡、账实相符。

第十八条 对外投资是指工会行政单位为了更好地服务职工群众，利用其资产创办企业或投入到经营实体的经济活动。事业单位对外投资应执行工会财会制度有关规定。

各单位申请利用工会资产对外投资，应提供如下材料（全部材料加盖主管工会公章）：

（一）对外投资事项的申请报告；

（二）拟对外投资资产的价值凭证及权属证明，如购货发票或收据、工程决算副本、国有土地使用权证、房屋所有权证、股权证等凭据的复印件；

（三）对外投资可行性分析报告；

（四）拟同意对外投资的会议决议或会议纪要复印件；

（五）被投资单位法人证书复印件、企业营业执照复印件、企业法人个人身份证复印件等；

（六）拟创办企业单位的章程和工商行政管理部门下发的企业名称预先核准通知书复印件；

（七）工会行政事业单位与被投资方签订的合作意向书、协议草案或合同草案；

（八）经中介机构审计的被投资方上年财务报表；

（九）其他材料。

第十九条 出租、出借是指工会行政事业单位对其占有、使用的资产向工会系统以外提供使用权的行为。各单位出租工会行政事业性资产，原则上应采取公开招租的形式确定出租的价格，必要时可采取评审或者资产评估的办法确定出租的价格。各单位出租、出借工会行政事业性资产，期限不得超过5年。

各单位申请出租、出借工会行政事业性资产，应提供如下材料（全部材料加盖主管工会公章）：

（一）出租、出借事项的申请报告；

（二）拟同意出租、出借事项的会议决议或会议纪要复印件；

（三）出租、出借事项合同草案复印件；

（四）合作方法人证书复印件、企业营业执照复印件、企业法人个人身份证复印件等；

（五）其他材料。

第六章 资产处置

第二十条 资产处置是指各级工会对其占有、使用的工会行政事业性资产进行产权转让或者注销产权的行为。

第二十一条 工会行政事业性资产处置的范围包括：

（一）闲置资产；

（二）确需报废、淘汰的资产；

（三）因规划及单位分立、撤销、合并、改制、隶属关系改变等原因引起的产权或者使用权转移的资产；

（四）盘亏、呆账及非正常损失的资产；

（五）已超过使用年限无法使用的资产；

（六）依照国家有关规定需要进行资产处置的其他情形。

第二十二条 工会行政事业性资产处置方式包括无偿调拨、出售、出让、转让、置换、对外捐赠、报废报损以及货币性资产损失核销等。

第二十三条 出售、出让、转让是指变更工会行政事业单位资产所有权或占有、使用权并取得相应收益的行为。工会行政事业单位资产出售、出让、转让，应当通过产权交易机构、协议方式等国家有关法律法规规定的方式进行。

工会行政事业单位资产出售、出让、转让，以按规定权限由全总、省总备案或核准的资产评估报告所确认的评估价值作为市场竞价的参考依据。意向交易价格低于评估结果90%的，应当按规定权限报全总或省总重新确认后交易。

工会行政事业单位申请出售、出让、转让工会资产，应向审批部门提交以下材料（全部材料加盖主管工会公章）：

（一）出售、出让、转让申请报告；

（二）同级主管工会有关处置事项的会议纪要复印件；

（三）资产价值凭证及产权证明，如购货发票或收据、工程决算副本、国有土地使用权证、房屋所有权证、股权证等凭据的复印件；

（四）出售、出让、转让方案，包括资产的基本情况，处置的原因、方式等；

（五）出售、出让、转让合同草案，属于股权转让的，还应提交股权转让可行性报告；

（六）有资质评估机构出具的评估报告；

（七）其他相关材料。

第二十四条 置换是指工会行政事业单位与工会系统以外其他单位以非货币性资产为主或少量货币性资产（即补价）进行的交换。

第二十五条 被列入地方政府城市改造规划涉及工会行政事业单位房屋、土地的置换事项需要具备以下条件：

（一）地方政府补偿安置意见；

（二）置换给工会的房屋、土地必须权属合法、无争议，权属证明齐全；

（三）置换后的房屋、土地价值不得低于原价值，地理位置要合理。置换工会房屋土地事项要先建设后拆除（因特殊情况无法做到的，必须取得相关法律凭证，给予承诺保证）；

（四）建设资金要有保证，包括原有土地、房屋有偿转让所得、政府补助以及工会自筹资金等必须达到总建设资金的90%以上。

第二十六条 工会行政事业单位申请工会资产置换，应向审批部门提交以下材料（全部材料加盖主管工会公章）：

（一）置换申请报告；

（二）主管工会有关处置事项的会议纪要复印件；被列入地方政府城市改造的房屋、土地处置事项应附当地政府批准文件和有关会议纪要复印件；

（三）资产价值凭证及产权证明，如购货发票或收据、工程决算副本、国有土地使用权证、房屋所有权证、股权证等凭据的复印件；

（四）对方单位拟用于置换资产的基本情况说明，有资质评估机构出具的评估报告；

（五）双方草签的置换协议（必须注明经全国总工会或省级工会批准后方能生效），对方单位的法人证书或营业执照的复印件；

（六）宗地图、标明资产所处位置的地图；

（七）工会行政事业单位近期的财务报告；

（八）其他相关材料。

第二十七条 各级工会行政事业单位资产对外捐赠，应提交以下材料（全部材料加盖主管工会公章）：

（一）对外捐赠申请文件；

（二）捐赠报告，包括：捐赠事由、途径、方式、责任人、资产构成及其数额、交接程序等；

（三）捐赠单位出具的捐赠事项对本单位财务状况和业务活动影响的分析报告，使用货币资金对外捐赠的，应提供货币资金的来源说明等；

（四）主管工会、工会行政事业单位决定捐赠事项的有关文件，包括主管工会关于捐赠事项会议纪要复印件等；

（五）能够证明捐赠资产价值的有效凭证，如购货发票或收据、工程决算副本、记账凭证、固定资产卡片及产权证明等凭据的复印件；

（六）其他相关材料。

第二十八条 实际发生的对外捐赠，应当依据受赠方出具的同级财政部门或主管部门统一印（监）制的捐赠收据或者捐赠资产交接清单确认；对无法索取同级财政部门或主管部门统一印（监）制的捐赠收据的，应当依据受赠方所在地城镇街道、乡镇等基层政府组织出具的证明确认。

第二十九条 报废是指按有关规定或经有关部门、专家鉴定，对已不能继续使用的资产，进行产权注销的资产处置行为。

报损是指由于发生呆账损失、非正常损失、投资损失等原因，按有关规定对资产损失进行产权注销的资产处置行为。

工会行政事业单位申请资产报废、报损，应提交以下材料（全部材料加盖主管工会公章）：

（一）报废、报损申请文件；

（二）能够证明盘亏、毁损以及非正常损失、投资损失资产价值的有效凭证复印件。如购货发票或收据、工程决算副本、记账凭证、固定资产卡片、盘点表及产权证明等凭据的复印件、上级工会审计部门的审计意见书；

（三）报废、报损价值清单复印件；

（四）非正常损失责任事故的鉴定文件复印件及对责任者的处理文件复印件；

（五）因房屋拆除等原因需办理资产核销手续的，提交相关职能部门的房屋拆除批复文件、建设项目拆建立项文件、双方签定的房屋拆迁补偿协议等材料的复印件；

（六）其他相关材料。

第三十条 货币性资产损失核销是指单位按现行财务与会

计制度，对确认形成损失的货币性资产（现金、银行存款、应收账款、应收票据等）进行核销的行为。

工会行政事业单位申请货币性资产损失核销，应提交以下材料（全部材料加盖主管工会公章）：

（一）货币性资产损失核销申请文件；

（二）债务人已被依法宣告破产、撤销、关闭，用债务人清算财产清偿后仍不能弥补损失的，提供宣告破产的民事裁定书以及财产清算报告、注销工商登记或吊销营业执照的证明、政府有关部门决定关闭的文件等材料的复印件；

（三）债务人死亡或者依法被宣告失踪、死亡的，提供其财产或遗产不足清偿的法律文件复印件；

（四）涉及诉讼的，提供判决裁定申报单位败诉的人民法院生效判决书或裁定书复印件，或虽胜诉但因无法执行被裁定终止执行的法律文件复印件。

第七章　资产评估

第三十一条　资产评估是指由专门的机构或专业的评估人员，按照规定的法律法规、工作准则和方法，以货币作为计算权益的统一尺度，对在评估基准日的工会行政事业性资产进行评定估算的工作。

工会行政事业单位有下列情形之一的，应当对相关资产进行评估：

（一）单位取得的没有原始价格凭证的资产；

（二）拍卖、有偿转让、置换工会资产；

（三）事业单位整体或者部分改制为企业；

（四）以非货币性资产对外投资；

（五）单位合并、分立、清算；

（六）整体或者部分资产租赁给非工会单位；

（七）确定涉讼资产价值；

（八）依照国家法律及行政法规等有关规定需要进行资产评估的其他事项。

第三十二条 工会行政事业性资产评估工作应当委托具有资产评估资质的评估机构进行。

工会行政事业性资产评估项目实行核准制和备案制。

第八章 资产清查

第三十三条 资产清查是指各级工会根据专项工作要求或者特定经济行为需要，按照规定的政策、工作程序和方法，对所属行政事业单位进行账务清理、财产清查，依法认定各项资产损溢和资金挂账，真实反映工会行政事业性资产占有使用状况的工作。

工会行政事业单位有下列情形之一的，应当进行资产清查：

（一）纳入全总专项工作要求或者各级工会开展清产核资范围的；

（二）事业单位进行重大改革或者整体、部分改制为企业的；

（三）遭受重大自然灾害等不可抗力造成资产严重损失的；

（四）会计信息严重失真或者工会资产出现重大流失的；

（五）会计政策发生重大更改，涉及资产核算方法发生重要变化的；

（六）本级工会资产监督管理部门认为应当进行资产清查的其他情形。

第三十四条　工会行政事业单位进行资产清查，应按规定程序报本级工会资产监督管理部门批准后组织实施。

第三十五条　工会行政事业单位资产清查工作的内容主要包括基本情况清理、账务清理、财产清查、损溢认定、资产核实和完善制度等。

第九章　产权登记与产权纠纷处理

第三十六条　工会行政事业性资产产权登记（以下简称“产权登记”）是对工会行政事业单位占有、使用的房屋建筑物所有权和土地使用权进行登记，依法确认工会资产所有权和使用权的行为。

第三十七条　工会行政事业单位应向政府部门申请办理房屋建筑物所有权和土地使用权登记，取得权属证书后向上级工会资产管理部门进行申报，由全总核发《工会资产产权登记证》（以下简称《工会产权证》）。

《工会产权证》是工会行政事业单位占有、使用工会资产的法规性凭证，由全总统一印制。

第三十八条　工会行政事业单位应当按照以下规定进行工会资产产权登记：

（一）新设立的单位，办理占有产权登记；

（二）发生分立、合并、部分改制，以及隶属关系、单位名称、住所和单位负责人等产权登记内容发生变化的单位，办理变更产权登记；

（三）因依法撤销或者整体改制等原因被清算、注销的单位，办理注销产权登记。

第三十九条 产权纠纷是指由于财产所有权、经营权、使用权等归属不清而发生的争议。

工会行政事业单位之间的产权纠纷，由当事人协商解决。协商不能解决的，由同级工会或者上级工会调解、裁定。

工会行政事业单位与非工会单位或者个人之间发生产权纠纷的，工会行政事业单位应当提出拟处理意见，经报上级工会审核批准后，与对方当事人协商解决。协商不能解决的，依照司法程序处理。

第十章 资产统计报告

第四十条 工会行政事业性资产实行统计报告制度。各级工会应加强对所属工会行政事业单位资产统计报告的审核，按照全总的要求逐级上报，做到真实、准确、及时、完整，并对工会资产占有、使用、变动、处置等情况做出文字分析说明。

第四十一条 工会行政事业单位应当加强资产管理信息化建设，建立完善资产登记档案，对工会行政事业性资产实行动态管理。

第十一章 监督检查

第四十二条 各级工会应加强工会行政事业性资产的管理与监督，建立检查制度，对资产管理情况进行监督检查。资产管理情况的监督检查应坚持单位内部监督与财政监督、审计监督、社会监督相结合，事前监督、事中监督、事后监督相结合，日常监督与专项检查相结合。

第四十三条 各级工会在行政事业性资产管理过程中不得有下列行为：

（一）未按规定程序申报，擅自越权对工会行政事业性资产管理事项进行处理；

（二）对不符合规定的申报材料予以审批；

（三）串通作弊、暗箱操作，资产使用、处置过程中造成工会资产流失；

（四）截留资产使用、处置过程中产生的收入；

（五）其他造成工会资产损失的行为。

第四十四条 工会行政事业单位和个人违反本办法规定的，依据国家法律法规和全总有关规定追究相应责任。

第十二章 附 则

第四十五条 本办法由全总资产监督管理部负责解释。

第四十六条 本办法自发布之日起施行。《工会行政性资产管理暂行办法（试行）》和《各级工会行政单位占有使用房屋建筑物和土地使用权处置暂行规定（试行）》（总工办发〔2011〕

55 号）同时废止。此前颁布的其他有关工会行政事业性资产管理规定，凡与本办法不一致的，以本办法为准。

中华全国总工会办公厅关于印发《工会企业资产管理办法》的通知

（总工办发〔2019〕22 号　2019 年 12 月 10 日）

各省、自治区、直辖市总工会，中华全国铁路总工会、中国民航工会全国委员会、中国金融工会全国委员会，中央和国家机关工会联合会，全总各直属单位：

《工会企业资产管理办法》已经中华全国总工会第十七届书记处第十七次会议审议通过，现印发给你们，请认真贯彻执行。

工会企业资产管理办法

为加强工会企业资产监督管理，做优做强工会企业，实现工会企业资产保值增值和高质量发展，根据《中华人民共和国工会法》《中国工会章程》和有关法律法规，制定本办法。

第一章　总　则

第一条　工会企业是指工会组织出资的工会独资企业、工会独资公司以及工会控股公司。工会企业资产是指工会组织对企业各种形式的投资和投资所形成的权益，以及依法认定为工会所有的其他权益。

第二条 工会企业坚持公益性服务性，坚持为改革开放和发展社会生产力服务，为职工群众服务，为推进工运事业服务。

第三条 工会企业资产是属于工会所有的社团资产，其不动产和动产受法律保护。中华全国总工会（以下简称“全总”）对各级工会企业资产拥有终极所有权。

第二章 管理机构及职责

第四条 依据工会“统一所有、分级监管、单位使用”的资产管理体制，全总资产监督管理部负责对全国工会企业资产进行监督管理，县级以上工会组织（含县级）应落实分级管理工会资产责任，明确工会资产监督管理机构，对所辖工会企业资产进行监督管理。各级工会依法履行本级工会企业出资人职责，对本级工会企业资产进行统一监督管理。

第五条 工会资产监督管理机构监督管理工会企业资产的主要职责是：

（一）贯彻执行党和国家以及全总有关企业资产管理的法律、法规和政策，研究制定工会企业资产监督管理的规章制度，并对执行情况进行监督检查；

（二）指导和推进工会企业改革、重组和发展，引导工会企业聚焦主责主业，实现高质量发展；

（三）指导工会企业完善法人治理结构，建立符合工会工作实际的现代企业制度；

（四）组织开展工会企业的资产清查、资产统计、产权界定、资产处置等工作；

（五）根据同级工会授权，履行本级工会企业出资人代表职责，对本级工会企业重大事项履行审批备案程序，组织开展本级企业年度经营业绩考核，监督其落实工会资产保值增值责任。

（六）对工会资产监督管理工作人员和工会企业经营管理人员进行培训。

第六条 上级工会资产监督管理机构指导和监督下级工会资产监督管理工作。县级以上工会资产监督管理机构应当定期向上一级工会资产监督管理机构和同级工会经费审查委员会报告所属企业资产监督管理工作、资产保值增值状况和其他重大事项。

第七条 工会企业享有国家有关法律、法规和制度规定的企业经营自主权，实行所有权与经营权分离。工会企业应着力提高经济效益，对其经营管理的工会资产承担保值增值责任。工会企业应自觉接受工会经审组织审计监督。

第三章 审批权限及程序

第八条 全总负责审批事项：

（一）省级工会所属本级企业占有和使用的土地以及连同地面附着的房屋建筑物一并与工会系统以外单位进行产权转让的事项；

（二）省级工会本级行政事业性资产变更为企业资产事项中涉及土地和房屋建筑物的事项。

以上审批事项，由全总资产监督管理部审核后，报全总党组、书记处审批。

第九条　省级工会报送全总审批事项，省级工会资产监督管理机构应严格审核把关，具备审批条件后再履行报批程序，并应向全总资产监督管理部提交以下材料（全部材料加盖公章）：

（一）申请变更资产属性或产权转让的报告；

（二）省级工会党组会议纪要原件或复印件；

（三）资产价值凭证及产权证明，如购货发票或收据、工程决算副本、国有土地使用权证、房屋所有权证、股权证等凭据的复印件；

（四）可行性方案，包括资产的基本情况，变更资产属性的原因、方式等；

（五）有资质评估机构出具的评估报告；

（六）宗地图、标明资产所处位置的地图；

（七）工会企事业单位近两年的财务报告；

（八）其他相关材料。

第十条　省级工会根据本办法，按权限负责对省本级和省级以下工会不需全总审批的工会企业资产管理事项进行审批。

第四章　重大事项管理

第十一条　坚持“谁主管、谁负责”原则，主管工会及所属企业要切实履行管好用好工会资产的主体责任，严格执行“三重一大”决策制度，重大事项必须党组（党委）集体决策并按程序报批。

第十二条 主管工会指导所属企业坚持党的领导和公司治理有机统一，充分发挥工会企业党组织的领导作用，建立健全现代企业制度，依法落实企业法人财产权和经营自主权，形成各司其职、各负其责、协调运转、有效制衡的企业法人治理结构。

第十三条 主管工会指导所属企业健全完善资产监管制度。依照国家有关规定，建立健全企业内部监督管理、风险控制、投资、资产出租出借等制度。工会企业不得整体出租、承包和委托经营，部分出租、承包和委托经营的期限原则上不得超过5年。

第十四条 主管工会决定其所属企业中的工会独资企业的分立、合并、破产、解散、增减资本等重大事项。

主管工会审核批准其所属工会企业重组、股份制改造方案和所属工会独资公司章程。

工会企业投资设立符合主业定位并对出资企业具有重要影响的子企业等重大事项，需报主管工会批准。

第十五条 主管工会可对产权关系清晰、管理较为规范的所属工会独资企业进行工会资产授权经营。被授权的工会独资企业对其全资、控股企业中工会投资形成的工会资产依法进行经营、管理和监督，并承担工会资产保值增值责任。

第十六条 主管工会可按照行业相近、业务相关、优势互补的原则，对所属同类同质工会企业进行整合重组，实行统一经营管理。

第十七条 主管工会对公益性服务性职能发挥不明显、主责主业不突出的工会企业，或资不抵债、停业停产、不具备正常生产经营条件和其他需要改制退出的企业，依法依规实行有序退出。

第十八条 主管工会负责监督管理本级工会企业基本建设项目，规范本级工会企业基本建设项目管理，完善管理制度，履行建设程序，提高投资效益。

第五章 考核与收益

第十九条 健全完善工会企业负责人经营业绩考核制度。突出不同类型工会企业考核重点，合理设置经营业绩考核指标及权重，主管工会资产监督管理机构与本级企业负责人签订经营业绩目标责任书，根据经营业绩目标责任书实施分类考核和目标管理，引导工会企业实现高质量发展。

经营业绩考核一般以年度为考核期，也可根据需要由主管工会确定考核期。

第二十条 工会企业考核目标应始终把社会效益放在首位，努力实现社会效益和经济效益的有机统一。除生产经营指标外，应涵盖党建工作、意识形态工作责任制落实情况、服务工会主责主业等。其中，社会效益指标主要体现在政府主管部门行业评价、品牌示范作用发挥、主营业务收入占比、服务活动覆盖面、基层工会和职工满意度评价等方面；经济效益指标主要体现在资产保值增值率、人均劳动生产率、成本费用率、净资产报酬率、市场占有率等方面。

第二十一条 健全权责利相统一的有效激励约束机制。主管工会应依照有关规定，将经营业绩考核结果与工会企业负责人薪酬分配挂钩，并作为工会企业负责人职务任免的重要依据。

第二十二条 加强和规范工会企业资产收益收缴管理工作。主管工会资产监督管理部门和财务部门应制定相关规定，核定其本级工会企业资产收益上缴额，并负责组织收缴、监缴资产收益。

第二十三条 转让工会企业产权取得净收益，应按照工会财务管理要求，纳入主管工会管理范围，由主管工会确定缴款至主管工会或主管企业的银行账户。

第六章 资产使用与处置

第二十四条 工会企业应主动承接工会开展的公益类服务项目和活动，充分发挥工会企业资产服务职工、服务工会工作的优势和作用。各级工会积极争取政府行政部门对工会企业提供的公益服务项目给予支持，采取以事定费、购买服务、专项补助或以奖代补等方式，支持工会企业承办职工文化体育、教育培训、疗休养、互助保障、法律援助等公益性活动。鼓励工会企业积极争取社会资金以赞助、捐赠、冠名等形式参与公益活动。

第二十五条 主管工会决定其本级所属行政事业性资产变更为企业资产事项。其中，涉及土地和房屋建筑物的事项，应报上一级工会审批，并将实施结果报全总资产监督管理部备案。

主管工会决定其所属企业占有和使用的土地以及连同地面附着的房屋建筑物一并与工会系统以外单位进行产权置换事项，并报上一级工会备案。

第二十六条 主管工会决定其所属企业的工会股权转让事项。其中，转让全部工会股权，工会独资企业转让部分工会股权，工会控股企业转让部分工会股权致使工会不再拥有控股地位的，应报全总资产监督管理部备案。

第二十七条 工会企业资产的产权转让，特别是向工会系统外转让，应遵循等价有偿和公开公平公正的原则，做好可行性研究。在主管工会指导监督下，由工会企业委托具有相应资产评估资质的评估机构，在清产核资和审计的基础上进行资产评估。

第二十八条 工会企业产权转让应在依法设立的产权交易机构中，采取招标、拍卖、挂牌等方式公开进行，不得私下交易。交易价格原则上不得低于资产评估结果。

第七章 监督检查

第二十九条 各级工会应加强工会企业资产的管理与监督，建立监督检查制度。坚持事前监督、事中监督、事后监督相结合，对本级所属企业和下级工会企业资产管理情况进行日常监督与专项检查。工会企业应接受主管工会资产监督管理机构监督管理，定期向主管工会资产监督管理机构报告财务状况、生产经营状况和工会资产保值增值状况，不得损害工会企业资产所有者权益。

第三十条 工会资产监督管理部门不认真履行监督管理职责，未按规定向上级工会报批工会企业资产管理重大事项，造成工会资产损失或者其他严重后果的，应依法依规追究有关责任人员的纪律、法律责任。

第三十一条 工会企业未按规定向主管工会资产监督管理机构报告财务状况、生产经营状况和资产保值增值状况等重大事项的，予以批评并责令改正。工会企业单位和个人决策失误、违规经营、滥用职权、玩忽职守，造成工会资产重大损失的，依据国家法律法规和全总有关规定追究相应责任。

第八章　附　则

第三十二条　工会所属生产经营类事业单位资产、工会所属事业单位和企业单位投资形成的企业资产、企业工会所办企事业单位资产管理，参照本办法执行。

第三十三条　本办法由全总资产监督管理部负责解释。

第三十四条　本办法自印发之日起执行。原《中华全国总工会关于工会企事业单位资产监督管理的暂行规定》（总工发〔2007〕34 号）即行废止。

中华全国总工会办公厅印发《关于坚持公益性服务性方向　推进职工服务阵地社会化市场化运作的意见》的通知

（总工办发〔2022〕3 号　2022 年 3 月 11 日）

各省、自治区、直辖市总工会，各全国产业工会，中央和国家机关工会联合会，全总各部门、各直属单位：

《关于坚持公益性服务性方向 推进职工服务阵地社会化市场化运作的意见》（以下简称《意见》）已经第十七届全总党组第 118 次会议审议通过，现印发给你们，请结合实际认真贯彻落实。

王东明同志和全总党组、书记处高度重视职工服务阵地建设工作，强调要坚持公益性服务性方向，积极探索创新职工服务阵地运营管理方式，更好服务职工群众。各级工会要认真领会《意见》出台的必要性和重要性，深化思想认识，把握《意见》的主要精神和基本要求，抓好《意见》学习宣传和贯彻落实。要加强组织领导，落实推进职工服务阵地社会化市场化运作的主体责任，及时总结职工服务阵地创新运营管理方式的经验做法，加强对经济欠发达地区职工服务阵地的指导和支持，推动各级各类工会所属职工服务阵地实现高质量发展。

各省级工会要按照《意见》要求，结合本地实际研究制定实施细则以及试点工作方案，健全完善工作制度和工作机制，强化对试点地区、单位的工作指导，跟踪落实情况，搞好评估问效，确保工作实效。全国总工会将适时开展《意见》贯彻落实情况评估工作。

关于坚持公益性服务性方向 推进职工服务阵地社会化市场化运作的意见

为深入学习贯彻落实习近平总书记关于工人阶级和工会工作的重要论述，推动职工服务阵地改革创新和高质量发展，更好服务职工群众，按照《工会法》、《中国工会章程》规定，现就坚持公益性服务性方向、推进职工服务阵地社会化市场化运作提出以下意见。

一、充分认识坚持公益性服务性方向、推进职工服务阵地社会化市场化运作的重要意义

各级工会所属的职工服务阵地是工会管理、使用的各级各类直接为职工服务的场所，是工会发挥党联系职工群众的桥梁和纽带作用的重要载体，是工会履行维权服务基本职责的物质保障。各级工会要站在服务党和国家工作大局和工会工作全局的高度，充分认识职工服务阵地坚持公益性服务性方向、推进社会化市场化运作的重要意义，进一步提高政治站位，切实履行建好、用好、管好、发展好职工服务阵地的政治责任。

（一）坚持公益性服务性方向、推进职工服务阵地社会化市场化运作，是保持和增强工会组织和工会工作政治性先进性群众性的必然要求。党的十八大以来，各级工会认真学习贯彻习近平总书记关于工人阶级和工会工作的重要论述，坚持“突出公益、聚焦主业、自主经营、依法监管”工作要求，深入推进工人文化宫、工人疗休养院清理整改，聚焦发展工会资产三大服务领域，充分发挥职工服务阵地服务大局、服务职工的重要作用，各项工作取得明显成效。坚持公益性服务性方向，加强职工服务阵地建设与管理，是加强职工思想政治引领、巩固党的阶级基础和群众基础的内在需要，是工会组织维护职工合法权益、构建服务职工长效机制的重要举措，是保持和增强工会组织和工会工作政治性先进性群众性的必然要求。

（二）坚持公益性服务性方向、推进职工服务阵地社会化市场化运作，是探索公益性服务性实现形式、更好服务职工群

众的有效途径。面对职工群众日益增长的美好生活需要，一些工会所属的职工服务阵地存在聚焦主业不明显、功能布局相对滞后、服务供给不够丰富、资产使用效率不高甚至资产闲置等问题，迫切需要发展公益性服务性的有效实现形式，推动职工服务阵地向高品质和多样化升级。职工服务阵地的社会化，主要是以自有资源撬动社会力量参与职工服务阵地建设、管理、使用和发展，为职工提供高品质的服务。职工服务阵地的市场化，主要是运用市场机制深化内部体制机制改革，搞好搞活职工服务阵地。实践证明，社会化市场化运作是公益性服务性的重要实现形式，充分运用社会资源力量和市场运营机制参与职工服务阵地建设和管理，有利于巩固工人文化宫、工人疗休养院清理整改成果，有利于坚持公益性服务性、更好服务职工群众。

（三）坚持公益性服务性方向、推进职工服务阵地社会化市场化运作，是推动工会资产实现高质量发展的有力举措。党和国家出台《公共文化服务保障法》、《基本医疗卫生与健康促进法》、《关于提高技术工人待遇的意见》、《关于加强和改进新时代产业工人队伍思想政治工作的意见》等法律和政策，为职工服务阵地发挥作用创造了良好制度环境。《工会法》、《中国工会章程》对突出工会企事业公益性服务性、加强工会资产监督管理提出明确要求。《中国工运事业和工会工作“十四五”发展规划》、《中华全国总工会关于推动工会资产实现高质量发展的指导意见》强调要加强阵地建设，推进职工服务阵地实现高质量发展。各级工会积极探索开展职工服务阵地社会化市场化运作试点，较好地盘活了阵地资源，激发了内生动力，解决了发展难题。社会化市场化运作是职工服务阵地运营机制和管理方式的改革创新，是推动职工服务阵地提升发展质量效益、实现社会效益和经济效益有机统一的有力举措。

二、坚持以职工为中心的工作导向，准确把握推进职工服务阵地社会化市场化运作的总体要求

各级工会要坚持公益性服务性方向，准确把握社会化市场化运作总体要求，努力走出一条推动工会资产实现高质量发展的新路子，为推动构建联系广泛、服务职工的工会工作体系作出积极贡献。

——坚持党对职工服务阵地建设管理工作的领导。认真学习贯彻习近平总书记关于工人阶级和工会工作的重要论述，贯彻落实全总党组、书记处关于加强和改进工会资产工作的决策部署，始终坚持党对工会资产工作的领导，坚持稳字当头、稳中求进，坚持围绕中心、服务大局，牢牢把握职工服务阵地社会化市场化运作正确的政治方向。

——坚持工会资产公益性服务性方向这一根本要求。始终以保持和增强工会组织和工会工作的政治性先进性群众性为根本标尺，牢牢把握工会资产公益性服务性这一根本要求，把服务职工群众、服务工会工作作为社会化市场化运作的出发点和落脚点，始终坚持职工服务阵地的经营非营利性、主业限定性、管理自主性和服务普惠性，在实践中不断丰富完善公益性服务性的实现形式，推动构建共建共享共赢发展格局。

——坚持以问题为导向推进职工服务阵地创新发展。牢牢

把握深化工会工作改革创新的要求，推动有效解决职工服务阵地在改革发展中存在的突出问题，推动构建把社会效益放在首位、社会效益和经济效益相统一的体制机制，实现职工服务阵地质量变革、效率变革、动力变革。坚持试点先行，认真总结经验，加强工作指导，定期评估社会化市场化运作情况和实施效果，不断创新职工服务阵地发展的方式方法。

——坚持依法依规规范社会化市场化运行。坚持法治思维，严格遵守党和国家法律法规和政策，建立健全职工服务阵地社会化市场化运作机制，完善工作制度，确保工会资产安全完整、保值增值和有效利用。立足实际、分类施策，根据公益一类、公益二类事业单位、企业、社团组织等不同性质，实行分类改革、分类发展、分类监管、分类定责、分类考核，避免社会化市场化运作执行中的简单化和“一刀切”。

——坚持以推动工会资产实现高质量发展为目标。完整准确全面贯彻新发展理念，以社会化市场化运作促进职工服务阵地改善服务条件，优化服务环境，提升服务能力，加强人才队伍建设，健全工会资产高质量发展的工作体系。推动目前尚处于闲置状态、发展质量效益不高以及已完成清理整改工作的工人文化宫、工人疗休养院等职工服务阵地，优先探索社会化市场化运作方式，持续做优做强工会资产。

——坚持对社会化市场化运作实行有效的监督管理。坚持把全面从严治党方针贯穿到职工服务阵地社会化市场化运作全过程。压紧压实主管工会监管职工服务阵地的主体责任。坚持工会资产统一归口监管和职能部门齐抓共管相统一，依靠制度管住、管严、管好职工服务阵地，有效防范风险，确保社会化市场化运作性质不走样、原则不动摇、方向不偏离、程序不打折。

三、坚持从实际出发，积极探索和规范职工服务阵地社会化市场化运作的实现途径

各级工会要坚持从职工服务阵地建设和管理工作的实际出发，探索和规范符合职工服务阵地性质特点、推动实现高质量发展的运营管理方式。要准确把握社会化市场化运作的内涵，全面把握“突出公益、聚焦主业、自主经营、依法监管”的工作要求，积极探索和规范职工服务阵地社会化市场化运作的实现途径。

（一）*落实公益保障政策，优化发展格局*。加大源头参与和法律政策协调力度，用好向党委汇报工作、工会与政府联席会议、公共文化服务体系协调小组等机制和平台，推动落实党和国家有关法律和政策规定，把职工服务阵地建设纳入各地经济社会发展大局。积极争取同级政府把工人文化宫、工人疗休养院、职工互助保障组织等职工服务阵地纳入当地公共文化、卫生健康、保障服务体系，推动其人员经费、活动经费、基本运行经费保障政策与当地同类公益性单位同等待遇，并享受水、电、气等公用服务价格优惠政策和税收优惠政策。鼓励职工服务阵地积极承接政府购买的公共文化、卫生、医疗、教育、养老等服务，促进地方公共服务体系建设。加强与地方党委、政府、群团组织等所属公共服务机构的互联互通，推动建立公益联盟，实现阵地联建、活动联推、项目联合、人才联动，构建党政重视、工会运作、多方支持的社会化发展格局。

（二）加强对外合作，拓宽发展路径。在充分利用自有阵地、人才、技术等资源开展工作的前提下，职工服务阵地要积极整合利用自有资源以外的力量，为职工提供高品质高标准的服务产品。一是加强职工服务阵地之间的合作。支持工会所属的各级各类职工服务阵地之间进行服务资源整合。鼓励成立协会、联合会等行业自治组织，加强行业交流、业务协同和自律管理。推动工人文化宫、职工学校、工人疗休养院、职工互助保障组织、职工服务中心、职工书屋、学习强会等职工服务阵地之间加强资源共享、信息共通、平台共建，积极承担工会的公益服务业务。二是加强职工服务阵地与工会外部的合作。支持工会所属的职工服务阵地与工会外部的社会组织、专业机构、企业之间进行合作，鼓励社会力量参与活动项目打造、产品和服务提供、服务资源配送等。合作项目内容应有利于强化职工服务阵地主责主业，有利于服务职工、服务基层。鼓励工人文化宫、工人疗休养院、职工互助保障组织等职工服务阵地整合社会志愿服务资源，培育社会专业服务团队。确需提供停车场、便利店、平价餐饮、文体健康用品等少量配套性质的准商业服务的，应规范合作方式，严格限制经营内容、使用面积，遵循紧密配套、便利职工、相对低价的原则。三是接受捐赠、赞助等。鼓励和支持慈善公益组织、社会力量通过捐赠资金或捐助设施设备、资助项目、赞助活动等方式，参与职工服务阵地建设和发展。

（三）深化体制机制改革，增强发展活力。贯彻落实党和国家关于事业单位改革和国有企业改革的方针政策和决策部署，在坚持公益性服务性的前提下，深化工会企事业体制机制改革，积极推动工会企事业按照市场经济规律办事，激发发展动力和活力，充分发挥工会公益性资产和经营性资产各自的作用和价值。工会公益类事业单位要按照国家关于事业单位改革的要求和《工会行政事业性资产管理办法》，深化劳动、人事和分配制度改革，强化激励约束机制，进一步完善功能布局，优化资源配置，提升运行效率，提高服务质量。积极稳妥推进工会经营类事业单位转企改制工作。工会企业要按照国家关于完善现代企业制度的要求和《工会企业资产管理办法》，遵循市场经济规律和企业发展规律，进一步健全法人治理结构，完善现代企业制度，成为依法自主经营、自负盈亏、自担风险、自我约束、自我发展的市场主体，成为自觉履行政治责任和社会责任的表率。工会企事业单位可根据实际需要，采用市场化手段引进专业团队和人才，提高专业化水平。工会所属企业可探索聘用职业经理人参与经营管理。

四、严格按制度办事，健全完善职工服务阵地社会化市场化运作机制

各级工会在推进社会化市场化运作过程中，要严格执行国家法律法规以及全国总工会关于工会资产工作的制度规定，建立健全社会化市场化运作机制。

（一）建立健全决策工作机制。社会化市场化总体运作方案应经主管工会集体审议决定，具体运作方案决策权限由各级工

会根据实际研究确定。完善决策程序，社会化市场化运作一般应履行前期论证、集体决策、审批备案、协商签约等基本程序。在前期论证阶段，应对合作对象的资质、诚信记录、技术管理水平和综合实力等情况进行考察评估，选择政治可靠、实力过硬、专业能力强、信用度高的机构或团队开展合作。与工会外部的社会组织、专业机构、企业开展合作的，合作对象原则上应采取择优方式确定。强化风险防控意识，建立健全合作项目法律风险和经济风险前置审核机制。充分发挥职代会在职工民主决策、民主管理、民主监督中的重要作用。

（二）建立健全运行工作机制。要积极落实主管工会对社会化市场化运作的主导权、控制权。具体运营管理由双方共同负责，合作内容应服从服务于工会职责和职工服务阵地主责主业。合作项目应纳入职工服务阵地统一管理，明确服务内容、数量和质量，向社会公布服务项目、开放时间、服务价格和服务流程，接受职工群众的监督，对劳动模范、技术工人、工会会员要有明确的免费或优惠措施。充分发挥社会力量专业优势，制定专业服务标准，提高服务质量，促进服务水平不断提升。适应数字化和智能化发展趋势，推动在社会化市场化运作中建立引进来和送出去相结合、线上和线下相结合的服务方式。职工服务阵地应以实现收支平衡、略有结余、持续发展为基本运营目标。社会化市场化运作的收入和支出应纳入工会预算管理体系。职工服务阵地提供服务可合理收取服务费用和场地运行费用，各级工会要严格规范职工服务阵地的收费标准和程序，收取费用应用于职工服务阵地的维护、管理和事业发展。

（三）建立健全试点工作机制。按照试点先行、逐步推开的原则，由省级总工会研究制定推进职工服务阵地社会化市场化运作的实施细则和配套规定，并选取部分职工服务阵地开展试点，逐步稳妥有序推广。要加强对试点工作的政策指导，深入实际、深入基层，及时总结提炼各级各类职工服务阵地社会化市场化运作经验，发挥试点示范引领作用，形成不同类型的可复制可推广的运作模式，确保社会化市场化运作健康发展。

（四）建立健全绩效考核评价机制。要始终把绩效考核评价作为检验社会化市场化运作成效的重要抓手。考核评价应以服务质量和效率、职工满意度为核心指标，考核评价不合格的，要及时整改；经整改无效的，要终止合作。坚持把社会化市场化运作的绩效考核评价与工会资产经营业绩考核工作结合起来，积极推进实施工会企事业经营业绩考核工作专项行动，逐步实现各级工会对本级工会所属职工服务阵地考核评价全覆盖。建立健全县级以上工会向上一级工会定期报告职工服务阵地运营情况制度，认真总结分析自主经营情况和社会化市场化运作情况。上一级工会要加强对下级工会所属服务阵地社会化市场化运作工作的指导评价。鼓励引进社会第三方对社会化市场化运作项目开展考核评价。

（五）建立健全监督管理机制。要贯彻落实全面从严治党方针，坚持和完善“统一所有、分级监管、单位使用”的工会资产监管体制，落实职工服务阵地开展社会化市场化运作的监督管理责任。坚持授权与监管相结合，放活与管好相统一，立足自身实际，依法依规探索和规范职工服务阵地社会化市场化运作的实现途径。建立职工服务阵地社会化市场化运作负面清单制度。推进社会化市场化运作的所有职工服务阵地，应坚持机构名称不变、产权关系不变、隶属关系不变、服务功能不变、主责主业不变。坚持和完善重大事项报告制度，把社会化市场化运作监管融入工会资产日常监督管理之中，强化全过程监管。工会资产监督管理部门牵头负责，工会纪检、组织、财务、经费审查等部门按照职责分工，对职工服务阵地社会化市场化运作加强监管，防控运作风险。

五、加强组织领导，充分发挥职工服务阵地在工会全局工作中的重要作用

各级工会要落实“谁主管、谁负责”原则，高度重视职工服务阵地的建设、管理和发展工作，始终坚持公益性服务性方向，积极稳妥推进职工服务阵地社会化市场化运作。

要将职工服务阵地建设和管理重大问题纳入“三重一大”集体决策范围，定期听取职工服务阵地建设和管理工作汇报，结合实际研究制定职工服务阵地发展规划。要进一步理顺职工服务阵地管理体制，充分发挥组织、宣教、权益保障、财务、经费审查、资产监督管理等相关职能部门的业务指导作用，健全工作协调、沟通和合作机制，形成推动职工服务阵地高质量发展的工作合力。

要加强职工服务阵地的领导班子和人才队伍建设，推动党中央关于新时代人才工作各项决策部署在职工服务阵地落地生效。要选好配强工会企事业单位领导班子特别是一把手，严把政治标准，把政治强、敢担当、善管理、业务精的人才选拔到领导岗位上来。要强化专业管理，把职工服务阵地社会化市场运作作为培养锻炼人才、提高管理水平、拓宽发展路径的平台，努力打造德才兼备、忠诚干净担当的高素质专业化干部队伍，为职工服务阵地高质量发展提供智力保障和人才支撑。

要充分发挥职工服务阵地专业性技术性优势，工会开展的职工疗休养、健康管理、职工旅行、宣传教育、技能提升、文体活动等优先在职工服务阵地举办，并根据预算体制给予经费支持。在积极争取地方政府政策和资金支持的前提下，把列入公益类事业单位序列的职工服务阵地的建设、维修、管理资金补助纳入工会年度预算，支持其充分发挥阵地作用。

后 记

《工会资产工作和服务阵地建设百问百答》由中华全国总工会资产监督管理部组织编写。本书由李庆堂任主编，曹杉、李江红任副主编，付瑜、梁官华、张洋、郭萍、闫宇晟、李洋、王萍、段俊龙、高瑶瑶、孙浩然、刘涛、王海、肖春、张爱玲、周骄龙、马贵洲等同志参与撰稿。付瑜、高瑶瑶负责本书书稿组织和编辑工作。全书由李庆堂审阅定稿。

本书共编辑撰写 114 个问题和答案，选录了工会资产工作和职工服务阵地建设相关的五个重要文件。

本书在编辑过程中，得到了全总领导同志、全总有关部门单位和中国工人出版社的指导、支持和帮助，在此谨致诚挚的谢意。

由于时间匆忙，编写者水平有限，本书难免存在不足和疏漏之处，诚恳欢迎广大工会资产工作者和读者批评指正。

编 者

2022 年 10 月